대학에서의

ACTIVE LEARNING

이론과 실제

박영주 · 양근우

박영story

PROLOGUE

Active Learning은 탄생한지 매우 오래된 교육개념임에도 불구하고 그 후로 Freeman과 그의 동료들(2014)의 연구에서 'approach'로 명명되기까지 우리에게는 친숙하지 않은 교육개념이었다. 차라리 문제중심학습, 플립드 러닝과 같이 많은 사람들이 연구하고 최신 교수법으로 알려졌더라면 더욱 쉽게 만날 수 있었을 텐데 그렇지가 않았다. 더욱이 4차 산업혁명을 이야기하는 다양한 미래지향적인 교수법들을 뒤로 하고 굳이 Active Learning을 탐구하려니 시대에 뒤쳐진 느낌이 드는 것도 사실이다. 그럼에도 불구하고 Active Learning을 다루는 것은 Active Learning이 가진 '학생중심'이라는 철학과 다양한 교수학습방법을 아우르는 '포괄성'때문이다.

일반적으로 강의식 수업에 문제가 있으니 최신의 교수법으로 전환해야 한다고 주장하는데, 강의식 수업이 과연 부정적 측면만 존재하는가는 다시 한번 생각해봐야 한다. 적어도 강의식 수업은 학생들에게 공통된 개념을 전달하고, 짧은 시간에 많은 학습내용을 알릴 수 있으며, 많은 학생들을 일괄적으로 관리할 수 있어 효율적이라는 측면을 배제할 수 없다. 문제는 교수 능력에 따라 학습효과가 다르게 나타날 수 있다는 것과, 강의라는 한 가지 방법으로 지도하다보니 학생들이 쉽게 집중력을 상실할 수 있어 학습효과가 낮다는 것이다. 그런데 최신의 교수법을 도입한다고 하여 역시 한 가지 방법만으로 지도한다고 했을 때, 과연 강의식 수업이 가지고 있던 그러한 단점이 상쇄되는지는 의문이다. 일예로, 플립드 러닝이 좋은 교수법이라고 하여 한 학기를 모두 플립드 러닝으로 진행한다면, 더구나 모든 교과를 플립드 러닝으로 운영한다면 학생들은 과도한 Pre−Class와 In−Class의 과제들을 해결하고자 고군분투하게 될 것이다. 플립드 러닝을 잘못 운영할 경우 학생들에게 시간적 압박이 될 수 있다는 것을 홍기칠(2017)도 지적한 바가 있다. 다시 말해, 최신의 교수법이라고 하여 한 학기를 한 가지 교수법만으로 운영하는 것은 한 학기를 강의식 수업으로 운영하는 것과 표면적으로는 크게 다르지 않을 수 있다는 것이다. 반면, Active Learning은 학생중심이라는 광범위한 철학을 가지고 있기 때문에 Active Learning으로 수업을 기획한다면 학생중심을 표방한 다양한 교수법을 활용할 수 있어서 한 학기 15주를 다이나믹하게 구성할 수 있다. 즉, 학생들이 더욱 책임의식을 갖고 수업에 임할 수 있도록, 학생 스스로 학습하는 분위기가 되도록, 강의식 수업과 절충할 수 있는 여러 교수법을 권장하기 위해 Active Learning을 강조하는 것이다.

Active Learning의 효과는 외국의 많은 논문들에서 입증된 바가 있지만 어떤 측면에서 성공할 수 있었는지를 잘 살펴서 수업에 활용하는 지혜가 필요하다. Andrews와 그의 동료들(2011)은 Active Learning에서 성공한 사례들은 탁월한 교수들이 주도하였기 때문이라며 교수의 역량을 강조한 바가 있고, Pelley(2014)는 학생들이 어떻게 학습하는지를 알 수 있는 Active Learning은, 뇌과학적 측면에서 메타인지를 활용하는 한 방법이라고 안내한다. McDermott와 그의 동료들(2014)은 학생들의 지속적으로 높은 학업성취도와 참여도는 Active Learning과 관련된 효과임을 발견했다. 즉, 교수들의 철저한 준비와, 학생들의 메타인지를 자극하는 활동이 Active Learning으로 실행될 때, 높은 학업성취를 가져올 수 있음을 시사한다고 볼 수 있다.

물론 다른 결과도 있다. 2014년 일본 문부과학성의 '산업계 요구에 대응한 교육개선 사업'에 참여한 중부권 대학팀의 동해 A팀이 '액티브 러닝을 활용한 교육 역량 강화'라는 3년간의 성과분석에서 실패 사례를 다루었다. 실패원인은 교수와 학생 모두에게서 나타나는데, 학생들은 학습 목적을 상실하고 수업에서 다루어지는 지식 기술 부족이 원인이었다. 교수는 완고한 가치관으로 여전히 성과에 편중되고 형식을 중시하는 경향과, 수업 준비 부족으로 인한 지도와 평가에서의 어려움이 원인이었다. 즉, 최신의 교수법이 최고의 교수법이 되려면 교수의 완벽한 사전 준비와 학생들의 수업방법에 대한 이해가 선행되어야만 하는 것이다. 일본 문부과학성이

Active Learning 실패사례집을 발간한 가장 큰 이유도 Active Learning을 운영할 때 어떤 걸림돌이 있는지를 알고 이를 대비하여 수업을 설계할 수 있게 된다면 보다 긍정적인 결과를 도출할 수 있기 때문일 것이다.

본서에서는 세 가지 교수법만을 안내하였지만, Active Learning은 이 세 가지 교수법만을 의미하지 않는다. Active Learning은 학습에서 학생이 주가 되어 실제 학습이 일어날 수 있게 하는 것이 중요하므로, 학생들이 학습에 흥미를 잃지 않도록 다양한 교수법을 활용하여 한 학기가 운영되길 기대한다. 강의식으로 전달해야만 효과가 있는 기초 지식이나 개념 같은 분야는 강의식으로 진행하고, 모둠활동이나, 프로젝트 등 학생 탐구활동으로 구성 가능한 주제는 학생중심의 다른 교수법들로 운영할 수 있다.

어쩌면 이러한 포괄성이 오히려 어려운 교수학습 접근법이 될 수도 있다. 일예로 학생들에게 주제만 주고 자신이 가장 잘하는 방법으로 과제를 수행하라고 할 경우, 주어진 자유를 만끽하기보다는 일정한 규칙을 주고 과제를 수행하라고 했을 때보다 훨씬 어려워하는 것과 같은 이치다. 즉, 15주 수업에서 무엇을 어떻게 했을 때 Active Learning이라고 정의할 것인지 각자의 상황에 따라 조작적 정의를 해야 하고, 한 학기 어떤 교수법을 몇 번 포함 할까의 고민이 고스란히 교수의 몫이 되면서 이렇게 운영했을 때 학생들에게서 학습효과가 향상된다는 확신 또한 갖기 힘들 것이다. 그러나 구성주의 교육철학에 의하면, 사람은 자신의 경험으로부터 지식과 의미를 구성해내므로 개개인의 학습이 다 다를 수밖에 없어서 일관된 교육방법을 제안하지 않았듯이 Active Learning도 마찬가지로 이해할 수 있다. 처음은 낯설고 막막하지만 학생들 스스로 학습할 수 있도록 수업을 구성한다는 것만 기억한다면 한 학기 어떤 교수법을 가져와 활용할 것인가는 어렵지 않을 것이다. 사실 교무처에서 "우리대학은 최소한 한 학기 중 3주를, 학생들이 모둠활동을 할 수 있는 세 개의 교수법을 활용하면 Active Learning으로 간주하겠다."라는 식으로 일정한 내규를 결정해준다면 편리할 것이다.

미래를 예측한다는 것은 다양한 현상을 가지고 추측하는 것으로 반드시 그러한 일이 일어난다는 결정적 정보는 아니라고 할 수 있다. 때문에 미래 대비를 위해 학생중심 교수법이라고 하는 Active Learning을 권하는 것이, 마치 정답도 아닌 교수법을 권하는 확신 없는 주장처럼 보일 수도 있다. 때로는 지금의 지도방법이 미래대비에 적합하지 않으니 바꾸라는 것처럼 도전적으로 보일 수도 있다. 그러나 학생들이 변화된 세상을 구상할 수 있도록 수업에서 다양한 경험을 학생 몫으로 두자는 것은 결코 가르침에 대한 도전은 아닐 것이다. 향후 대학에서 전공한 지식으로는 10년을 버티기 어렵다는 미래에서 살아갈 학생들에게 필요한 능력에는 Active Learning을 통해 경험하게 되는 협업과 의사결정능력 및 자기주도성 등이 포함될 것이다. 학생들이 새로움을 꿈꿀 수 있다는 것은 새로운 경험을 했을 때 더욱 강화될 수 있다. 거듭 강조하지만 강의식 수업을 완전히 버리라는 것이 아니라 학생에게서 더 많은 학습이 일어날 수 있도록 다양한 교수법을 활용하자는 것이다. 한 마디로 Active Learning은 수업에서 교수가 '학(學)'이 되도록 지도하고 학생들이 '습(習)'을 하도록 활동 기회를 주기위해 다양한 교수법을 활용하는 것이다.

따라서 본서에서는 체계적인 이론 정리보다는 해당 교수법을 실제 수업에 어떻게 적용할 수 있는가에 초점을 두고 집필하였다. 각 교수법의 전문가들이 본다면 너무 가벼울 수 있겠지만, 교육전공자가 아닌 교수입장에서 자신의 수업에 접목하기에는 편리할 것이다. 그동안 이 책이 나올 수 있도록 많은 지도를 아끼지 않았던 여러 전문가분들께 감사의 인사를 드린다.

저자 박영주, 양근우

CONTENTS

Chapter. 1 Active Learning

Part 3. Flipped Learning

Chapter. 1 Active Learning

Chapter. 2 Active Learning 실제

Part 1. Action Learning

Part 2. 문제중심학습(PBL)

Part 3. Flipped Learning

ACTIVE LEARNING

01 CHAPTER

Active Learning

1. 왜 Active Learning인가?

Active Learning은 대학교육방법을 개선하기 위해 제기된 일종의 접근법(approach)으로,[1] 학생이 학습활동의 중심이 되는 다양한 교수학습전략을 일컫는 광범위한 교육개념이라고 할 수 있다.[2] Active Learning에서 학생은 참여를 통해 인지활동과 비판적 사고를 활용하게 되고,[3] 교수는 조력자와 협력자로서 학생들에게 의미 있는 활동을 수업으로 구성하여 제공한다.[4] Active Learning의 핵심인 학생들이 학습 과정을 효과적으로 수행하기 위해 적극적으로 참여해야 한다는 생각은 John Dewey(1916)부터 비롯되었다고 볼 수 있는데, 그는 학생들은 행하면서 배우고 학습은 활동적인 과정이라고 주장했다.[5, 6] 즉, Active Learning은 최근에 갑자기 부상한 교육개념이 아니라 다양한 실패 사례와 성공 사례를 바탕으로 꾸준히 변화, 발전해 온 교육개념이라 할 수 있다.

우리나라에서 Active Learning은 능동학습으로 번역되기는 하나, '학습자 중심 교육'이 보다 더 관심을 끌고 있고, Active Learning으로 구분될 수 있는 다양한 교수법들이 개별적으로 각광받으면서 Active Learning 자체는 큰 주목을 받지 못하고 있다. 이는 'Active Learning' 또는 '능동학습'을 키워드로 관련 연구 검색을 하면 현저하게 적은 수의 논문들이 도출되나, 이에 속할 수 있는 세부 교수법들은 상대적으로 많은 수가 도출되고 있어 미루어 짐작할 수 있다.

그럼에도 불구하고 Active Learning을 재조명하는 이유는 첫째, 고등교육지형의 변화다. 요즘 대학생들은 핸드폰(Phone), 컴퓨터(PC), MP4(Player), 프린터(Printer), 디카(Digital Camera) 등의 다섯 가지 제품 중 네 가지 이상은 보유하고 있어서 '4pd'족으로 불리기도하고, 태어날 때부터 디지털 기기들을 접하여 자유롭게 사용할 수 있는 'Digital' 세대로 불릴 정도로 이전 세대와는 확연하게 다른 특징을 보이고 있다. 요즘 대학생들은 가정, 학교, 커피숍, 광장 등 자신이 어디에 있든, 손에 들고 있는 다양한 기기들을 통해 다양한 정보와 접속할 수 있으므로 이런 대학생들의 특징을 활용하여 교육의 기회와 폭을 넓히고 이를 학교교육과 연계할 필요가 있는 것이다. 현재 대부분의 교육에서 반영하고 있는 학습목표 체계인 Bloom의 Taxonomy를 Bloom의 제자인 Anderson과 Krathwohl이 개정하고, 다시 Churches(2009)[7]가 Digital Taxonomy로 개정한 것은 시대변화에 맞게 교육도 변화되어야 함을 나타낸 것이라고 볼 수 있다. 따라서 대부분의 교수법들은 교수의 일방적인 강의가 아닌 학생들이 미디어와 연계하여 정보를 산출하게 하거나, 문제를 발견하여 해결책을 도출하는 방법들을 권장하고, 학생들이 모둠을 이루어 보다 나은 결과물을 산출하도록 소통하는 능력을 강조하고 있다. 즉, 미디어를 활용한 학습자 중심 활동이 대학교육에서 점차 확대되고 있는 것이다. 학생들이 활동에서 다루게 되는 것은 전공 관련 지식이지만, 그것을 해결하는 과정에서 요구되는 것은 자기주도성과 상호작용이기에 Active Learning을 다시 주목하는 것이다.

두 번째는 미래가 요구하는 역량 때문이라 할 수 있다. 최근 들어 가장 많이 접하게 되는 것이 '4차 산업혁명'일 것이다. 4차 산업혁명은 2016년 다보스 포럼에서 '4차 산업혁명의 이해'라는 주제로 개최되면서 부각되었다.[8, 9] 4차 산업혁명은 인공지능에 의해 자동화와 연결성이 극대화 된 것으로 기계가 기계를 조작하는 시대를 의미하는데, 이와 관련된 미래 변화 예측과 대비는 다양한 분야에서 논의되고 있고 대학도 예외는 아니다. 즉, 4차 산업혁명이 요구하는 인재를 대학에서 어떻게 육성해내느냐의 문제로, 이와 관련된 연구들은 창의적이고 능동적으로 대응할 수 있는 역량강화에 초점을 두고 교육방법을 학생 주도로 혁신하도록 권장하고 있다.[10, 11, 12, 13] 이를 위해 대부분의 대학에서 학생들의 핵심역량을 선정하고 이를 육성하고자 노력한다. 학생 핵심 역량은 공통되게 자기주도적인 학습능력과 비판적 사고, 창의력 등으로 학생들의 주체적인 사고와 실천을 기대한다. 때문에 수업에서 참여와 협업이 강조되고 있어, 학습자 중심 교육인 Active Learning이 더욱 강조될 수밖에 없다.[14]

세 번째는 Active Learning이 내포하고 있는 '학습자 중심'이라는 철학이다. 현재 학교보다 기업에서 더 활성화 되었다고 볼 수 있는 Action Learning, 몇몇 대학에서 정책적으로 운영하고 있는 Flipped Learning, 구성주의와 함께 등장하여 꾸준히 활용되고 있는 PBL(Project - Based Learning, 프로젝트중심 학습)과 또 다른 PBL(Problem - Based Learning, 문제중심 학습), CBL(Case - Based Learning, 사례중심 학습), GBS(Goal - Based Learning, 목표기반 시나리오) 등의 교수법들을 어떤 철학을 근거로 활용할 수 있는가에 대해서, Active Learning은 학생이 주체가 되어 직접 탐구하고 실행하는 활동중심이라는 기본 틀을 제공한다.[15, 16] 즉, 수업은 학생들이 배우는 것을 돕는 것이기 때문에 수업 내에서 학생들에게 중요한 학습 경험이 일어나도록 하기 위하여 앞에서 제시한 교수법들이 고루 활용될 수 있는 것이다. 물론 각각의 교수법은 이를 개발하고 주장한 학자들의 철학이 담겨있기 때문에 굳이 Active Learning 개념을 빌어 설명할 필요는 없다. 그러나 특정 교수법이 좋다고 하여 한 가지 방법으로 수업을 기획하고 운영할 경우, 처음에는 호기심을 유발할 수 있으나, 동일한 수업 방식이 반복됨에 따라 식상함을 조성할 수 있고, 몇몇 학생들은 새로 도입한 교수법이 맞지 않아서 곤란을 겪을 수도 있으며, 모든 교수법이 완벽하게 효과를 주는 것은 아니므로 교수법 자체에 의미를 두기보다는 해당 교수법이 가지고 있는 기본 철학에 좀 더 초점을 맞출 필요가 있다. 최신의 교수법이 무조건 최고의 교수법이 될 수 없듯이, 교수법도 유행이 있어서 일시적으로 주목되었다가 사라지기도 하기 때문에 더욱 포괄적인 Active Learning 철학에 주목할 필요가 있는 것이다.

따라서 본서에서는 Active Learning을 향후 도래할 새로운 세상에서 학생들이 스스로 학습하고 스스로 대안을 찾아나갈 수 있도록 지도하기에 적합한 교수 학습 접근법(teaching approach)으로 다시금 조명하고자 한다.

2. Active Learning이란?

Active Learning이란 용어는 Revans에 의해 주창되었다.[17] 간단히 말해, 듣기만 하는 학습을 'Passively Learning(수동학습)'으로 비유하고 이와 반대개념으로 Active Learning을 주장했기 때문에 듣는 것 이외의 활동이 수업 중에 일어나야 한다. 그래서 Bonwell과 Eison(1991)[18]은 '학생들이 적극적으로 또는 경험적으로 학습 과정에 참여하고 학생의 참여에 따라 다양한 수준의 학습이 이루어지는 체계'로 설명하였다. Felder와 Brent(1996)[19]은 이러한 수업을 학생중심수업이라 명하며, 학생들이 학습의 책임을 지며, 자기주도적인 학습이나 협동학습 등을 활용하는 광범위한 교수법이라 하였다. Prince(2004)[20]도 Active Learning의 핵심 요소는 학생의 활동과 학습 과정에서의 참여라고 하였다. 나아가 Millis(2012)[21]는 학생들이 읽고, 쓰고, 토론하고 문제를 풀면서 더 많은 것을 배우는 것이라고 설명하였다. 이러한 주장들은 수동에서 능동이란 학습 방법의 변화만을 의미하지 않고 교육의 주체가 교사 중심에서 학생중심으로 전환되어야함을 나타내는 것이라 할 수 있다. 즉, 교육을 바라보는 관점이 바뀌어야 학생중심으로의 수업 설계가 낯설지 않고, 학생들이 활동하는 것만이 Active Learning이 아닌, 더 높은 수준의 생각을 실천하는 기회의 장으로 활동을 이해할 수 있을 것이다. 한 마디로 Active Learning은 교육개념인 동시에 학생들이 학습의 주체가 되어 다양한 활동을 통해 메타인지를 활용하여 스스로 지식을 구성하고 새로운 가치를 창출하도록 학생의 변화를 이끄는 교수 학습 접근법이라고 정의할 수 있다.

Active Learning은 학생들이 특정한 활동에 직접 참여한다는 것만으로도 학습효과가 클 것으로 기대된다. 일찍이 순자(荀子)[22]는 '나에게 말하면 나는 잊을 것이요, 나에게 보여주면 기억할지도 모르나 나를 참여시키면 나는 이해할 것이다. 공부는 행동에서 시작된다(不闻不若闻之，闻之不若见之，见之不若知之，知之不若行之, 学至于行之而止矣 - 儒效(8권))'고 하였다. Bean(2011)[23]도 학생이 중심이 된 활동은 탐구 및 지식 습득을 촉진하고, 그들이 제안한 해결책을 비판해봄으로 그들의 수행을 향상되게 한다고 하였다. 이러한 Active Learning 효과는 Freeman과 그의 동료들(2014)[24]에 의에서도 확인된 바 있다. 이들은 STEM(과학, 기술, 공학 및 수학) 분야에서 전통적인 강의중심학습 67개의 연구와 Active Learning을 활용한 158개의 연구 데이터를 가지고 메타분석을 실행하였다. 학생들의 기초 개념 관련 시험과 수행에서 Active Learning에 참여한 학생들의 시험평균 점수는 약 6% 향상되었고, 전통적인 강의중심학습에 참여한 학생들은 Active Learning에 참여한 학생들보다 실패할 확률이 1.5배 높게 도출되었다. 반면 Active Learning을 실행한 교수의 발전도 살펴볼 수 있다. Phillipson과 그의 동료들(2018)[25]은 Active Learning classroom에 강사 10명을 배정하고 학과 운영이 끝난 다음 이들을 대상으로 FGI(Focus Group Interview)를 실시했다. 인터뷰 결과는 Active Learning을 지도하고자 Active Learning classroom에 배정된다는 것은 뭔가 다른 일을 하도록 강요받는 듯한 느낌에서부터 출발하여 무엇을 어떻게 운영하면 좋을지를 성찰하게 되고, 학생들과의 활동을 통해 기존의 강의방식을 바꾸고 싶다는 생각으로 발전하여, Active Learning과 관련된 학습을 스스로 하면서 교수학습자로 새롭게 태어날 수 있었다고 한다. 즉, 학생들이 실제 활동함으로 학습을 하듯, 이들도 가르친다는 행위를 통해 학습을 하게 되므로 학생과 교수 모두에게 학습이 일어난다는 것이다.

물론 Active Learning은 강의식 수업에 익숙한 학생들로부터 강한 저항을 받을 수 있고,[26] 교수 자신의 교육철학을 바꾸어야 하므로 쉽게 구현될 수 있는 교수법은 아니다.[27] 특히 새로운 교수법을 수행하기 위해선 자신의 관련 역량을 키워야 하므로 준비하는 시간이 많이 필요한데,[28] 학생들이 교수의 개입 없이 스스로 활동한다는 것 때문에 투자한 시간에 비해 보여 지는 교수의 역할이 너무 작아 자칫 교수가 나태하다는 오해를 불러일으킬 수 있어 접근이 꺼려질 수도 있다. 또한 지도에 익숙했던 교수입장에서 학생들이 주도하도록 수업을 설계했을 때 학생들을 얼마만큼 신뢰할 수 있고 교육적 효과가 얼마나 나타날 수 있을까에 대한 확신이 강하게 들지 않을 수도 있다.[29]

때문에 Carlson과 Winquist(2011)[30]는 단번에 자신의 수업을 바꾸기 보다는 천천히 변화를 주라고 한다. Bentley와 그의 동료들(2011)[31]은 과정 전반에 걸쳐 학생 활동의 피드백을 지원하고 학생들과 수시로 활동을 점검하면서 진행할 것을 권한다. DeMonbrun와 그의 동료들(2017)[32]은 학생들을 관찰하고 학생 유형에 따라 적용할 수 있는 다섯 단계의 전략을 제안하기도 하였다. 사실 익숙한 틀을 깨고 경험해보지 못한 Active Learning을 이론적으로 습득하고 실천한다는 것이 교수에게 상당한 스트레스가 될 수 있다는 것은 분명하다. 따라서 교수 개인이 Active Learning을 시도하도록 권하기보다는 학교에서 행정적이거나 제도적인 지원이 있다면 좀 더 수월할 것이다.[33] 미국의 Minnesota 주립대학은 Active Learning Classrooms(ALCs)라는 프로젝트를 2007년부터 추진하고 공간이 학습에 미치는 여러 연구들을 수행하기도 하였다. 이들은 학교에서 Active Learning을 실현할 수 있는 적합한 공간을 지원하므로 Active Learning 활동을 보다 정교하게 실현할 수 있었고, 이를 통해 학생중심 활동과 관련된 효과를 얻을 수 있었다고 밝히고 있다. 즉, 일반 강의실에서의 수업과 Active Learning Classroom에서 수행한 수업을 학업 결과에 치중하여 비교하기 보다는 학생들이 활동을 통해 얻게 되는 협동력과 같은 교과외 측면의 효과를 밝혔다는 데 의의가 크다.

국내외 몇몇 대학들이 보유하고 있는 Active Learning을 실행할 수 있는 강의실은 다음과 같다. 사진은 각 대학 홈페이지에서 가져왔다.

영국 Liverpool 대학의 Active Learning Lab

학생이 직접 설계하고 구상한 것을 만들어보고 실험 해보는 수업이 가능하도록 설계.

미국 Minnesota 대학의
Active Learning Classrooms(ALCs)

미네소타 대학은 2011년부터 매년 'Active Learning Classroom Forum'을 개최하는 Active Learning 장려 대학.

일본 Tokyo 대학의
Komaba Active Learning Studio(KALS)

교양과목 중심의 다양한 교육프로그램개발 및 지원. 예술과 과학, 정보학 등의 통합 프로젝트 지원.

캐나다 Queen's 대학의
Active Learning Classroom

교수법에 따라 세 가지로 적용할 수 있는 Active Learning Classroom을 운영.

동국대학교(경주)

계명대학교

3. Active Learning 배경이론

Active Learning의 철학은 구성주의 학습이론에 근간을 두고 있다고 볼 수 있다. 왜냐면 구성주의는 학습자가 새로운 정보를 기존의 정보에 동화시키거나 이전의 이해와 모순되는 새로운 정보는 조절하여 평형을 유지하는 것이 학습이라고 보는 피아제의 이론에서 출발하는데, Active Learning은 학생들이 자신의 기존 지식과 새로운 정보를 연결하는 인지적 갈등을 겪게 하는 토론이나 실생활과 연계된 활동 등을 제공하기 때문이다. 특히 Vygotsky가 주장한 사회적 구성주의는 학생들이 교수나 동료와의 활동을 통해 현재 수준을 넘어서는 문제를 해결할 수 있음을 ZPD(zone of proximal development)와 Scaffolding으로 강조하는데, Active Learning의 특성은 실제 경험(hands - on experience)을 통한 학습(learning by doing)이므로 일치한다고 볼 수 있다.[34, 35] Chi(2009)[36]도 Active Learning은 학생과 다른 사람들 간의 관계에서 상호작용을 강조하는 학습과 관련 있다고 강조한 바 있다. Ford(2010)[37]는 Active Learning에서는 학생들이 자신의 경험을 통해 개발된 개념에 능동적으로 도전하고 비판함으로 학습이 일어날 수 있고, 교수의 지도하에 이런 인지적 갈등이 조장 된다고 하였다.

그동안 다양한 학습을 시도해야 한다는 입장에서 자주 인용되고 제시되었던 모형은 다음 [그림 1]과 같은 Learning Pyramid다.

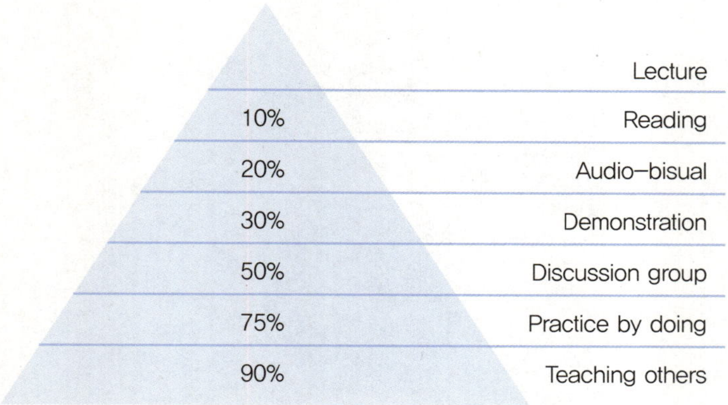

[그림 1] Learning Pyramid

[그림 1]은 Dale이 시청각 교육의 강조를 위해 활용되었던 모델로 교육공학 분야에서는 매우 설득력 있게 활용되어 왔다. 그러나 Magennis와 Farrell(2005)[38]은 Learning Pyramid의 수치는 어떤 연구에 의해 만들어진 것이 아님을 강조하고 있고, Dale(1969)[39]도 자신이 활용한 Learning Pyramid는 이해와 설명을 위해 사용한 것인데, 이것이 인용될 때는 마치 학습계획을 위한 처방처럼 사용되고 있는 것은 문제라며, 모든 경험을 사용하는 것이 기억에는 더 효과적일 것이라고 주장한 바가 있다. Learning Pyramid가 여전히 애용될 정도로 설득력이 있는 것은 사실이나 과학적 근거로 만들어진 것이 아니라는 점은 많은 신뢰를 잃게 한다. 또한 Learning Pyramid는 학습을 기억이라는 한 단면만으로 설명하고 있으므로 그보다는 보다 효과적인 학습이 일어날 수 있게 어떻게 수업을 구성하는 것이 좋을지를 교육 목표 체계이론에서 접근할 필요가 있다. 즉, 최근 고등교육에서 주목하고 있는 모델로 Fink(2003)[40]의 Taxonomy이다.[41] 대학 교육에서 Fink의 Taxonomy에 더 관심을 가져야 하는 이유는 이전의 Taxonomy와는 확연하게 다른 도출과정이다. 우리나라 교육체계에도 지대한 영향을 미친 Bloom은 대학교수들에게 학생들이 실제로 배워야하는 것이 무엇인지를 설문하여 그 대답을 토대로 Taxonomy를 설계했다. 그러나 Fink는 학생들로부터 얻은 대답을 토대로 Taxonomy를 설계하였다.[42] 즉, Fink의 Taxonomy는 학습자 중심 수업인 Active Learning을 설명해줄 수 있는 교육목표 체계인 것이다. 그의 Taxonomy는 다음 [그림 2]와 같다.

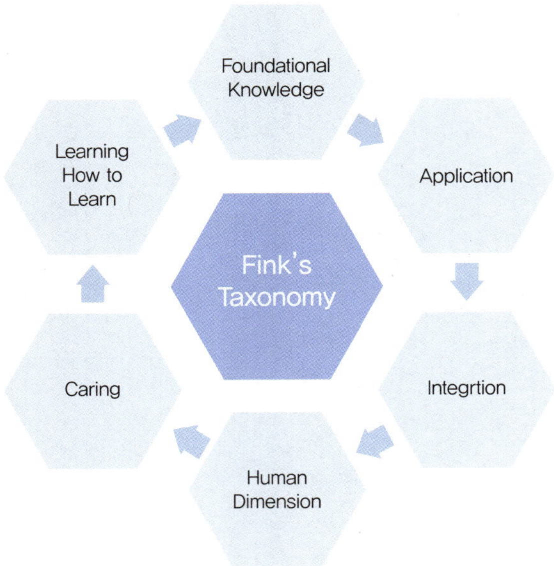

[그림 2] Fink's Taxonomy

[그림 2]에서 기초 지식(FoundationalKnowledge)이란 해당 교과에 필요한 개념과 정보를 기억하고 이해할 수 있도록 꼭 필요한 지식을 기준으로 구성하는 것을 말한다. 응용(Application)은 수업을 통해 비판적이고 창의적이며 실용적인 사고 능력을 개발할 수 있어야 함을 의미한다. 통합(Integration)은 학습을 통해 개념이나 새로운 아이디어, 관점 및 삶의 영역과 사람간의 관계들을 연결할 수 있어야 한다. 사람 차원(Human Dimension)은 학습 과정 동안 자신이나 다른 사람에 대해 이해할 수 있어야 한다. 그리고 돌봄(Caring)은 새로운 느낌이나 관심사 또는 가치를 개발할 수 있도록 자신의 생각을 성찰하는 것을 말한다. 끝으로 학습법을 학습하기(Learning How to Learn)는 더 나은 학습자가 되는 것으로 스스로 학습하는 것을 배우는 것이다.[43] 이 여섯은 어느 하나가 가장 기본이 된다거나 하나를 성취하고 그 다음 것을 성취하는 등의 위계보다는 서로 유기적으로 연결되어 있어서 모두 중요하게 다루어진다. 즉, 시작점과 도달점이 없다.

이렇게 Fink(2003)[44]는 전체론적 입장에서 학습을 보기 때문에 Active Learning을 통해 경험하게 되는 협력, 토론, 성찰, 상호작용 등은 Fink의 Taxonomy에 담긴 여섯 요소를 가장 잘 실천하는 방법이 될 것이다. 다음 [그림 3]은 Taxonomy 철학이 담긴 Active Learning에 대한 관점이다.

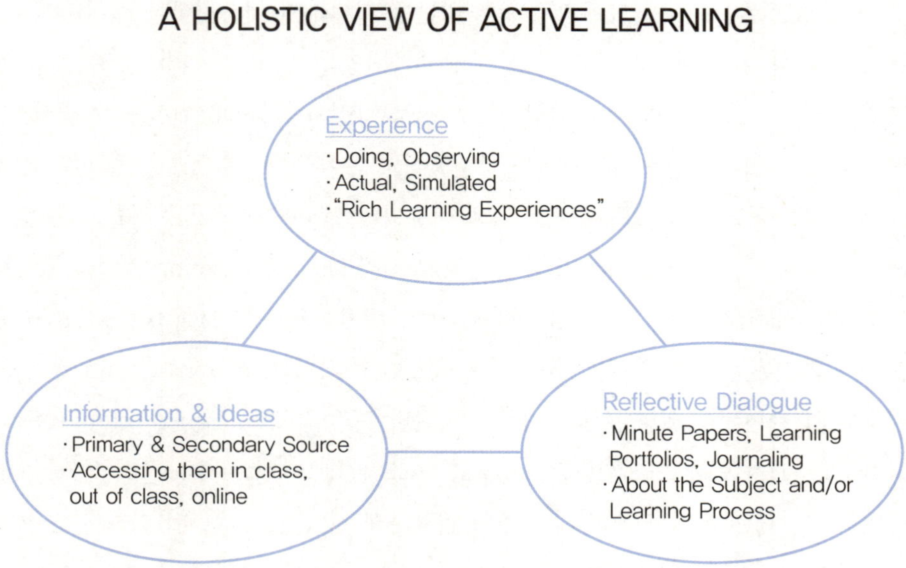

[그림 3] 중요한 학습경험 - Fink, 2003

학습은 좋아하는 TV 프로그램을 시청하는 것처럼 일방적으로 바라만 봐야 하는 것이 아니다. 학생들이 직접 뛰어들어 드라마의 주인공도 되어보고, 쇼 프로그램의 MC도 맡아보면서 해당 역할의 특성을 익히고 정보를 자기화하며 동료들과 공유하고 발전시켜 나가는 과정을 통해 지적 성숙과 삶의 기술을 익히도록 하는 것이 바로 학습이고, Active Learning이 강조하는 학습에 대한 철학이라고 할 수 있다.

4. Active Learning 교수법

만약 Active Learning이 수업을 실행하는 모형이라면 핵심철학을 실천할 수 있는 일련의 계획, 실행, 평가까지의 절차가 제안되었을 것이다. 그러나 교수 학습 접근법(teaching approach)이다보니 다양한 교수법들이 실천방안으로 제시될 수 있다. 문제는 이러한 교수법들을 가로지르는 학생중심의 참여활동이란 공통성은 있으나, 절차상의 차이나 진행 방법의 차이로 인해 적용의 어려움을 적잖이 초래할 수도 있다는 것이다.[45] 즉, Active Learning을 실천하기 위해 Flipped Learning 기법을 활용하는 것과 Action Learning 기법을 활용하는 것은 차이가 있다. Flipped Learning은 교과와 관련된 현실의 실제 문제를 다루지 않아도 되지만, Action Learning은 반드시 교과와 관련된 현실의 문제를 다루어야 한다. 수업전략도 Flipped Learning은 다양한 On-Line 콘텐츠를 활용할 수 있지만 Action Learning은 On-Line 콘텐츠 활용이 필수사항이 아니다. 이렇게 구분이 명확하게 될 경우는 그나마 이해가 쉬울 수 있으나 협력학습과 협동학습처럼 이름이 유사한 활동이나, 현실의 문제를 중심으로 학습한다는 공통점 때문에 많은 혼동을 빚고 있는 Action Learning, 프로젝트중심학습(Project - Basic Learning), 문제중심학습(Problem - Basic Learning)도 있다. 학생참여가 중심이기 때문에 모둠 활동을 빈번히 활용 하므로 Active Learning은 모둠기반 활동이라 해도 과언이 아니지만 모둠기반학습(Team - Based Learning)은 별도로 존재한다. 더구나 네러티브 기반학습(Narrative - based learning),[46] 상황학습(Situated Learning),[47] 우연학습(Happenstance Learning Theory),[48] 맥락기반 학습(Context - based Learning),[49] 과제기반학습(Task - Based Learning)[50] 등이 꾸준히 주목을 받고 있어 혼동이 예상되기도 한다. 최근에는 2015학년도 교육혁신 10대 과제에서 언급된 교차학습(Crossover Learning),[51] 체화(구현)학습(embodied learning),[52] 적응학습(Adaptive Learning)[53] 등도 점차 확대되고 있는 중이라, Active Learning이라 할 수 있는 다양한 교수법들의 범위는 점차 넓어지고 있어 각 교수법의 차이로 인한 어려움이 충분히 있을 수 있다. 따라서 Active

Learning을 실행하고자 한다면 자신의 교과 주제를 가장 잘 수행할 수 있는 교수법부터 선택하는 것이 필요하다. 또한 첫 시도부터 완벽하게 시현하기에는 무리가 있으므로 강의식 수업의 일부분에 적용한 후 차츰 분량을 늘려 한 차시를 완벽하게 수행해 내는 것이 바람직하며, 이후 성찰을 통해 적용 회차를 늘리는 것이 좋다. 만약 다양한 교수법을 활용하고 싶다면 각각의 교수법을 완벽하게 수행하는 경험을 쌓은 후 각 교수법을 회차별로 배치하여 활용하는 것을 추천한다. 왜냐하면 각 교수법마다 일련의 실행 절차가 있기 때문에 명확히 이해하지 않고 혼용할 경우, 중요한 부분이 누락된다거나 서로 상반된 실행 절차가 연결되어 진도를 나가지 못하는 상황이 연출될 수도 있어서 해당 교수법의 투입 결과를 긍정적으로 도출하기가 어려울 수 있기 때문이다. Active Learning에서 활용할 수 있는 다양한 교수법 중, 앞에서 언급한 교수법 이외의 몇 가지를 더 소개하면 다음과 같다.

마이크로 러닝(Micro Learning)

마이크로 러닝은 에빙하우스(Ebbinghaus)의 망각 곡선 이론에 기반을 두고 반복학습뿐만 아니라 학습 양을 줄여 망각의 문제를 해결하려는 역발상에서 출발한다.[54] 즉, 많은 학습 내용을 단 한 시간에 가르치는 것이 아니라, 단 하나의 학습 내용을 선정해 단 한 시간에 가르쳐서 기억해야 할 정보의 양을 줄이고, 반복학습으로 다양한 상황이나 조건에 적용하는 과정을 통해 해당 학습내용을 완전히 이해하고 자기 것으로 만들 수 있도록 하려는 것이다.[55] 때문에 수업시간을 나누어 운영하는 것으로 자칫 오해할 수 있으나, 마이크로 러닝은 마이크로 러닝으로 전달할 수 있는 해당 교과의 주제를 발굴하고, 이를 다룬 콘텐츠를 제작하거나 프린트물, 이미지 등으로 대체하여 수업에 투입하는 것이다.[56] 학생들은 가장 간단하면서도 심도 있는 학습 주제를 접하고 이와 관련된 모둠 활동, 토론, 기존 지식과 연결하기, 새로운 정보로 재생산하기 등의 다양한 체험활동을 하게 된다. 즉, Active Learning에서 강조하였던 지식과 현장의 연결, 지식의 활용, 동료와의 협업 등이 실행되는 것이다.

간격학습(Spaced Learning)

마이크로 러닝과 연동하여 살펴볼 수 있는 교수법이 '간격학습' 혹은 '간격을 둔 학습'이라고 해석할 수 있는 'Spaced Learning'이다.[57] 인간 신경과학에 기반을 둔 간격학습은 에빙하우스의 망각 곡선 이론에 동의하면서 일정 간격을 두고 학습할 경우 기억에 더 효과적이라고 본다. 진행 방법은 한 수업을 세 섹션으로 나누고 10분 휴식을 사이에 두어 세 번 반복하게 하는 것이다. 새로운 정보를 장기기억에 저장하려면 기존 지식과 탄탄하게 연결할 경험과 시간이 필요하기 때문이다.[58] 처음에는 교수가 정보를 제공한다. 이는 강의식 수업과 동일하며 정보 제공에 핵심이 있다. 그 다음, 잠시 휴식을 취한 뒤 방금 수강한 내용을 어떻게 기억하고 있는지 확인하는 활동이 이루어지는데, 이때는 정보를 회상하는 데 중점을 둔다. 마지막으로, 다시 휴식을 취한 후 이를 활용하는 활동을 하는데, 정보를 완전히 이해했는가를 핵심으로 응용까지 확대할 수 있다. 그런데 휴식으로 주어지는 10분은 그냥 휴식이 아니다. 그 시간에 뇌가 정보를 연결할 수 있도록 자극을 주지 않아야 하므로 간단한 신체활동이나 음악 듣기 등을 하게 한다.[59] 이러한 방법은 나중에 간격학습(Spaced Practice)의 근간이 되고 나아가 분산학습(Distributed Practice)과 같은 맥락에서 이해되는 계기가 된다.[60] 물론 분산학습은 간격학습과는 다른 의미로 몇 시간씩 집중적으로 학습하는 것보다는 일정한 간격을 두고 반복하는 것이 기억에는 더 효과적이라고 강조하는 이론이다. 간격학습이 가진 세 섹션의 수업구조는 Active Learning에서 강조하는 학생중심활동으로 구현되었을 때, 정보 제공 - 회상 - 활용이란 절차를 제공하므로 일맥상통한 교수법이라고 할 수 있다.

몰입형학습(Immersive Learning)

몰입형학습은 학습자가 반응할 수 있는 학습 환경을 구현하여 학습자를 투입하는 것을 말한다.[61] 마치 비행기 조종사가 비행훈련을 하기 위해 실제 비행기가 아닌 모형비행기에 탑승하여 조종하는 것처럼 시뮬레이션, 역할극, 가상 학습 환경 등이 몰입형학습에 속한다. 즉, 학생참여가 전제된 것으로 학생들의 경험을 극대화하는 멀티미디어관련 학습이다. 특수장비를 갖추고 아바타가 되어 증강 현실에 참여하여 간접 경험을 한다든가, 가상현실을 구축하고 학습자들로 하여금 오감을 사용하여 문제 해결을 하도록 하는 등 다양한 설정이 가능한 것이 몰입형학습이다.[62] 그런데 단순히 몰입도가 높았다고 학습이 일어나는 것은 아니고 탄탄한 학습적 시나리오를 통해 실제 세계에서도 적용될 수 있는 참여자의 상황처리 방식 자극이 전제되어야 한다. 즉, 상황분석, 의사결정, 지식 활용 등이 다양하게 경험되도록 구축되어야 한다. 장비를 벗었을 때, 마치 꿈을 꾸고 난 듯, 허전함과 아쉬움이 남는 것이 아니라 참여한 내용을 실제 현실에 어떻게 반영할 수 있는가의 성찰이 관건이라 할 수 있다. 몰입형학습은 학습자중심이고 참여형이란 점에서 그 어떤 교수방법보다 강력한 Active Learning 교수법이라 할 수 있다.

소셜 러닝(Social Learning)

일찍이 Bandura(1977)[63]는 사람은 사회적 동물로 타인의 행동을 관찰하고 모방하면서 학습한다고 하였다. 미디어(Media)의 급속한 발달은 미디어를 기반으로 사람들의 대화가 증폭되고 정보교류가 빈번해지는 결과를 가져왔고, Bandura의 Social Learning Theory처럼 동료나 불특정 다수와의 상호작용을 통해 학습이 일어남을 증명하고 있다. 즉, 블로그나 SNS, Twitter와 같은 프로그램은 사람과 사람을 연결하는 미디어로 통칭하여 'Social Media'라고 하는데,[64, 65] 이를 활용한 학습활동이 소셜 러닝인 것이다. 시간과 장소 및 인원에 구애받지 않고 활용할 수 있는 소셜 미디어는 학습자에게 매우 편리한 도구로 Active Learning이 권장하는 모둠 활동 이외에도 다양한 학습차원에서 활용할 수 있다. 소셜 러닝의 가장 큰 장점은 미디어를 활용하면서 교류되고 있는 정보를 비판적으로 분석할 수 있는 안목이 길러지고 커뮤니케이션 능력이 향상되며 같은 입장의 사람들과 쉽게 협업할 수 있다는 점일 것이다. 물론 동료들의 노력에 무임승차하는 소극적인 학습자가 나타날 수도 있다. 그러나 자신들이 맞이한 이러한 문제점을 어떻게 해결하는가도 소셜 러닝을 통해 습득할 수 있는 학습 결과로 의미가 있다. 소셜 러닝은 학교에서는 지도할 수 없는 직접적인 최신 이슈를 바로 다룰 수 있어서 강의 보조로 활용한다면 더욱 효과적일 것이다.

5. Active Learning 특징

앞서 언급한 바와 같이 Active Learning은 학습자 중심의 모든 교수법을 섭렵하는 포괄성을 가지고 있다. 이는 블렌디드 러닝(Blended Learning)처럼 on-line 수업과 면대면 수업을 혼합한다는 논리가 아니라, 15주 강의계획에서 각각의 주제를 지도하기에 가장 적합한 교수법으로 강의식 수업, 문제중심학습, 플립드 러닝 등을 결정하고 계획하는 것으로 이해할 수 있다. 한 가지 흥미로운 사실은 Active Learning에 포함되는 학습자 중심 교수법들은 공통되게 모둠 활동, 개별 탐구, 토론, 발표 등의 유사한 활동을 포함하고 있다는 점이다. 물론 이로 인해 각각의 교수법들이 유사하다는 생각을 하게 되고, 차이점이 잘 구분되지 않아 혼동을 야기하는 원인이기도 하다. 그러나 반대로 생각하면 한 가지 교수법을 명확하게 숙지하고 나면 다른 교수법을 도입할 때는 이해가 쉬워지는 장점이 될 수 있다.

Active Learning이 가진 가장 큰 특징은 이러한 포괄성이라고 할 수 있는데, 이는 근래의 교수법들에서도 나타난다. 먼저 '개인 맞춤형 학습(Personalized Learning)'[66]을 살펴보자. 개인 맞춤형 학습은 학생중심 교수법의 하나로, 개별 학습자의 준비 상태, 강점, 욕구 및 관심사를 중심으로 설계된 교육 방법이다.[67] 학생들 개개인은 학습목표와 학습 방법 및 학습내용에 대한 요구가 다를 수 있으므로, 잘 갖추어진 학습 시스템을 통해 자신의 학습 목표를 설정하고, 학습 경로를 계획하며, 진행 상황 추적 및 학습 방법을 결정할 수 있게 하자는 취지다. 교수 역시 동일 시스템을 활용하여 주어진 시간에 학습 목표, 내용, 방법 및 평가에 대해 개별 학습자에게 꾸준히 피드백을 주게 된다. 미국 켄터키주에서는 '개인 맞춤 학습' 매뉴얼을 준비하여 어떤 학습자 중심 교수법들을 활용하면 좋을 지를 안내했다.[68] 즉, 개인 맞춤 학습의 특징을 잘 살리기 위해 한 가지 교수법만을 고집하지 않는 것이다. Bray와 McClaskey(2016)는[69] 개인 맞춤 학습이 다양한 학습자 중심 교수법을 포함하고 있음을 다음 [그림 4]와 같이 간단하게 표현했다.

[그림 4] 개인 맞춤형 학습 우산 모형(The Personalized Learning Umbrella)

이와 유사한 학습자 중심 교수법으로 '균형학습(Balanced Learning)'[70]이 있다. 2017년도에 태동하여 조금씩 체계를 갖추고 있는 상황이라 잘 알려져 있지 않은 교수법이다. 균형학습은 지금까지의 교육은 학생들을 암기달인으로 육성하는데 초점이 맞추어져 있다는 비판과 함께 미래를 준비하는 교육이 되려면 학생들을 발명가로 지도해야 한다고 본다. 유아교육분야에서 잘 알려진 'Balanced Learning Approach'[71]와는 다른 개념으로 성인교육까지 적용 가능한 방법이라고 소개하고 있다. 균형학습에서 중요한 것은 학생들이 학습하는 방법을 배우고, 자신에게 가장 적합한 교육유형이 무엇인지를 아는 것이라고 본다. 따라서 교수는 교육과정을 설계할 수 있는 권한을 가져야 하고, 학생들이 참여할 미니 강의, 디지털 콘텐츠, 개인 학습, 모둠 활동이 가능한 강의실이 있어야 한다. 그리고 자신이 설계한 교육과정에 따라 학생들 각자가 학습계획을 세우고 진행할 수 있는 체크리스트를 마련하여 학생들에게 제공한다. 학생들은 강의실에 입장하여 각 영역에 준비된 과제들을 보고 자신이 가장 관심 있는 주제부터 선택하여 하나씩 완수해 간다. 중요한 것은 자신이 관심 갖는 분야와 기피하는 분야가 있을 때 어느 한 분야만 집중하지 않도록 하는 것이다. 즉, 학생들이 학습 목표의 균형을 이루도록, 한 영역에 오래 머물거나 한 영역만 집중하지 않고 고르게 참여할 수 있게 영역별로 수준별 과제들을 준비하는 것이 관건이라 할 수 있다. 이러한 과정을 운영하기 위해 도입되는 교수법은 역시 하나가 아니다. 다음 [그림 5]는 균형학습 모형이다.

[그림 5] 균형학습 모형(Balanced Learning)[72]

사실 Active Learning은 우리 곁에 꾸준히 있어 왔다. 그동안 많은 교수들이 강의식 수업에 토론 학습을 접목하거나, 모둠 활동을 접목하거나 일반적이지는 않지만 현장학습을 하는 등의 노력이 있었다. 단지 그러한 방법이 문제중심학습을 표방하거나, 플립드 러닝 등과 같은 학습자 중심 수업으로 명명할 수 있는 구조의 교수법이 아니었을 뿐이다. 또한 자신의 수업 전개방식을 Active Learning에 속하는 교수법으로 증명하려는 필요성도 갖지 못했을 것이다. 때문에 익숙하게 변화를 주어왔던 수업들을 특정 교수법에 맞추어 좀 더 체계화한다고 생각하면 Active Learning의 실천은 결코 어렵지 않을 것이다. 학자마다 Active Learning을 어떻게 정의하느냐에 따라 Active Learning의 특징은 달라질 수 있지만 학생들이 중심이 되는 수업을 위해 다양한 교수법을 활용하는 것에 동의한다면 포괄성은 분명 긍정적인 특징이 될 수 있다. 따라서 이러한 특징을 이해하기 쉽게 하나의 모형으로 제안하면 다음 [그림 6]과 같다.

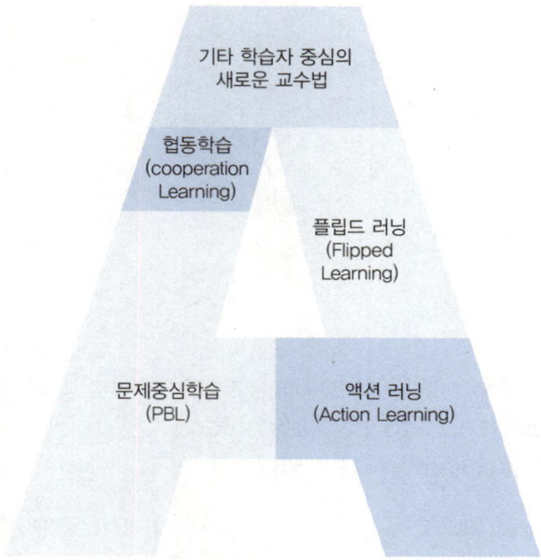

[그림 6] Active Learning 이해 모형

Active Learning은 [그림 6]과 같이 각각의 블록에 다양한 형태의 학습자 중심 교수법들을 넣을 수 있는데, 대표적으로 문제중심학습, 액션 러닝, 플립드 러닝, 협동학습을 넣었을 뿐이다. 맨 위에 '기타'를 둔 것은 학습자 중심 교수법이라면 모두 Active Learning 안으로 포함될 수 있음을 나타내기 위함이다. 즉, Active Learning 이해 모형의 각 블록에 각 대학에서 강조하고 싶은 교수법들을 넣어 Active Learning으로 운영하면 되는 것이다.

齋藤孝(사이토 다카시, 2018)[73] 일본 메이지대 교수는 Active Learning을 '새로운 학력'이라 칭하며, 교과서 없이도 개인이 주체적으로 문제를 발견하고 해결책을 생각한 후 이를 타인과 공유하고 심화해 최종적으로 판단을 내리는 '문제 해결형 학력'이 바로 새로운 학력이라 하였다. 전통적으로 교과서를 활용해 체계적으로 정리된 지식을 무조건 암기하고 재생하는 능력은 전통적 학력이라 보고 그에 반대되는 개념으로 '새로운 학력'을 제안한 것이다. 물론 취지가 좋다해서 결과도 좋을 수는 없기 때문에 어떤 교수법이 현재 자신이 지도하고 있는 학생들과 잘 맞는지를 고민하고 실행하여야 할 것이다. 다음 장에서는 꾸준히 연구되며 장단점이 밝혀진 세 개의 교수법을 선정하여 이론보다는 현장에서 어떻게 실행할 수 있는가에 초점을 두고 소개하고자 한다.

CHAPTER 01

미주

1. Bonwell, C. C., & Eison, J. A. (1991). Active Learning: Creating Excitement in the Classroom. ASHE-ERIC Higher Education Report, Washington DC: School of Education and Human Development, George Washington University.
2. Carr, R., Palmer, S., & Hagel, P. (2015). Active learning: The importance of developing a comprehensive measure. Active Learning in Higher Education, 16(3), 173-186.
3. Chi, M. T., & Wylie, R. (2014). The ICAP framework: Linking cognitive engagement to active learning outcomes. Educational Psychologist, 49(4), 219-243.
4. Lenton, K., & Adams, R. (2018). A Co-Design Approach to Engaging Colleagues in Active Learning Pedagogies.
5. Graham, C. R., Tripp, T. R., Seawright, L., & Joeckel, G. (2007). Empowering or compelling reluctant participators using audience response systems. Active Learning in Higher Education, 8(3), 233-258.
6. Bickman, Martin. (2009). "Returning to Community and Praxis: A Circuitous Journey through Pedagogy and Literary Studies." Pedagogy: Critical Approaches to Teaching Literatures, Languages, Composition, and Culture 10(1), 11-23.
7. Churches, A. (2009). Bloom's Digital Taxonomy Retrieved April 9, 2012. from http://edorigami.wikispaces.com/file/view/bloom%27s + Digital + taxonomy + v3.01.pdf.
8. 김진하(2016). 제 4차 산업혁명시대, 미래사회 변화에 대한 전략적 대응 방안모색. KISTEP, Inl, 15호 45-58.
9. 최계영(2016). 4차 산업혁명시대의 변화상과 정책 시사점. KISDI Premium Report, 1-37.
10. 백성기, 김성일, 김영일, 백 란(2017). 제 4차 산업혁경과 대학의 혁신방향. 교육부. 연구보고서.
11. 이주호(2017). 제 4차 산업혁명이 요구하는 한국인의 역량과 교육 개혁, 한국경제연구원. 연구보고서.
12. 정제영(2017). 4차 산업혁명시대 학교교육의 전망과 과제. 한국교육개발원. 이슈페이터
13. 한석수(2017). 4차 산업혁명과 미래교육. 한국교육학술정보원.
14. New Media Consortium, EDUCAUSE Learning Initiative. (2018). NMC Horizon Report Preview 2018, Higher Education Edition.
15. Enriquez, G. (2013). "But they won"t let you read!": A case study of an urban middle school male"s response to school reading. Journal of Education 193(1): 35-46.

16. Herrmann, K. J. (2013). The impact of cooperative learning on student engagement: Results from an intervention. Active Learning in Higher Education 14(3): 75–87.

17. Weltman, D. (2007). A comparison of traditional and active learning methods: An empirical investigation utilizing a linear mixed model. The University of Texas at Arlington.

18. 1과 동일.

19. Felder, R. M., & Brent, R. (1996). Navigating the bumpy road to student-centered instruction. College Teaching, 44, 43–47.

20. Prince, M. (2004). Does active learning work? A review of the research. Journal of Engineering Education 93(3): 223–231.

21. Millis, B. J. (2012). IDEA Paper No. 53: Active learning strategies in face-to-face courses. Manhattan, KS: The Idea Center.

22. 순자(2008). 荀子, 김학주 옮김, 을유문화사.

23. Bean, J. C. (2011). Engaging ideas: The professor's guide to integrating writing, critical thinking, and active learning in the classroom. John Wiley & Sons.

24. Freeman, S., Eddy, S. L., McDonough, M., Smith, M. K., Okoroafor, N., Jordt, H., & Wenderoth, M. P. (2014). Active learning increases student performance in science, engineering, and mathematics. Proceedings of the National Academy of Sciences, 111(23), 8410–8415.

25. Phillipson, A., Riel, A., & Leger, A. B. (2018). Between Knowing and Learning: New Instructors' Experiences in Active Learning Classrooms. The Canadian Journal for the Scholarship of Teaching and Learning, 9(1), 1–20.

26. Yadav, A, Lundeberg, M, Subedi, S, Bunting, C. (2011). Problem-based learning in an undergraduate electrical engineering course. Journal of Engineering Education, 27(4), 207–220.

27. Lund, T. J., & Stains, M. (2015). The importance of context: an exploration of factors influencing the adoption of student-centered teaching among chemistry, biology, and physics faculty. International Journal of STEM Education, 2(1), 1–21.

28. Dancy, M. H., & Henderson, C. (2012). Experiences of new faculty implementing research-based instructional strategies. Paper presented at the AAPT 2011 physics education research conference, Melville, NY.

29. Prince, M., Borrego, M., Henderson, C., Cutler, S., & Froyd, J. (2013). Use of research-based instructional strategies in core chemical engineering courses. Chemical Engineering Education, 47(1), 27–37.

30. Carlson, K. A., & Winquist, J. R. (2011). Evaluating an active learning approach to teaching introductory statistics: A classroom workbook approach. Journal of Statistics Education, 19(1). 1–23.

31. Bentley, FJB, Kennedy, S, Semsar, K. (2011). How not to lose your students with concept maps. Journal of College Science Teaching, 41, 61-68.

32. DeMonbrun, R.M., Borrego, M., Finelli, C. J., Prince, M., Henderson, C., & Waters, C. (2017). Creating an instrument to measure student response to instructional practices. Journal of Engineering Education, 106(2). 273-298.

33. Finelli, C. J., Daly, S. R., & Richardson, K. M. (2014). Bridging the research-to-practice gap: Designing an institutional change plan using local evidence. Journal of Engineering Education, 103(2), 331-361.

34. Agbatogun, A. D. (2014). Developing learners'' second language communicative competence through active learning: Clickers or communicative approach? Educational Technology & Society 17(2): 257-269.

35. Greene, H. (2011) Freshmen marketing: A first-year experience with experiential learning. Marketing Education Review 21(1): 79-87.

36. Chi, MTH. (2009) Active-constructive-interactive: A conceptual framework for differentiating learning activities. Topics in Cognitive Science 1(1): 73-105.

37. Ford, MJ. (2010) Critique in academic disciplines and active learning of academic content. Cambridge Journal of Education 40(3): 265-280.

38. Magennis, S. & Farrell, A. (2005) "Teaching and Learning Activities: expanding the repertoire to support student learning" in G O'Neill, S Moore and B McMullin Emerging Issues in the Practice of University Learning and Teaching, Dublin; All Ireland Society for Higher Education/Higher Education Authority.

39. Dale, E. (1969). Audio-visual methods in teaching (3rd ed.). New York: Holt, Rinehart and Winston.

40. Fink, L. D. (2003).Creating Significant Learning Experiences. SanFrancisco, CA:Jossey Bass.

41. Huber, M., Law, D., & Khallaf, A. (2017). Active Learning Innovations In Introductory Financial Accounting. In Advances in Accounting Education: Teaching and Curriculum Innovations (pp. 125-167). Emerald Publishing Limited.

42. Fink, L. D. (2016). Five High-Impact Teaching Practices: A List of Possibilities. Collected Essays on Learning and Teaching, 9, 3-18.

43. 40과 동일.

44. 40과 동일.

45. 20과 동일.

46. Bruner, J. (1991). The narrative construction of reality. Critical inquiry, 18(1), 1-21.

47. Lave, J. & Wenger, E. (1991). Situated learning: Legitimate peripheral participation (Vol. 521423740). Cambridge: Cambridge university press.

48. Krumboltz, J. D. (2009). The happenstance learning theory. Journal of Career Assessment,

17(2), 135-154.

49. Andrews, D. H., Hull, T. D., & DeMeester, K. (Eds.). (2010). Storytelling as an instructional method: Research perspectives. Sense Publishers.

50. Skehan, P. (2003). Task-based instruction. Language teaching, 36(1), 1-14.

51. Sharples, M., Scanlon, E., Ainsworth, S., Anastopoulou, S., Collins, T., Crook, C., Jones, A., Kerawalla, L., Littleton, K., Mulholland. P. & O'Malley, C. (2015). Personal inquiry: Orchestrating science investigations within and beyond the classroom. Journal of the Learning Sciences, 24, 308-341.

52. Lindgren, R., Tscholl, M., Wang, S., & Johnson, E. (2016). Enhancing learning and engagement through embodied interaction within a mixed reality simulation. Computers & Education, 95, 174-187.

53. Lavieri Jr, E. D. (2014). A study of adaptive learning for educational game design. Doctoral dissertation, Colorado Technical University.

54. Rettger, E. (2017). Microlearning with Mobile Devices: Effects of Distributed Presentation Learning and the Testing Effect on Mobile Devices. Arizona State University.

55. Buchem, I., & Hamelmann, H. (2010). Microlearning: a strategy for ongoing professional development. eLearning Papers, 21(7). 1-15.

56. Jomah, O., Masoud, A. K., Kishore, X. P., & Aurelia, S. (2016). Micro learning: A modernized education system. BRAIN. Broad Research in Artificial Intelligence and Neuroscience, 7(1), 103-110.

57. Fields, R. D. (2005). Making memories stick. Scientific American, 292(2), 74-81.

58. Kelley, P. (2007). Making Minds: What's Wrong with Education-and What Should We Do about It?. Routledge.

59. Russo, R., Mammarella, N., & Avons, S. E. (2002). Toward a unified account of spacing effects in explicit cued-memory tasks. Journal of Experimental Psychology: Learning, Memory, and Cognition, 28(5), 819-829.

60. Goverover, Y., Arango-Lasprilla, C.J., Hillary, F.G., Chiaravalloti, N., De Luca, J. (2009). Application of the spacing effect to improve learning and memory for functional tasks on traumatic brain injury: a pilot study. American Journal of Occupational Therapy, 3 (5), 543-548.

61. Abbott, D., Jeffrey, S., Gouseti, A., Burden, K., & Maxwell, M. (2017, June). Development of Cross-Curricular Key Skills Using a 3D Immersive Learning Environment in Schools. In International Conference on Immersive Learning (pp. 60-74). Springer, Cham.

62. Bhattacharjee, D., Paul, A., Kim, J. H., & Karthigaikumar, P. (2017). An immersive learning model using evolutionary learning. Computers & Electrical Engineering.

63. Bandura, A. (1978). Social learning theory of aggression. Journal of communication, 28(3), 12-29.

64. Sharkey, 1990: Dwivedi, Y.K., Kapoor, K.K., Chen, H. (2015). Social media marketing and advertising. Market. Rev. 15 (3), 289－309. 재인용

65. Dwivedi, Y.K., Kapoor, K.K., Chen, H. (2015). Social media marketing and advertising. Market. Rev. 15(3), 289-309.

66. Dan Buckley. (2012). The Personalisation by Pieces Approach. Cambridge Education. UK.

67. Bray, B., & McClaskey, K. (2016). How to Personalize Learning: A Practical Guide for Getting Started and Going Deeper. Corwin Press.

68. https://education.ky.gov/school/innov.

69. 67과 동일.

70. https://www.dsdprofessionaldevelopment.com/.

71. https://www.primroseschools.com.

72. 70과 동일.

73. 齋藤孝(2016) 新しい學力 / 齋藤孝, 김이랑 역. (2018).

ACTIVE LEARNING

02

CHAPTER

Active Learning 실제

Part 1. Action Learning

Part 2. 문제중심학습(PBL)

Part 3. Flipped Learning

PART
01 Action Learning

Ⅰ. Action Learning이란?

1. Action Learning 선택 배경

1945년, 기업의 생산성 향상을 위해 Revans가 창안한 액션러닝은 이제 교육계에 친숙한 교수법이 되었다. 우리나라 기업들이 액션러닝을 도입한 목적도 생산성 향상에 있을 것이고, 대학이 이를 수용하는 것은 어찌보면 당연한 수순처럼 보인다. 왜냐하면 대학은 기업이 요구하는 인재를 육성하지 못하고 있다는 비평이 꾸준히 있어 왔기 때문이다. 이러한 문제점에 기인해 한국직업능력개발원(2010)[1]에서는 대학생에게 요구되는 직업기초역량을 제시하고, 이를 평가할 수 있는 시스템을 구축하였다. 즉, 대학에서 직업기초역량과 관계된 것을 지도해주기 바란다는 의미다. 그러나 대학은 한때 '상아탑'이라 불리며 학문을 계승하고 토양을 마련하던 곳으로 단순히 기업이 요구하는 인재를 육성하기 위해 액션러닝을 받아들였다고 이해하기에는 다소 무리가 있다. 과연 대학이 액션러닝에 주목한 이유는 무엇일까?

가장 먼저 고려볼 것은 구성주의의 대두일 것이다. 이제는 우리에게 너무도 익숙한 구성주의 역시 2000년대 초반 급격히 확산되었다. 교육에서 바라보는 구성주의는 크게 Piaget 이론을 중심으로 확산된 인지적 구성주의 또는 개인적 구성주의와 Vygotsky 이론을 중심으로 확산된 사회적 구성주의가 있다.[2, 3] Piaget(1972)[4]는 기존의 구조나 이해력을 토대로 경험을 조직하는 '동화(assimilation)'와, 기존의 도식으로는 해결하기 어려운 새로운 경험에 대해 기존의 사고를 반성적으로 조정하는 '조절(accommodation)'을 통해 지식의 구성 과정을 설명하였다. 그러나 Vygotsky는 지식이 인간에 의해 구성되는 것은 같으나 각각의 사람들이 서로 상호작용하면서 공유된 관점에 의해 창출되고, 이렇게 도출된 지식들이 개인 안에 내면화됨으로 재구성되는 것을 지식으로 보았다. 이 두 이론의 공통점은 지식이란 외부에 객관적으로 존재하는 것이 아니라 개개인의 다양한 경험을 통해 내부에서 스스로 구성된다는 것이다. 때문에 수업의 중심은 학생에게 있어야 하고 학습은 개인이 경험을 통해 의미를 해석하는 과정이 되어야 한다. 액션러닝은 모둠을 이루어 학습하므로 구성원 간의 이해를 촉진하고 이 과정에서 개인과 모둠의 변화를 동시에 달성하고자 하므로 구성주의 이론을 반영한 교수법이라 할 수 있다. 엄우용(2007)[5]도 액션러닝의 관점은 구성주의와 맥을 같이 한다고 하였다.

두 번째는 액션러닝이 가진 실제성이라 할 수 있다. 액션러닝이 대학에 도입되던 2000년대 초반은 산업에서 정보화로 패러다임 전환이 활발히 논의되던 때다. 정보화 사회는 네트워크가 급격히 발달하면서 정보의 생산과 처리, 전달 등이 가치가 되는 사회로, 대학에서 교재를 통해서만 학문을 지도할 경우 네트워크로 확산되는 지식의 변화와 사회 변화 속도를 담을 수 없는 한계를 보이게 된다. 이는 교수 중심의 주입식 교육에서 정보통신 기술을 활용하여 학생과 상호작용하면서 지식을 안내하고 조정하는 상호작용 교육으로의 변화를 낳게 된다. 강경희와 김민경(1998)[6]에 따르면 정보사회의 교육체계는 역동적이고 지속적인 교과과정 개발과 간학문적이고 통합된 교과를 필요로 하며 학습자의 참여와 자율적인 교육이 강조되었다고 한다. 액티브러닝은 현재 학습이 활용될 현장의 문제를 강의실로 가져와 이를 해결하기 위해 토론하고 아이디어를 도출하므로 이런 시대적 담론을 담은 교수법으로 활용 가능했던 것이다.

Active Learning 교수법으로 액션러닝을 주목한 이유 또한 크게 다르지 않다. 미래사회에 필요한 역량으로 자주 등장하는 자기주도성과 상호작용 능력, 비판적 사고력, 창의성 등은 Active Learning이 강조하는 학생중심수업으로 육성할 수 있는 것으로 많은 학자들이 논하고 있는데, 이런 Active Learning의 특성과 학생 스스로 상황을 분석하고 문제를 규명하며, 가설을 세우고 이를 검증하는 일련의 단계로 구성되어있는 액션러닝은 이론과 실천의 구조로 연결할 수 있다. 액션러닝을 성공적으로 수행한 사례를 보고하는 많은 연구들은 학생들이 어떻게 동료들과 협업하고 어떤 과정으로 문제를 해결하며, 이를 현장에 적용하고 성찰하는 과정을 통해 지식화하는 내용들을 보여주며 학습력 향상은 물론, 부수적으로 창의성이나 의사결정력, 상호작용, 자기주도성 등등에 효과적임을 보고하고 있다. 또한 특정 교과에 국한하지 않고, 특수교육,[7] 사범,[8, 9] 경영,[10, 11] 간호,[12, 13] 교양,[14] 인문,[15] 예술,[16] 과학[17] 등의 광범위한 적용을 보이며 학생중심수업의 효과로 일관되게 강조하고 있다. 즉, 각 대학에서 미래인재에게 필요한 핵심역량을 중심으로 교육이 진행되어야 한다고 강조하고 있는데, 액션러닝은 이를 위한 적절한 교수법임을 나타내주고 있고, 액션 러닝이 표방한 학생중심활동은 Active Learning이 강조한 특성을 잘 나타내준다고 할 수 있다.

2. Action Learning 정의

액션러닝(Action Learning)은 'Action'과 'Learning'의 합성어로 행하면서 배운다는 의미를 가지고 있다. 여러 명으로 구성된 학습 모둠이, 실존하는 과제에 대한 해결안을 제시하고 조율하고 실천하면서 개인과 팀, 조직이 학습하는 것이다.[18] 교육방법으로서의 액션러닝은 다양한 형태로 나타나고 있으나, '현장에서 실제 문제를 함께 공유하고, 서로에게 질문하며, 지원받는 과정을 통하여 필요한 것을 학습'하는 공통점을 가지고 있다.[19] 앞에서 언급한 바와 같이 액션러닝의 시작은 Revans이다. 그는 1945년 영국 국립석탄협회 초대 교육책임자가 되어 광부를 대상으로 집단 컨설팅을 실시했고, 그 후 30% 이상의 생산성 향상 효과가 있었다. 그의 집단 컨설팅 방법은 현직 관리자들을 몇 개의 작은 모둠으로 나누고 해결책과 BP(Best Practice)를 공유할 수 있도록 질문과 대화과정을 진행하는 것이다.[20] Revans(1971)[21]는 액션러닝이란 학습자 개인에게 귀결된 개인적인 삶의 실제적인 문제에 초점을 두었을 때 얻을 수 있는 학습발달로 실천과 생각하는 방식이라고 하였다.[22] 이러한 그의 생각을 토대로 학교에서 응용할 수 있도록 적용 방법에 따른 정의를 정리하면 다음과 같다.

첫째, Revans(1983)[23]가 제시한 초기 모델로 과학적 접근 방법이다. 액션러닝은 문제해결 모델로, 개념화하는 과정에서 상황분석, 문제 규명, 과학적 사고와 모델을 사용한 관측과 조사, 이론과 가설 형성, 학습 사이클에 대한 성찰, 참여자의 실천을 통한 학습 및 확신 등 일련의 절차를 체계적으로 수행하는 것이다.[24] 마치 특정 결과를 얻기 위한 일련의 실험절차나 연구절차처럼, 학습도 이와 같은 과정을 통해 수행할 시, 학습자에게 지식이 형성될 수 있다고 보는 것이다. 따라서 액션러닝은 실제적인 문제를 해결하기 위해 체계화된 지식과 질문을 활용하는 동안 학습이 이루어지는 활동이라고 정의할 수 있다.

둘째, 경험적 접근 방법이다. 액션 러닝의 많은 학자들이 액션러닝의 이론적 배경을 Kolb(1984)[25]의 경험학습(experiential education)에서 찾는다. Kolb는 학습은 실천으로부터 시작되어, 실천에 대한 성찰과정을 통해 새로운 개념을 도출하고 새로운 개념을 다시 실험하는 순환에 의해 이루어진다고 하였다. Inglis(1994)[26]가 이를 계승하였지만 그는 실천을 더 강조한다. 액션러닝의 '액션'이 의미하듯 해결책을 도출하면 그것을 실행하고 결과를 경험했을 때 의미 있는 활동이 된다는 것이다. 때문에 액션러닝은 실제적 문제를 해결하기 위해 체계화된 지식을 토대로 질문을 통해 해결안을 도출하고 이를 실천함으로 학습이 일어나는 활동이라 정의할 수 있다.

셋째, 비판적 성찰 접근 방법이다. Pedler(1997)[27]와 Marsick(1990)[28]등이 주장한 것으로 정보수집과정에 대한 성찰이나 해결안으로 도출된 결과에 대한 성찰 및 자신이 성찰하고 있는 내용 등에 대한 비판적 성찰이 필요하다고 보는 입장이다. Brookfield(1995)[29]에 의하면 비판적 성찰이란 우리가 생각하고 행동하고 그것을 돌아보는 일련의 과정도 결국 자신이 가진 신념이나 철학, 습관을 뛰어넘지 못하므로 이것을 객관적이고 총체적인 입장에서 보는 것을 말한다. 즉, 문제의 기저에 깔린

메카니즘과 사회맥락적 요소를 파악하여, 도출된 해결안을 통해 문제가 해결될 뿐만 아니라 자신을 포함한 집단과 사회에도 변화가 일어날 수 있도록 성찰하는 것을 말한다고 볼 수 있다. 이러한 입장에서 액션러닝은 체계적으로 습득된 지식과 질문을 통해 자신의 행동을 성찰하고 비판적으로 사고하여 진정한 변화를 꾀하는 문제해결 활동이라고 정의할 수 있다.

이 세 입장은 보완에 보완을 거듭하며 순차적으로 등장한 듯 하나, 함께 공존하며 무엇을 강조할 것이냐에 따라 각각 활용되고 있다. 학자들도 이러한 입장들을 고려하여 교육참가자들이 소집단을 구성하여 각자 또는 전체가 팀워을 바탕으로 실패의 위험을 갖는 실제 문제(real problem with real risk)를 정해진 시점까지 해결하는 동시에, 문제해결 과정에 대한 성찰(reflection)을 통해 학습하도록 지원하는 교육방식이라고 정의하거나,[30] 교육 참가자들이 학습 팀을 구성하여 스폰서(sponsor) 또는 자기 자신이 꼭 해결하고자 하는 실제 과제를 팀 전체 또는 각자가 주체가 되어 러닝코치(learning coach)와 함께 정해진 시점까지 해결하거나 과제해결 방안을 도출하는 동시에 그 과정에서 지식 습득, 질문, 피드백 및 성찰을 통하여 과제 내용 측면과 과제해결과정 측면을 학습하는 프로세스로 정의하고 있다.[31]

따라서 본서에서는 액션러닝을 '학생들이 교과와 관련된 현실의 문제를 해결하기 위해 모둠원들과 협업하여 해결안을 도출하고, 도출된 해결안을 현실 문제에 적용하여 결과까지 경험해보는 것으로, 이 과정에서 질문과 탐구, 토론 및 성찰을 통해 지식을 습득하고, 지식이 현실에서 어떻게 활용되는가를 학습하는 과정'이라고 정의한다.

3. Action Learning 특징

① 학습 구조

교육현장에서는 액션러닝의 가장 큰 특징을 'L = P + Q'라는 공식으로 볼 수 있다. 'L = P + Q'는 Revens(1980)[32]가 자신의 이론을 집약하여 표현한 것이다. 'L'은 '학습(Learning)'을 말하며, 'P'는 '프로그래밍(Programming)', 즉 체계화된 지식을 의미하고 'Q'가 '질문(Question)'이다. 체계화된 지식이란 수십 년 동안 그렇게 해야 한다고 알려져 있는 것들로 우리가 믿고 따르는 지식이다. 실제 문제를 해결하기 위해선 체계화된 지식에 의존할 수밖에 없을 것이다. 하지만, 그런 지식과 지식을 결합할 때 놓칠 수 있는 무언가를 발견하기 위해 던져지는 질문, 믿었던 지식의 허점을 짚어 줄 수 있는 질문, 각자가 제안한 아이디어 사이의 간극을 발견할 수 있는 질문 등등 학습이 일어나기 위해선 핵심적이고 통찰력 있는 질문이 반드시 수반되어야 한다. 즉, 학생들은 실제적인 문제를 해결하기 위해 체계화된 지식과 질문을 함께 사용하므로 기존에는 없었던 새로운 해결안을 도출할 수 있다는 것이다. 이 과정이 바로 학습이고, 이를 통해 질문하는 능력이 향상되어 다음 토론에서 보다 의미 있는 질문을 할 수 있게 되는 것이 학습효과라고 본 것이다.[33]

'L = P + Q'는 액션러닝 학자들에 의해 다양하게 응용된다. Inglis(1994)[34]는 '실행(Implementation)'의 'I'를 추가하여 'L(학습) = P(프로그래밍) + Q(질문) + I(실행)'란 공식을 제안한다. 이는 실제문제해결을 위해 체계화된 지식을 활용하고 여러 질문을 통해 새로운 해결안을 도출하였어도 그것을 실천하지 않으면 그 과정에서 일어난 학습은 의미가 없다는 것이다. 액션러닝의 모든 과정에서 겪게 되는 경험들 그 자체가 모두 학습이지만, 실천과 실천에 대한 성찰이 학습을 강화한다고 본다. 즉, 어떤 과정으로 실제 문제를 풀어나갔을 때 어떤 해결책을 도출할 수 있었고, 실제 실행했을 때 장단점은 무엇이었는지, 성찰을 통해 자신의 경험을 절차적으로 이론화할 수 있어야 학습이 이루어졌다는 것이다. 그리고 다른 문제에 이를 다시 환원하여 활용할 수 있어야 진정한 학습이 된다. 따라서 성찰을 동반한 실천경험은 학습을 이끌지만 학습하는 방법도 알게 한다고 하였다.[35]

Marquardt(1999)[36]는 'L = P + Q'에 'R(Reflection)'을 추가하여 'L(학습) = P(프로그래밍) + Q(질문) + R(성찰)'로 제시하였다. 성찰이 필요한 것에는 동의하나, 보다 강력한 성찰이 수반되어야 함을 강조하고자 공식에 표현한 것이다. 그리고 이를 보완하여 다시 실행의 'I'를 추가한다. 'L = P + Q + R + I'는 성찰이 특정 활동에 국한되는 것이 아니라 액션러닝 전 과정에 작용되어야 함을 나타냄과 동시에, 실천 역시 반드시 전제되어야 하는 것으로 발전한 것을 나타낸다. 모둠원이 가지고 있는 체계화된 지식의 구조를 심도 있게 분석해줄 날카로운 질문은 단순한 성찰에 의해 도출되지 않기 때문일 것이다. 물론 이러한 주장은 비판적 성찰과 유사하다. 하지만 비판적 성찰을 강조한 Vince(2012)[37]는 'L = P + Q + O'로 제안한다. 'O'는 'organizing insight'를 상징한다. 개인적 질문은 그들을 둘러싸고 있는 일상의 이념과 복잡한 내면과 정서적 역동성 등의 맥락에서 수행됨을 인지하는 것이 성찰이고 깊은 성찰, 즉 비판적 성찰이 통찰을 이끈다는 것이다.

이상의 내용을 토대로 교육적 입장에서의 특징으로 재정리하면 다음과 같다.

첫째, 액션러닝은 실시간 학습경험으로 문제 해결을 통한 문제제기 집단의 요구를 만족시키는 것과 개인 및 모둠의 발전을 동시에 달성할 수 있는 방법이다.[38, 39]

둘째, 액션러닝은 민주적 특성으로서 구성원들의 자발성과 임파워먼트,[40] 신뢰와 비밀유지,[41] 지원과 도전, 삶에 대한 긍정적 접근[42] 등을 강조한다.

셋째, 액션러닝은 문제에 대한 실제적인 접근과 통찰적인 질문을 강조한다.[43, 44]

넷째, 액션러닝은 학습조직 구축을 촉진한다.[45, 46]

② PBL과 비교

액션러닝과 문제중심학습(PBL)은 동일하게 '문제'를 다룬다는 점에서 많은 혼동을 유발한다. 액션러닝이 실제의 문제를 다루고 PBL은 가상의 문제도 다룰 수 있다고 하지만 학교 현장에서 주어지는 문제는 그 구분이 모호하다. 따라서 다음과 같이 비교해 볼 수 있다.

첫째, 활동목적이다. 액션러닝 창시자인 Revens는 경영위기를 타파할 수 있는 방법이 현장에 있다 생각하고 현장의 광부들과 함께 경영문제를 토의하고 해결 방법을 모색했다. 하지만 PBL 창시자인 Barrows(1985)[47]는 학생들이 열심히 공부하는

데도 불구하고 병원현장에 가서 일을 제대로 수행하지 못하는 것이 고민이여서 학생들을 소그룹단위로 구성하여 현장 문제를 스터디 하도록 했다. 즉, 액션러닝은 경영문제 해결이 목적이고, PBL은 교육이 목적이었다.

둘째, 학습에서 다루는 '문제'이다. 액션러닝은 경영문제 해결이 목적이기 때문에 기업이 당면하고 있는 현재의 문제를 기반으로 한다. 하지만 PBL은 교육이 목적이기 때문에 교육에 도움이 될 수 있는 비현실적인 문제도 얼마든지 활용할 수 있다.

셋째, Facilitator의 역할이다. 액션러닝은 문제해결을 통해 교육이 동시에 이루어질 수 있기 때문에 Facilitator는 '학습 코치'로도 부른다. 즉, 문제해결 과정에 적절히 개입하여 조언하고 문제해결 기법이나 회의 운영기술 등에 대해 직접적인 지도가 가능한 전문가를 말한다. 또한 참가자들의 경험을 학습 자원으로 활용하도록 돕는다.[48] 하지만 PBL의 튜터는 문제를 개발하고 교육진행과정에서 학습이 일어나도록 절차와 방법을 안내하고 교육 종료 후 평가까지 실행할 수는 있지만 직접적인 지도와 개입은 액션러닝에 비해 적다고 할 수 있다. 이를 표로 나타내면 다음 <표 1>과 같다.

		액션러닝	PBL
차이점	과제	Real Issues	Authentic Problem
	운영절차	과제정의 → 해결을 위한 연구와 토론 → 해결안 모색 → 실행 등의 절차는 있으나 과제에 따라 다양한 절차들이 존재함	문제 확인 → 자료수집 → 학습내용 공유 → 문제 재확인 및 해결안 도출 → 문제해결안 발표 → 학습정리 결과 및 발표
	조력자	러닝코치와 튜터로서 전문가 역할	촉진자 역할
	목표	과제해결 + 학습	학습

<표 1> 액션러닝과 PBL의 비교

③ 전통적 교육과의 비교

과거에도 모둠 활동은 있었고, 모둠원과의 협동작품이나 조사와 같은 미션이 주어지기도 했다. 하지만 학습자가 중심이 되거나 스스로 탐구하기보다는 교수가 정해준 내용을 학습자들이 함께 해결하는 수준이었다. 또한 한 학기 과정에서 강의식 수업이 전반적이었고 모둠 활동은 과제형식으로 주어지는 경우가 많았다. 따라서 액션러닝과 전통적 교육과 비교할 경우 주로 강의식 수업을 전제로 하게 된다. 그 내용은 다음 <표 2>와 같다.

	액션러닝	강의식 교육
패러다임	수요자 중심 학습	공급자 중심 교수
교육목적	기업의 실제적인 문제해결을 통한 학습	인지적, 정의적, 심동적 변화
교육주체	학습자	교수
교수전략	참여식	주입식
특징	이론과 실천의 통합	이론과 실천의 분리
학습형태	모둠	개인 또는 모둠
학습관점	자신의 전공과 관련된 현장의 실제적인 비구조적 문제를 직접 다루어 해결안을 도출하고 적용하고 성찰하고 다시 응용하는 경험 자체가 학습	정해진 지식을 이해하고 암기하는 것이 학습

<표 2> 액션러닝과 강의식 교육 비교 (유영만, 199549 참조)

④ 대학 수업에서 액션러닝

김미옥(2017)[50]은 국내 대학에서 실시되고 있는 액션러닝 수업을 분석한 결과 다음과 같은 특징을 찾아내었다.

첫째, 대학교 액션러닝 수업은 전통적인 강의식 수업에서 벗어나 모둠학습의 효과를 극대화할 수 있는 환경 조성을 목표로 하고 있다. 액션러닝의 모둠학습을 통해 이론적 지식과 실무적 경험을 쌓을 수 있도록 자기 주도적 학습과 실제적인 경험 학습이 되도록 권장함으로써, 문제해결능력 향상, 현장 적응력 배양, 협력학습 함양, 자기주도적 학습이 가능하게 되는 것이다.[51]

둘째, 액션러닝형 대학 수업에서 교수자는 러닝 코치의 역할을 동시에 수행하게 된다. 과제 수행의 최종 판단자, 촉진자 및 공동 학습자, 학습 분위기 조성자, 학습 모둠의 문제해결 촉진을 위한 개입, 과제 수행 학습 과정 관찰 및 촉진, 과제 해결을 위한 유용한 피드백 등을 수행한다.[52] 액션러닝은 학습자의 활동이 핵심이므로 교수들의 역할은 학습자들의 경험을 조직하고 적절히 개입하여 학습을 촉진하는 데 있다.[53]

셋째, 액션러닝형 대학 수업에서 과제 수행 활동은 학교 내 대학원생을 'Helper'로 활용할 수 있으며, 학교 내 협력 교수들의 도움을 받을 수 있고, 학교와 관련된 학교 외부 기관의 도움을 받을 수 있다.[54]

넷째, 액션러닝형 수업에서도 과제 수행을 위해 실행과 학습의 반복 및 실행과 학습 과정에서 성찰과 피드백이 필요하다. 성찰의 주요 목적은 학생 스스로 한 학기의 목표를 세우고, 그 목표 달성을 위한 수단으로 책임 있는 팀 활동을 하면서 긍정적인 경험이 이루어지도록 자극하고, 사고하도록 하게 된다.[55]

다섯째, 액션러닝형 대학 수업에서 과제 평가 방법은 교수 평가와 동료평가, 자기 평가 등이 활용되고 있으며, 평가 내용은 교수에 의해 설정되고, 간혹 학생들의 의사를 반영하여 평가항목에 추가하기도 한다.[56]

4. Action Learning 구성요소

학자에 따라 액션러닝 구성요소는 다양하게 제시되고 있지만, 가장 많이 활용되는 것은 Marquardt(2004)[57]의 여섯 가지 요소다. 이는 과제(문제), 학습 모둠, 질문과 성찰, 실행, 학습, 러닝코치로 구성되어 있다. 여섯 개의 구성요소는 과제 해결을 위해 순환되고 다시 다른 문제의 해결에도 전이될 수 있기 때문에 순환구조를 갖는다. 액션러닝 국제협회(World Institute Action Learning, 이하 WIAL)에서 제안한 구성요소는 [그림 1]과 같다.

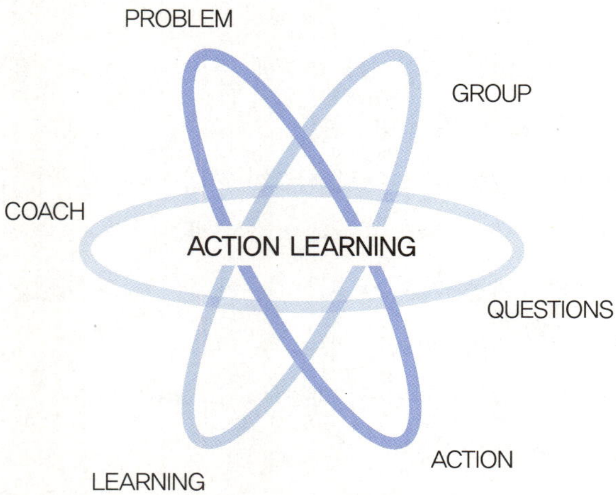

[그림 1] 액션러닝 요소 - WIAL

① 과제 (문제, Problem)

액션러닝은 문제 상황이 제시되면, 근본적인 원인 규명을 통해 문제를 명료화하고 가능한 해결책을 도출하는 절차로 진행되기 때문에 과제로 선택되는 '문제'는 매우 중요하다.[58] 또한 '실제적인 문제'를 다룬다는 점이 다른 활동과의 차이점이기 때문에 실제 현장에서 발생하고 있는 문제 중 어떤 '문제'를 선택할 것이냐도 중요하다. 왜냐면 선택된 문제에 따라 학습내용이 달라지기기 때문이다. 교수가 여러 문제 중 적절한 것을 선택한 후 과제로 제안할 수도 있지만, 모둠이 여러 현안 중에서 토의를 통해 결정하는 방법도 있다. 문제의 수는 모둠이 공통적으로 해결하려는 한 가지가 될 수도 있고, 모둠 구성원이 동시에 각자 자신의 문제나 과제를 가지고 실행하는 여러 가지가 될 수도 있다. 액션러닝은 모둠을 기반으로 한 활동이기 때문에 개인 과제가 주어져도 모둠 안에서 아이디어와 실천 경험 및 학습내용 도출 등을 공유하며 영향을 주고받기 때문에 모둠 활동의 일환이 된다.[59] 학생들의 학습을 촉진시키는 문제는 전문가의 지식이나 기능으로 해결될 수 있는 문제보다 다양한 해결안이 존재하는 비구조화된 문제이다. Marquardt(2004)[60]는 액션러닝에 적용해 볼 문제 기준을 다음과 같이 아홉 가지로 제시하였다.

첫째, 중요성이다. 문제는 개인이나 조직에 중요한 것이어야 하고 여러 부서와 관련된 복잡하고 비구조화된 것이어야 한다.

둘째, 긴급성이다. 문제는 어느 정도 시급한 사항이어야 하며, 문제를 명확하게 정의하고 행동을 취해야 할 기한이 정해져 있어야 한다.

셋째, 다양성이다. 문제는 기존 해결안이 존재하지 않고 다양한 사람들이 다양한 해결안과 전략을 제시할 수 있어야 한다.

넷째, 적합성이다. 문제는 가용 시간과 자원에 비춰볼 때 구성원이 해결안을 도출할 수 있는 범위 내에 있어야 한다.

다섯째, 친숙성이다. 문제는 구성원 중 적어도 한 명 이상이 그 문제와 맥락에 친숙한 것이어야 한다.

여섯째, 유의미성이다. 문제는 구성원에게 중요하고 큰 의미가 있어야 하며, 해결되었을 때 변화를 가져올 수 있어야 한다.

일곱째, 학습기회다. 문제는 구성원에게 학습 기회를 줄 수 있어야 하고 조직의 다른 부분에도 적용이 가능해야 한다.

여덟째, 모둠의 권위다. 문제는 모둠에게 그 해결안을 찾고 실행할 힘과 권위가 부여된 것이어야 한다. 즉, 구성원이 문제 해결안을 실행할 수 있는 결정권을 가질 수 있어야 한다.

아홉째, 맥락성이다. 문제는 기술적이기보다는 조직적인 것이어야 한다.

액션러닝은 문제가 주어지는 방식에 따라 크게 두 가지로 활동을 구분할 수 있다. 한 모둠당 한 개의 문제를 해결하는 단일 과제 방식(single project program)과 팀 구성원 각자가 다른 문제를 해결하는 방식인 개별 과제 방식(open group program)이다.

과제를 어떻게 줄 것이냐는 액션러닝이 이루어지는 상황에 따라 선택할 수 있으며, 각각의 과제 방식이 가지는 과제 범위나 주제도 다양하게 제시될 수 있다. 단일 과제 방식과 개별 과제 방식 중 하나를 선택하여 실행해야 한다는 규칙은 없으며, 두 가지 방식을 혼합해서 사용해도 무관하다. 각 방식이 가지는 특징은 다음 <표 3>과 같다.[61]

구분	단일 과제 방식	개별 과제 방식
과제 준거	모둠의 모든 구성원에게 의미 있는 실제의 일(과제) 여러 영역 / 기능을 가진 복잡한 과제 알려진 해결안이 없는 과제 과제 스폰서가 관심을 가지고 있고 결과에 대해 지지할 수 있는 과제	구성원 개인의 실제 일(과제) 알려진 해결안이 없는 과제 (조직의 일이라면) 조직에서 관심을 가지고 있고 결과에 대해 지지할 수 있는 과제
장점	조직의 변화에 초점 다양한 부서(기능)를 만나고 일할 수 있는 기회 다른 회사를 방문할 수 있는 기회 조직에 중요한 영향을 미칠 수 있는 잠재력을 가진 프로젝트 수행	개인의 개발(발전)에 초점 현재 구성원이 다루고 있는 일에 초점 다양한 부서(기능)로 이루어진 모둠이라면 회사의 다른 부서의 지식을 알 수 있는 기회 해결책을 실행하는 데 보다 용이
단점	본래의 모둠(부서) 내에서의 모둠 구축 기회 감소 모둠 구성원이 과제를 실제 과제가 아닌 하나의 프로그램으로 볼 수 있음	다양한 모둠과 함께 조직의 문제를 다룰 기회 감소 하나의 과제에 집중하지 않고 여러 다른 과제로 시간과 노력이 분산됨

<표 3> 단일 과제 방식과 개별 과제 방식의 특징

② 학습 모둠 (Group Activity)

액션러닝에서 모둠은 두 가지의 목적을 갖는다. 하나는 과제를 수행하는 것이고, 하나는 학습을 하는 것이다.[62] 액션러닝 모둠은 어떤 실제적인 문제를 해결하라는 과제를 받을 수도 있고, 자신들이 조사한 문제들 중 가장 시급하다고 합의된 문제를 선택하여 과제 수행을 할 수도 있다. 이러한 과정에서 다양한 관점이 교류되고 서로의 아이디어를 자극할 수 있는 토의가 진행되면서 학습이 일어나는 것이다.[63] 때문에 4명 미만이 되면 모둠의 다양성이 떨어져서 창의성을 발휘하기가 어렵고 모둠원들 간의 도전적인 역학관계를 기대하기도 어려워진다. 반면 9명 이상이 되면 모둠원 간의 상호작용이 너무 복잡해지고 모둠 활동에서 각 개인에게 배당되는 발언 및 성찰의 시간이 너무 적어서 역시 효과적인 활동을 기대하기 어렵게 된다.[64] 모둠 구성원은 다양한 시각과 경험을 가진 혼합이 좋으나, 토론과 비판이 자유롭게 이루어질 수 있도록 능력 수준은 비슷하게 구성할 필요가 있다.[65]

Marquardt(2000)[66]는 모둠 구성원을 결정할 때 고려해야 할 사항 일곱 가지를 다음과 같이 제시하였다.

첫째, 구성원 중 한 명 이상은 문제나 문제 해결에 이해관계가 있고 헌신하여야 한다.

둘째, 구성원 중 한 명 이상은 문제를 잘 알고 이해하고 있어야 한다.

셋째, 구성원들은 실행 권한을 가지고 있거나 적어도 모둠이 도출한 해결안을 실행할 수 있는 조직에 속해 있어야 한다.

넷째, 구성원 중 한 명 이상은 문제와 그 문제가 제기된 맥락을 잘 알고 있어야 한다.

다섯째, 시너지 효과를 얻을 수 있도록 다양한 배경을 가진 구성원으로 모둠을 구성하여야 한다.

여섯째, 구성원 스스로 액션러닝 프로그램에 참여하겠다는 의지가 있어야 한다.

일곱째, 구성원은 모둠의 모임에 모두 참여해야 한다.

③ 질문과 성찰 (Question & Reflection)

'L = P + Q + R + I'라는 액션러닝의 대표적인 공식으로 질문과 성찰의 중요성을 논의하였듯이, 액션러닝이 다른 수업 방법과 대비되는 특징 중 하나가 스스로 탐구하고 질문하며, 성찰하는 가운데 학습이 이루어진다는 점이었다.[67] 액션러닝은 질문이 중심이 되어 질문을 받음으로써 자신이 제시한 의견에 대하여 성찰하고 새로운 통찰력을 가질 수 있게 한다. 현명한 질문은 모둠원들이 가지고 있는 기본 가정을 흔들어 놓음으로써 사물, 또는 현상 간의 새로운 연결 관계를 형성하게 하고, 바람직한 존재 양식에 대한 새로운 사고 모형을 개발하도록 도와준다.[68]

질문뿐만이 아니라 모둠이 풀어야할 과제와 문제해결을 위한 일련의 활동들은 주의 깊은 성찰을 수반한다. 주의 깊은 성찰은 객관적인 입장에서 문제를 바라보게 하므로 현명한 질문을 하게 한다. 또한 자신들이 도출한 해결안의 파장을 예측하게 하며, 자신과 조직의 변화를 주도 한다.[69] 질문은 정답보다 더 많은 것을 알 수 있게 하므로 중요하고, 성찰은 자신이 알고 있는 것이 무엇인지 깨닫고 새로운 사고를 구축할 수 있게 하여 중요하다.[70] 어떤 문제를 한 걸음 뒤로 물러나 정형화된 생각의 굴레를 벗고 공통된 시각을 공유한다는 것은 서로의 경험으로부터 학습하는 방법을 배우고 긴밀한 유대관계를 구축하게 하므로 성찰은 학습의 필수 요소가 될 것이다.

④ 실행 (Action)

모둠원들은 자신들의 아이디어가 효과적이고 실용적이었는지, 어떤 것을 간과했었으며, 그 결과로 어떤 문제가 야기되었는지, 향후 어떻게 개선할 것인지, 해당 과제를 넘어 조직이나 참가자 각자 삶에 어떻게 아이디어를 적용할 수 있는지 판단할 수 있어야 한다.[71] 단순하게 문제해결안을 도출하는 것이 목적이 아니라 그 해결안을 실제에 적용하고 효과가 있는가를 파악해야만 진정한 학습이 일어났다고 볼 수 있다. 따라서 질문과 성찰 과정을 통해 학습한 내용은 반드시 구성원 자신에 의해 실행되거나 타인을 통해 실행되어야 한다.

이러한 실행 의지는 문제해결에 대한 열의로 나타나지만, 열의만으로는 부족하다. 즉, 논의과정에서 타인의 이야기를 경청하고, 자신과 타인에 대해 객관적인 입장에서 질문할 수 있어야 한다. 그리고 논의되는 내용을 통해 배우려고 하는 자세, 자신과 타인의 학습능력을 믿고 존중하는 자세를 통해 보다 체계적인 실행이 가능해진다.

⑤ 학습 (Learning)

액션러닝은 문제 해결과 동시에 학습을 추구한다. 액션러닝에서는 대상이나 방법, 이유, 장소, 시기에 대한 지식 등을 통해 다양한 형태의 지식을 생성하거나 획득하게 된다. 그러나 한 과제를 통해 학습된 것에 만족하지 않는다. 실제 문제에 대한 더 크고 장기적인 전략적 가치는 각 모둠의 구성원과 모둠 전체가 얻는 학습뿐만 아니라 실제 문제가 있었던 조직에 학습된 내용을 다시 적용할 수 있어야 한다는 것이다.[72]

액션러닝을 통해 습득되는 지식은 과제에 따라 매우 다양할 수 있다. 그러나 과제가 담고 있는 내용지식은 매우 다양할 수 있어도 문제해결 과정이나 모둠을 운영하는 방법, 서로 논의하며 소통하는 기술, 발표와 갈등 관리 등의 운영과정에서 습득될 수 있는 절차적 지식은 공통적이다. 절차적 지식은 어떤 문제가 주어지더라도 활용할 수 있는 지식으로 교수의 설명에 의해 습득되기보다는 스스로 참여하여 직접 경험하거나, 동료들과 질문을 통해 습득되므로 매우 중요한 학습요소라 할 수 있다.

⑥ 러닝코치 (Learning Coach)

액션러닝에서 러닝코치(learning coach)는 학습 모둠에서 다루는 논의 주제에 대해서는 중립적인 태도를 취하며, 공식적인 역할이 부여되지 않은 조직 내부 또는 외부의 전문가로서 모둠원들의 활동 전 과정에 개입하여 체계적으로 질문하고 피드백과 성찰을 도와주는 사람을 말한다.[73] 러닝 코치는 퍼실리테이터(facilitator) 또는 셋 어드바이저(set adviser)라고도 불린다. 러닝 코치의 역할은 구성원들을 연결해주고, 그들의 성장 및 학습능력을 촉진해 문제를 더 잘 해결하도록 도와주는 것이다. 즉, 러닝코치는 모둠의 중재자, 모둠의 성찰자, 모둠의 정기 트레이너, 코치의 역할을 수행해야 한다.[74]

러닝 코치는 액션러닝의 모둠 활동을 지원하고 촉진하는 자로서, 교육현장에서는 교수다. 그래서 교수는 러닝 코치의 역할이나 자질에 대해 충분히 학습해서 수업을 진행해야 하며 학습자의 과제해결과정을 돕고 적절한 피드백과 평가를 수행하여야 한다. 특히 액션러닝의 주요 요소인 질문, 성찰, 피드백에 대한 이해와 실제 능력이 필수적으로 요구된다.[75] Marquart(2000)[76]는 구체적인 러닝 코치의 역할을 다음 [그림 2]와 같이 제시했다.

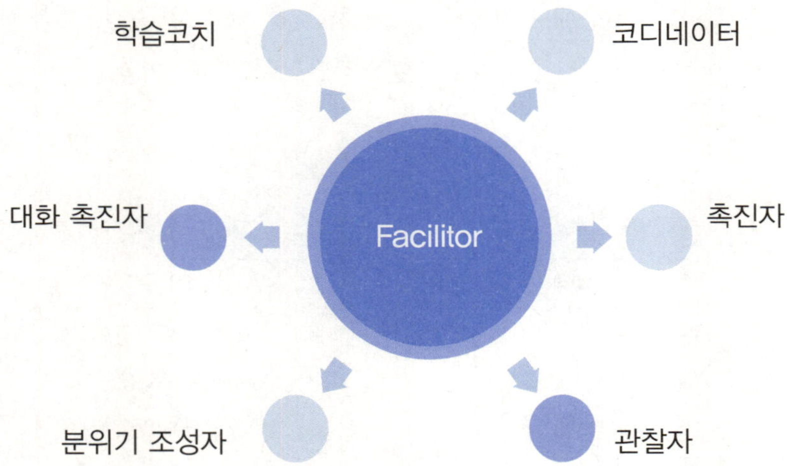

[그림 2] 러닝 코치의 역할

액션러닝의 러닝 코치는 먼저 코디네이터 역할을 해야 한다. 즉, 기업이 문제제기를 하고 모둠이 이를 해결해야할 상황이라면 회사의 주요 인사들과 모둠원 간의 지속적인 정보 교환으로 문제 선정이나 그룹 구성에 필요한 여러 사항들을 양쪽 입장에서 지속적으로 연결하게 된다. 러닝 코치의 두 번째 역할은 촉진자이다. 프로그램 초기 단계에서부터 모둠에 개입하여 활동이 원활하고 대화가 깊이 있게 진행되도록 안내 역할을 하며, 상정된 안건에 대해 심도있는 논의가 되도록 분석적인 방향으로 유도한다. 세 번째 역할은 관찰자다. 모둠원들의 활동 과정이나 대화 과정을 주의깊게 관찰해야 적재적시에 개입을 할 수 있으므로 관찰은 필수다. 네 번째, 분위기 조성자 역할이다. 모둠 활동 중 서로의 의견차나 이해관계로 인해 진행이 어려워질 수도 있으므로 열린 대화와 효과적인 의사소통 기술이 오갈 수 있도록 분위기를 조성해야 한다. 다섯 번째, 대화 촉진자 역할이다. 구성원들의 정보나 의견, 경험 등이 자신의 삶의 방식으로 표현되기 때문에, 다른 구성원이 이해하지 못할 수도 있으므로 때로는 객관적인 입장에서 재해석해줄 필요가 있다. 여섯 번째, 학습 코치 역할이다. 액션러닝에 참여하여 실행하는 모든 과정이 학습이다. 따라서 경험 그 자체가 학습 자원임을 수시로 상기시켜줄 필요가 있다. 또한 자신들이 도출한 결과에 대해 책임 질 수 있고, 모둠의 발전과 스스로의 발전이 학습 결과임을 알도록 한다. 학습된 내용은 다른 활동에도 전이될 수 있도록 이를 통해 성찰할 수 있게 해야 한다. 다음 <표 4>는 이러한 러닝 코치의 역할을 간단히 표현한 것이다.

해야 할 행동	해서는 안 되는 행동
학습 분위기 조성	회의 주도
공정심 유지	문제내용에 대한 비판
모둠원 전원 참석 유도	준비 없는 모둠 학습 개최
경청 모범 보이기	일방적인 회의 진행
목표달성 의지 부여	토의내용에 대한 반론
피드백 & 성찰	독단적인 의견 제시, 결론 도출
자발적인 문제해결 능력 배양	문제해결 방법 제시
Ground Rule 준수	Ground Rule 무시
조정 역할	결과(성과)지향적 사고
스폰서의 지지와 관심 유도	팀원에 대한 선입견 고수

<표 4> 러닝 코치의 역할

본래 러닝코치는 학습 모둠당 한 명씩 있어야 한다.[78] 그러나 대학 수업에서는 교수가 러닝코치의 역할을 해야 하므로, 교수 한명이 여러 모둠의 러닝코치를 수행해야 할 것이다.

5. Action Learning 장단점

Rothwell(2002)[79]은 교육프로그램에서 나타나는 액션러닝의 장점을 다음과 같이 제시했다.[80]

첫째, 조직 내에 엄격한 교육프로그램 설계에 필요한 부분으로 역량이 강화된다는 점이다. 액션러닝에 참여한 참가자는 자신이 가진 문제뿐만 아니라 회사가 가지는 과제를 공유하고 그 해결책을 모색하는 과정에서 회사 또는 조직에 대한 전체 그림을 보게 된다. 따라서 업무수행에 대한 구조화된 접근 방법과 시스템을 통해 자원을 어떻게 어디서 찾는지, 데이터 수집은 어떻게 하는지를 학습할 수 있으며, 이러한 경험을 통해 보다 훈련된 업무 방식을 가지게 된다. 또한 이러한 활동은 다른 모둠과 다른 문제에 전이가 된다. 학생들도 마찬가지로 교재의 내용이 실제에서 어떻게 작용하는지를 직접 체험하게 되므로 암기식 지식이 아닌 경험적 지식이 되어 활용성이 높아질 수 있으므로 학습효과가 높아 질 것이다.

둘째, 교육 프로그램에 대한 신뢰가 높아진다. 액션러닝은 실제 문제를 다룸으로 액션러닝 모둠에 대한 신뢰를 높일 수 있다. 이는 액션러닝이 단순히 학구적인 이론을 답으로 제시하는 것이 아닌, 실현가능한 현실의 문제해결안을 제시하므로 더욱 공고히 할 수 있다. 즉, 학생들은 기존의 학습 방법과 다르기 때문에 액션러닝을 경험하면서 여러 가지 어려움을 만날 수 있지만, 본인들이 도출한 활동결과가 문제해결에 어떻게 활용되는지를 직접 경험하게 되므로 성취감을 더 크게 경험할 수 있어서 보다 긍정적이라 할 수 있다.

셋째, 교육부서의 강화다. 각 기업들에는 교육담당 부서가 있지만 이를 활용하기보다는 교육전문 업체에 직원들을 위탁하는 아웃 소싱이 많은데, 직접 액션러닝을 설계할 경우 조직 내 사람들이 문제를 다룸으로 보다 실제적이고 직접적인 해결안이 도출될 수 있다는 장점이 있다. 때문에 스스로의 역량을 강화하는 기회가 되고, 이러한 경험이 쌓이게 되면 담당 부서 나름의 노하우가 축적되므로 경쟁력을 갖출 수 있다. 이를 교수 입장에서 재해석한다면 수업 방법이 강화되는 것이라고 할 수 있다.

넷째, 교육프로그램 설계 프로세스가 개발 도구가 된다. 즉, 액션러닝을 기획한 교육담당자만의 역량 발휘가 아닌, 액션러닝에 참여하고 있는 모둠원이나 모둠 자체가 발전의 기회가 된다는 점이다. 따라서 액션러닝은 모둠원들과 조직의 역량개발 도구 그 자체가 될 수 있다는 점이다. 역시 학교 현장에서 액션러닝의 실행은 학생 개인의 발전은 물론, 함께 활동했던 모둠원 간의 유대가 형성되어 난이도가 좀 더 높은 문제를 다시 주었을 때, 보다 나은 활동결과를 도출할 것으로 기대된다.

한편, Marquardt(2004)[81]는 액션러닝의 효과를 다음 네 가지로 제시하였다.[81]

첫째, 과제 해결력의 신장이다. 액션러닝은 과제해결을 중심으로 시작되고 강화된다. 액션러닝에 활용되는 역동적인 상호작용 프로세스는 학습 팀이 문제를 새로운 시각에서 바라보고 문제를 해결하는 방법에 대한 새로운 관점을 갖게 하는 데 도움을 준다.

둘째, 리더십의 개발이다. 액션러닝은 다른 학습자가 이미 명확하게 규정해 놓은 해답을 찾기보다 위기 상황에 놓인 과제에 대해 적절히 질문해 봄으로써 해결책을 찾아가는 과정이다. 따라서 액션러닝을 통해 조직 전체를 관리하고 운영할 수 있는 전인적인 리더를 양성할 수 있다.

셋째, 모둠 구축하기다. 액션러닝은 러닝코치의 다양한 모둠 활동 지원을 통해 학습이 이루어진다. 따라서 모둠원들은 자신이 수립한 전략을 중심으로 질문, 판단, 대화, 협동심 등을 함양함으로써 모둠의 일원으로서 사고하며 학습하는 능력을 기를 수 있다.

넷째, 학습 조직의 구축이다. 학습 모둠은 학습 조직이 무엇이며, 학습 조직의 운영 방법을 보여주는 가장 이상적인 모델이다.

액션러닝의 단점에 대해 Rothwell(2002)[83]은 어떤 프로그램도 완벽할 수 없다는 점을 제시하면서 다음과 같이 두 가지 측면을 논했다.

첫째, 시간이 많이 소요될 수 있다는 점이다. 문제에 따라 소요되는 시간이 다르기 때문에 교육기간 안에 해결할 수 있는 문제를 제시해야만 한다. 만약 업무와 병행해야 한다면 업무로 인해 올바른 액션러닝이 진행되지 못할 수도 있다. 이는 학교도 마찬가지다. 액션러닝을 실행해 본 많은 교수들이 액션러닝으로 수업하기 위한 수업 설계 및 활동자료를 준비하느라 매우 많은 시간이 투자된다는 것을 단점으로 꼽고 있다. 또한 정해진 교육과정을 정해진 일정에 완수하려면 액션러닝에 많은 시간을 투자하기가 어려워서 주제 선정에 제한이 있다고 하였다.

둘째, 러닝코치에게 지나치게 의존할 수 있다는 점이다. 이는 역으로 러닝코치의 역량이나 자질에 따라 결과에 차이가 날 수 있다는 것이다. 따라서 교수가 액션러닝을 완벽하게 이해하고 적용하여도, 참여하는 학생들은 액션러닝에 대해 잘 알고 있지 못하므로 교수에게 의지하는 경향이 높을 수 있다. 따라서 액션러닝으로 수업하려면 교수뿐만이 아니라 학생들도 액션러닝에 대해 어느 정도 사전 정보가 있으면 보다 효과적일 것이다.

이외에 김미정과 유영만(2003)[84]은 모둠원들이 과제해결에만 신경을 써서 학습이 일어나고 있다는 사실을 간과하거나 성찰이 잘 이루어지지 않을 경우 학습이 안 될 수도 있다고 하였다.

Ⅱ. Action Learning 수업 설계

1. Action Learning 수업 준비

액션러닝 수업을 설계하기에 앞서, 자신의 교과에 액션러닝을 적용할 수 있는가, 없는가의 판단이 선행되어야 한다. 즉, 교과와 관련하여 실제 사회에서 나타나거나 논의되고 있는 문제들이 무엇인지를 파악하고, 그중 어떤 문제가 학생들에게 과제로 제시되었을 때, 주어진 시간 안에 해결안을 도출하고, 실제 해결안을 적용하여 변화된 결과를 체험하여 학습이 되고 성찰이 되어 다른 상황에도 응용이 될 수 있는가를 체계적으로 점검해야 한다. Rothwell(1999)[85]은 액션러닝을 적용하기 위한 시기와 기준에 대해 다음 <표 5>와 같이 제시하였다.

적용해야 하는 경우	적용하지 말아야 하는 경우
• 어느 누구도 그 문제에 대한 솔루션을 모르고 있다. • 어느 누구도 복잡한 상황에서 빠져 나올 방법을 모르고 있다(물론 가장 좋은 방법에 대해서는 다른 견해가 있겠지만). • 불확실성의 상황에서 right questions를 던질 수 있는 충분한 사람이 없다. • 난감한 상황에서 위험을 감수할만한 그리고 바람직한 결과를 기대할 경우	• 이미 알려진 해답이 있다. • 학습을 프로그램 할 수 있다. • 다른 방법에 의해 더 저렴하게 이루어질 수 있다. • 상황이 안정적이고 앞으로도 그렇게 남아있을 것 같다. • 체계적인 분석을 통해 솔루션을 제공할수 있다. • 해결해야 하는 이슈나 요구가 단순하다. • 최고경영진이 최종결과(outcome)가 무엇이든 상관없이 그들만의 길을 가려고 결정한다. • 긴급사항이나 재난 등의 경우처럼 이슈나 요구가 긴박하여 연기가 불가능하다. • 조직 내에 문제를 해결할 수 있는 전문성이 없다. • 관리자들이 직원들의 의견을 중요하게 생각 하지 않으며, 미래에 대비해 개인을 육성 하는 데에서 얻어지는 장점을 이해하지 못한다.

<표 5> 액션러닝을 적용해야 하는 경우와 아닌 경우

이를 통해 각자 지도하는 교과 입장에서 다음과 같은 고민을 해볼 수 있다.

첫째, 이 교과에서 가르치는 내용이 일상 어디에 쓰이는가?

둘째, 이 교과를 통해 학생들은 무엇을 할 수 있어야 하는가?

셋째, 사회가 어떻게 바뀌어 가고 무엇을 원하는가를 기준으로 지금 지도하고 있는 내용을 새롭게 응용할 수 있는 방법들은 무엇인가?

넷째, 어떻게 하면 이 교과의 교육목적을 달성했다고 할 수 있을까?

다섯째, 우리 대학에서 요구하는 역량을 이 교과에 접목한다면 어떤 방법으로 연계하여 학생들에게 경험할 수 있게 할까?

이러한 질문들은 반드시 액션러닝을 준비하기 위해서만 필요한 것은 아니지만 액션러닝 적용을 위해서 고려되어야 할 내용이라 할 수 있다.

기업에서 액션러닝이 실시될 경우에는 '인재 개발형' 액션러닝과 '조직 개발형' 액션러닝으로 구분되지만(서영태, 봉현철, 2008),[86] 수업에서 활용할 수 있는 액션러닝은 과제 유형에 초점을 두는 것이 교수 입장에서 관리하기가 더욱 편리할 것이다. Marquardt(2004)[87]가 제시한 과제유형을 대학 수업에 맞게 수정하여 다음 <표 6>과 같이 정리하였다.

	모둠 과제	개인과제
문제	단일 문제 → 교수가 문제결정 혹은 모둠이 문제를 선택할 수 있도록 교수가 준비	여러 개의 문제 → 모둠원들이 모둠 과제를 해결하기 위해 각자 하나씩 문제를 제안하게 하거나 교수가 제시
실행주체	교수가 플랜을 기획	개인이 실행에 관심을 가짐
모둠	교수가 모둠 구성	교수가 모둠을 구성하거나 학생들이 자발적으로 구성
코치	모둠원들이 교대로 코치 역할을 하거나 교수가 코치	모둠원들이 교대로 코치 역할

실행	제안과 실행을 모두 실시	개인이 해결안 실행
질문	성찰적 질문 사용	
학습	실행과 학습 모두에 초점을 둠	

<표 6> 대학 수업에서 활용할 수 있는 액션러닝 과제 유형

액션러닝 과제부여는 어떤 과제를 선정할 것이냐에 따라 크게 좌우 될 수 있다. 장경원과 고수일(2015)[88]은 과제 유형을 크게 세 가지로 제시하였다. 첫째는 문제 해결형 과제이다. 가장 많이 활용되고 이해되는 유형이라고 할 수 있고, 대학에서 관련 연구가 많이 이루어지고 있는 유형이기도 하다. 이 유형은 문제가 매우 명확하고 도달해야 할 목표가 분명하다. 예를 들어, 교육학과 학생들에게 우리 대학 학사경고자 학생들의 지도방안을 마련해달라는 요청이 들어왔다고 가정하자. 학생들은 우리 대학의 학사경고자 실태 분석과 원인 분석 및 해결안 도출이란 활동들을 여러 방법들로 실행할 것이고, 해결안이 도출되었다면 이를 현장 적용하기 위해 비교과 프로그램 담당자에게 의뢰하고 시범 운영할 수 있게 협조를 구할 것이다. 그리고 결과까지 관찰하며 해결안의 장단점 분석과 성찰을 경험하게 될 것이다. 학생들은 이 과정에서 성인 학습자의 학습부진 원인을 교육학적으로 탐색하는 학습이 일어날 수 있고, 학생 대상 교육프로그램 개발 절차를 학습할 수 있으며 학습부진에 대한 고정관념을 다각도로 조명할 수 있을 것이다. 또한 이러한 경험을 바탕으로 현장에서 교사로 활동할 때, 학생 대상 교육프로그램 개발이 용이할 것이라 기대할 수 있다.

두 번째는 창조 개발형 과제이다. 장경원과 고수일(2015)[89]은 창조 개발형은 수업 주제와 관련된 어떤 결과물을 만들어 외부에 발표하는 데 초점을 둔 모델이라고 소개하였다. 광고나 공연 기획, 공모전 출품 등이 이에 속한다고 하였다. 따라서 개발하고자 하는 결과물이 교과의 교육목표를 달성하기에 적합한가를 가장 먼저 고려하고, 과제를 명확하게 정의하여 제시하여야 한다. 학생들은 결과물에 담길 구체적인 내용과 아이디어를 구상하기 위해 각종 자료 수집과 아이디어 회의 및 관련자 인터뷰나 관련 장소 방문 등을 고려하여 활동들을 기획할 것이다. 역시 이러한 과정을 통해 교과에서 지도하고자 했던 기획 절차나 실험 순서, 내용 관련 개념 탐구가 이루어진다. 완성품은 출품 한다든가, 전시 등을 통해 객관적인 평가를 받을 수 있고, 때로는 관련 분야의 전문가들에게 의뢰하여 평가를 받을 수도 있으므로 교과와 현장의 연계가 자연스럽게 이루어질 수 있다.

세 번째는 개인 과제형이다.[90] 이 유형에 적합한 교과는 실험이나 실습 등 개인적인 활동이 강조되는 분야여야 한다. 만약 실험이나 작품을 제작한다고 가정한다면, 그것이 실행하고자 하는 본인에게 어떤 의미이고, 그것을 통해 도달하고자 하는 바는 무엇이며, 결과물이 주는 의미는 무엇인가 등을 모둠원들과의 토론을 통해 발전시켜 나갈 수 있다. 즉, 개인 과제형은 개인 활동이 전제되어 있기 때문에 교수는 모둠을 지어주어 서로에게 발전이 될 수 있는 질문이 교류되게 토론 기회를 제공하는 것이 중요하다. 토론을 통해 자신이 도달하고자 했던 결과물이 구체화되고 보다 긍정적인 방향으로 완성 될 수 있도록 실행 계획, 발표 계획, 평가 방법까지 공유할 수 있도록 한다. 모둠원들이 단 한 사람의 과제에 대해 논의하는 것이 아니라, 다섯 명이 모둠원이라면 다섯 명이 돌아가면서 계획부터 평가까지 함께 하는 것이다. 따라서 결과물 발표는 다섯 개가 별도로 진행된다. 만약 모둠에게 단일 과제를 주었는데, 해당 과제를 완수하기 위한 여러 문제들을 도출하여 이를 각각 하나씩 맡아 수행한다면 결과물은 하나가 될 것이다.

또한 교수가 교과 단원의 범위만 정해주고 실제 일어나는 문제들을 모둠이 토론을 통해 선정하게 하는 것도 가능하다. 만약 학생들의 흥미와 집중을 보다 강화하기 위해 교과와 관련된 주제를 여러 개 준비한 후, 학생들로 하여금 선택하게 한다면 과제 유형보다 모둠 구성이 더 중요할 수도 있다. 이때는 교수가 일방적으로 모둠을 지어주기보다는 과제의 주제에 따라 관심 있는 학생들끼리 자발적으로 모둠을 형성할 수 있도록 유도하는 것이 좋다. 단, 학생들의 능력이 고루 분포될 수 있도록 우선권 기준을 제시하고 유도하는 방법이 병행되어야 할 것이다.

2. Action Learning 문제 개발

액션러닝은 실제적 문제를 과제로 제시하기 때문에 자신의 교과내용과 사회에서 일어나는 문제와의 접목이 매우 중요하다. 학자에 따라 과제와 문제가 혼용되어 설명되기도 하는데, 과제는 학생들이 완수해야 되는 일, 즉 문제를 해결하라고 부과되는 것을 말한다. 문제는 학생들이 과제로 받은 것으로 해결이 요구되는 특정 상황이나 물음이다. 박수홍과 정주영(2014)[91]은 액션러닝 문제 개발 절차를 다음 [그림 3]과 같이 세 단계로 설명하였다.

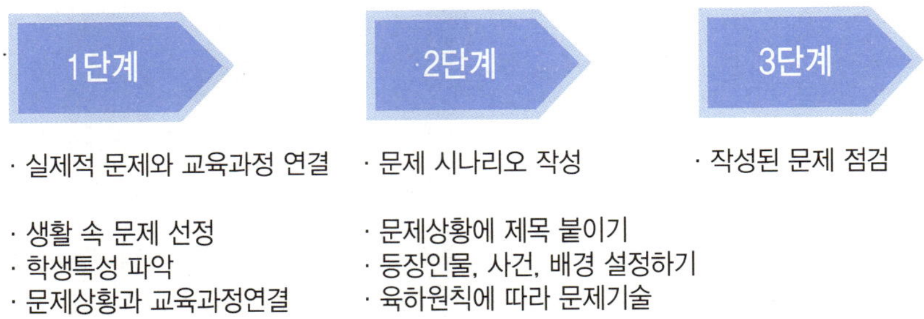

[그림 3] 액션러닝 문제 개발 절차

1단계에 명시된 '실제적 문제와 교육과정 연결'하기는 생활 속의 문제들 중 자신의 교과와 관련 된 문제들을 선별하고, 학생들의 특성을 파악하여 학생 수준에 맞는 문제 상황과 교과과정이 연계되는 것을 선별하는 단계다. 단순히 문제 선별이 아닌 학생들이 해결안을 도출했을 경우, 그 해결안을 적용했을 때 문제가 해결되는지도 관찰할 수 있는 수준의 문제가 될 수 있는가를 살펴야 한다. 만약 학생 수준에서 해결안을 도출해도 해결될 수 없는 사안이라면, 관계자들과 어떻게 접촉하여 해결안을 전달할 것인가도 고려되어야 할 것이다. 또한 학생들에게 교과 관련 실제 문제를 고르라는 선택권을 주었을 때 학생들이 공감하고 유추 가능한 문제인가도 고려해 봐야 한다.

2단계는 선별된 문제를 가지고 교과 내용에서 다루어지는 개념을 활용하여 제목을 붙이고 육하원칙에 따라 시나리오를 작성하는 단계로 '문제 시나리오 작성'이라 명명할 수 있다. 이때 주의해야 할 것은 학생들의 수준이다. 시나리오가 학생들의 흥미를 적절히 자극하고 궁금증을 유발할 수 있게 최신 트랜드를 반영한다면 좋을 것이다. 또한 시나리오를 통해 학생들 스스로 질문을 가질 수 있다면 더욱 좋을 것이다. 박수홍과 정주영(2014)[92]은 다음 <표 7>과 같이 점검표를 제안하였는데, 이를 대학 수준에 맞게 활용할 수 있도록 부연설명을 첨부하였다.

문제 상황 개발하기
1. 문제명: 2. 등장인물: 3. 문제내용: 4. 문제배경(시간적, 공간적 배경):
1. 언제(구체적인 시기 명시): 2. 어디서(구체적인 장소 명시): 3. 누가(문제를 겪는데 등장하는 사람들): 4. 왜(문제 내용): 5. 무엇을(문제 원인): 6. 어떻게(문제 전개과정):

<표 7> 문제 상황 개발하기

3단계의 '작성된 문제 점검'은 개발된 문제가 학생들의 수준에서 이해 가능한지, 정해진 시간 내에 해결안 도출이 가능한지, 해결안을 실제로 적용했을 때 무리는 없는지 등을 고루 살펴야 함을 의미한다. 만약 동료 교수가 문제를 점검해줄 수 있다면 동료 교수에게 의뢰하는 것도 방법이다. 박수홍과 정주영(2014)[93]은 작성된 문제를 점검하기 위해 다음 <표 8>과 같은 체크리스트를 제안했다. 역시 대학수준에 맞

게 각색하고 문항을 추가하였다. 배점은 1은 '매우 아니다', 2는 '아니다', 3은 '그저 그렇다', 4는 '적합하다', 5는 '매우 적합하다'의 5점 리커트 척도를 적용했다.

	내용	점수					
		1	2	3	4	5	계
1	생활 속에서 접할 수 있는 문제인가						
2	학생들 모두 문제의 정확한 원인과 해답을 모르는가						
3	학생 수준에서 볼 때 복잡한 문제인가						
4	제시된 문제는 해결 가능한 것인가						
5	학생들 모두가 공감할 만한 문제인가						
6	문제해결을 위해 다양한 접근이 가능한가						
7	문제를 해결하는 과정에서 교과에서 지도하고자 했던 개념들이 도출될 수 있는가						
8	학생들이 제안한 해결안이 현장에 적용될 수 있는 문제인가						
9	본 문제를 통해 학생들은 다양한 질문을 할 수 있고, 통찰이 일어날 수 있는가						
10	문제해결과정이 폭넓은 기초지식을 활용할 수 있는 범위에 있는가						

<표 8> 문제 점검 체크리스트

3. Action Learning 수업 프로세스

앞에서와 같이 액션러닝 문제가 개발되었으면 이제 수업을 구상해야 한다. 일반적인 수업은 도입과 전개, 마무리라는 세 단계를 거친다. 액션러닝은 이러한 정형화된 수업 전개방식이 존재하지 않기 때문에, 학자마다 다양한 형태로 프로세스를 제안한다. 박수홍 · 안영식 · 정주영(2010)[94]은 문제 상황 제시, 문제 인식, 문제 명료화, 가능한 해결책 도출, 해결책 우선순위 결정, 액션플랜 작성, 현장 적용, 성찰의 8단계로 보았다. 첫째, 문제 상황 제시는 학습 코치와 함께 학습자가 해결해야 할 실제적 문제가 제시되는 단계이다. 둘째, 문제 인식 단계는 학습자가 모둠 토론을 통하여 제시된 실제적 문제를 다각적으로 인식하여 가능한 내용을 모두 살펴보는 것으로 모둠원들은 개방된 생각을 가지고 서로의 의견을 공유해야 한다. 셋째, 문제 명료화는 모둠 토론을 통해 문제를 분석하여 문제 해결과 의사결정 과정을 위한 명확한 기준점을 제시하는 단계로 모둠원은 제시된 문제를 자신의 문제로 받아들인다. 넷째, 가능한 해결책 도출은 학습자가 해결책을 도출하기 위해 다양한 접근법을 모색하여 다양한 해결책에 대한 아이디어를 도출해야 하는 단계이다. 다섯째, 해결책 우선순위 결정은 모둠원 간 합의를 통해 우선순위를 결정하는 것이며 여섯째, 액션플랜 작성은 학습자가 개별학습 및 학습 결과의 공유를 통해 실제적 문제에 대한 액션플랜을 작성하는 것이다. 일곱째 현장 적용은 학습자가 액션플랜을 적용하는 것이며 마지막으로 성찰과 평가는 학습자가 자신의 모둠과 학습 과정 및 학습 결과에 대하여 성찰하는 시간을 갖는 것으로 액션러닝 프로세스를 설명하였다.

장경원 · 고수일(2015)[95]에서는 액션러닝 수업 프로세스에 대해 수업 설계와 수업 운영으로 나누고 있는데 수업 설계는 '학습 목표 수립 → 액션러닝 과제 및 과제해결 프로세스 설계 → 평가 설계 → 학습 환경 설계 → 수업 계획서 작성'으로 제시하였다. 수업 운영은 '액션러닝 소개 및 분위기 형성 → 학습팀 구성 및 팀 빌딩 → 과제 해결 단계별 코칭 → 최종 결과물 발표와 평가 및 학습 결과 정리'로 제시하고 있다.

따라서 일반 수업처럼 수업계획과 수업 실행을 합쳐서 액션러닝 수업 프로세스를 다음 <표 9>와 같이 제시할 수 있다.[96] 각 단계에 맞게 자신의 교과내용을 기입하여 활용할 수 있다.

	수업준비단계	수업운영단계	수업정리단계
준비	• 액션러닝에 대한 이해 • 러닝코치 역량 함양		
분석	• 과제 분석 • 교육목표 수립	• 학습자 분석	
설계	• 과제(범위) 선정 • 과제해결 프로세스 선정 • 과제해결 도구 선정 • 러닝코치 활동 설계 • 수업 운영 전략 수립 • 평가 계획 수립	• 과제 및 과제해결 • 프로세스 점검 및 재설계 • 과제해결 도구 점검 및 재선정 • 러닝코치 활동 점검 및 재설계	
개발	• 수업 운영에 필요한 워크북 제작 • 평가도구 제작	• 워크시트 수정 및 개발 • 평가도구 수정 및 개발	
실행		• 학습자 준비시키기 • 액션러닝에 대한 소개, 수업 운영 방법 안내, 수업 목표 제시, 팀 학습 기술 제시 등 • 팀 편성 및 팀 워크 형성시키기 • 과제부여 또는 과제 탐색 돕기 • 팀별 문제해결 과정 관리하기 • 질문, 피드백, 팀별 미팅 등 • 과제 해결안에 대한 피드백, 평가하기 • 강의(주요 내용에 대한 정리)	
평가		• 팀별 과제와 개별 과제 평가하기	• 우수사례 정리 • 다음 수업의 자료로 활용 • 수업운영전략 수정 및 보완

<표 9> 대학 액션러닝설계 과정

4. Action Learning 단계별 활용 기법

① 모둠 구축

모둠 구축 단계에서 활용될 수 있는 활동은 수강 학생들이 서로를 알 수 있게 해주는 것을 목적으로 준비하는 것이 좋다. 낯선 동료들과 한 강의실에서 수업을 듣는 것과 모둠 활동을 함께하는 것은 부담의 정도가 다르므로 마음이 열리도록 분위기를 조성하는 것이 필요한 것이다. 액션러닝에서 가장 많이 쓰이는 활동은 다음과 같다.

■ 아이스 브레이킹(Ice - breaking)

아이스 브레이킹(Ice - breaking)은 말 그대로 얼음과 같이 차가운 수업 분위기를 깨뜨려 수업의 목표를 이루도록 최상의 분위기를 만들어가는 프로그램을 말하는 것으로 구성원간에 라포를 형성하고 부드러운 분위기를 조성하기 위해 시도되는 것으로 알려져 있다.[97] 교수가 아무리 경험이 풍부하고 지도력이 뛰어나다고 해도 처음 만나는 학생들과의 서먹함은 여전히 존재하기 마련이다. 따라서 유쾌하고 활발한 수업을 위해서 다음과 같은 활동들을 소개한다.

내 친구를 소개합니다

준비물: 인터뷰 활동지

진행:
- 다음 [그림 4]와 같이 교수는 학생들이 인터뷰할 수 있는 활동지를 준비한다. 문항은 이름, 전공, 별명, 좋아하는 것, 싫어하는 것, 잘 하는 것, 못하는 것, 장래 희망 등 서로에게 부담가지 않으면서 대화를 이어갈 수 있는 질문들로 구성한다.
- 학생들은 1인당 세 장에서 네 장의 활동지를 받아, 교실 안에 있는 동료들을 찾아다니며 인터뷰를 하고 기록한다.
- 학생들의 인터뷰가 어느 정도 진행되고 나면 교수는 "자신이 인터뷰한 동료 중에 좋아하는 것으로 짜장면을 쓴 친구 손들어보세요."라고 질문을 하고, 손을 든 학생은 자리에서 일어나 자신이 인터뷰한 학생을 소개한다. 소개받은 학생은 또 다시 자신이 인터뷰한 학생 중 한 명을 골라 소개한다.
- 이렇게 전원이 소개되고 나면 이를 통해 모둠을 구축할 기준을 선정하고 모둠을 만든다.

<내 친구를 소개합니다>

인터뷰어: 학번　　　　　전공　　　　　이름

이름(별명은?)	
전공	
좋아하는 것	
싫어하는 것	
잘하는 과목	과목명:
	이유:
못하는 과목	과목명:
	이유:
장래 희망직업	
나의 꿈은?	
죽음을 눈앞에 두었을 때 하고 싶은 말	

[그림 4] Ice breaking 활동지 예

뇌 구조 그리기

준비물: 뇌구조 활동지, 분류용 라벨 스티커(점박이 스티커)

진행: • [그림 5]와 같이 학생 수 만큼 뇌 구조 활동지를 준비하여 배포한다.

- 과제로 제시할 단원의 핵심 개념을 한 단어로 칠판에 적어준다.
- 해당 단어를 보고 떠오르는 이야기들을 뇌구조 활동지에 적게 한다. 또는 반대로 긴 문장을 주고 핵심개념을 도출하게 하여도 된다.
- 완성된 활동지는 강의실 벽면에 붙힌다.
- 각자 완성한 활동지들을 관람하게 하고 가장 괜찮은 아이디어에 스티커를 붙이게 한다.
- 스티커가 많이 붙은 활동지를 발표하고, 교수는 여러 개의 과제를 준비해두었다가 이와 관련된 과제를 선택하여 제시한다.

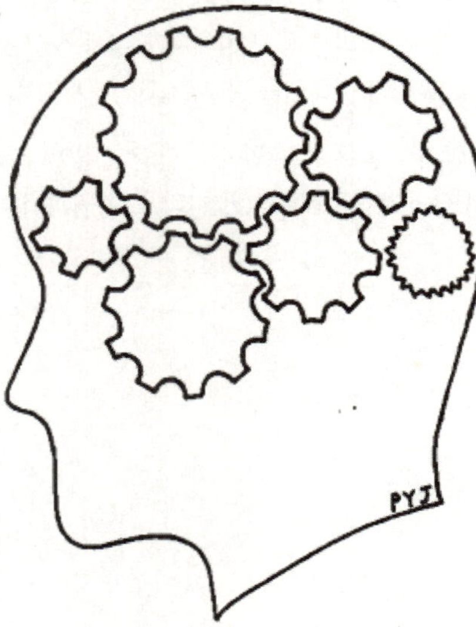

[그림 5] 뇌구조 활동지

그랑프리 선발대회

진행: • 모둠 별로 모여 앉는다.

• 교수는 "각 부문별 그랑프리를 선발하겠습니다!" 라고 말한다.

• 교수가 호명하는 조건에 해당하는 모둠원이 재빨리 손을 들게 한다.

• 한 번 손을 든 학생은 또 다시 손을 들 수 없게 하고 모둠원 모두가 손을 들어본 경험이 있게 되면 과제 선택 우선권을 준다.

예: 머리카락이 제일 긴 사람,흰색 옷옷을 입은 사람, 필통에 연필이 있는 사람, 그 외에 삼겹살 먹고 싶은 사람 등.

명패 만들기

준비물: 학생 이름이 적힌 A4 용지, 컬러 펜

진행: • 출석부에 있는 학생 이름을 A4 용지 한 장에 한 명씩 다음 [그림 6]과 같이 기록하여 출력한다. 학생들이 가지고 있는 펜의 종류가 정해져 있어서 직접 이름을 쓰라고 할 경우 이름이 잘 안 보이기 때문에, 교수가 출력해줄 경우 먼 거리에서도 잘 보일 수 있다.

• 학생들은 모둠별로 앉아서 받은 이름 옆에 자신의 별명이나 특징을 기억할 수 있게 추가로 적어 [그림 6]과 같이 접어 책상위에 세우게 한다. 모둠원끼리 서로 자신을 소개하게 한다.

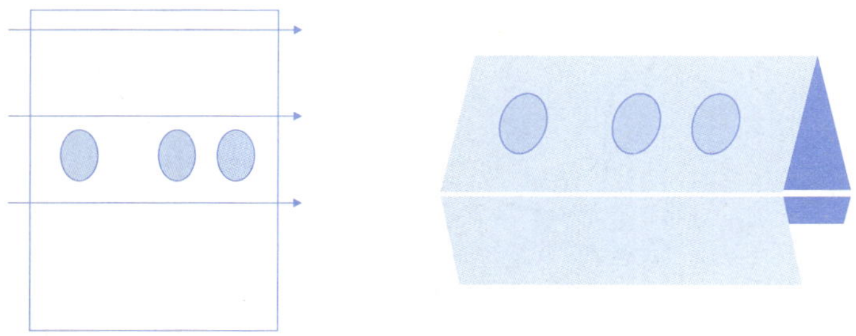

[그림 6] 명패 만들기

첫인상 붙여주기

준비물: A4 반 정도 크기의 종이와 마스킹 테이프, 네임 펜

진행:
- 학생 1인당 A4 용지 반 정도 크기의 종이를 다섯 장씩 배당될 수 있도록 모둠별로 재료를 준비한다.
- 학생들은 두 명씩 짝 지은 다음 인사를 나누고 서로의 등어리에 첫인상을 적은 메모지를 마스킹 테이프로 붙여준다.
- 단, 첫 인상에 대해 본인이 알 수 없도록 인사 후 바로 등에 대고 적는다.
- 그 다음은 자리에서 일어나 강의실에서 마주치는 동료와 인사 나누고 다시 등에 첫 인상을 적어 붙여준다.
- 다섯 장을 다 소비했으면 자리로 돌아와 앉는다.
- 교수는 학생들이 자리에 다 착석할 때쯤 절대 등에 붙어 있는 것을 띄지 말라고 한 후 처음 짝꿍이었던 친구와 둘을 일어서게 한 후 서로 읽어주게 한다.

■ 팀 빌딩 (Team Building)

모둠이 구성되고 나면 한 모둠으로 과제를 완성하기까지 서로 합심하는 것이 매우 중요하다. Miller(2015)[98]는 모둠 구성원의 장점과 단점을 그대로 수용하고 이해하는 과정을 통해 서로 신뢰감을 형성함으로써 모둠의 성과가 향상된다고 보았다. Page와 Donelan (2003)[99]은 7가지 기술을 안내하였는데, 모둠원을 잘 파악하고, 정확하고 명확하게 의사 소통을 할 수 있어야 하며, 서로 인정하고 지원하며, 이해를 확인하고 아이디어를 공유하며 약속을 확인하고, 만약 갈등이 발생할 경우 신속하고 건설적으로 해결해야한다고 하였다. Salas와 Priest, DeRouin(2005)[100]는 모둠 구축의 네 요소로 목표 설정과 대인관계, 문제 해결 및 역할의 명료화를 제안했다. 따라서 이를 수행하기 위해 다음과 같은 기본활동이 수행될 수 있다.

Brainstorming을 활용한 모둠 이름 만들기

준비물: 강의실 벽면에 학생들의 포스트잇을 붙일 수 있게 영역 설정.
학생 1인당 포스트잇 3장씩, 네임 펜 한 자루씩.

진행:
- 교수는 모둠원들의 소속감과 협동성을 강조하기 위해 모둠 이름을 짓도록 요구한다.
- 모둠원들에게 포스트잇을 세 장 씩 주고 한 학생이 모둠 이름과 이유를 적어 벽면에 붙이면 그 다음 학생이 그와 다른 내용의 이름과 이유를 적어 그 옆에 붙이게 하고, 각자 가진 세 장의 포스트잇이 모두 사용될 때까지 동일한 방법으로 진행한 다음, 모둠원 전체의 의견을 놓고 의논하여 결정하게 한다.
- Brainstorming에서 주의할 점은 절대 비판 금지다.

NGT(Nominal Group Technique)을 활용한 모둠 이름 만들기

진행: 강의실 벽면에 학생들의 포스트잇을 붙일 수 있게 영역 설정.
학생 1인당 포스트잇 5장씩, 네임 펜 한 자루씩.

진행:
- 교수는 모둠원들의 소속감과 협동성을 강조하기 위해 모둠 이름을 짓도록 요구한다.
- 모둠원은 각자 자신이 생각한 모둠의 이름을 포스트잇에 하나씩 적고, 모둠원들이 다 적으면 차례로 벽면에 붙인다.
- 모아진 이름을 놓고 어떤 방법으로 선정할 것인가를 모둠원끼리 의논하고 정해진 방법으로 모둠의 이름을 선정하게 한다.
- NGT는 명목 집단법이라 하여 한 문장으로 제시하게 되는데 모둠원들이 동시에 작성하므로 동일한 내용이 도출될 수도 있다. 이때는 동일한 것끼리 같은 곳에 붙이게 하여 의견별로 구분한 후 선정 기준을 합의하게 하면 된다. 물론 자신이 제시한 의견에는 투표하지 않기를 가정해야 한다.

Ground rule 만들기

진행: 2절 도화지 모둠 당 1장씩, 검정 마커 1개씩,
학생 1인당 포스트잇 5장씩, 네임 펜 한 자루씩.

진행:
- 학생들이 모둠 활동을 제안했을 때 거부감을 드러내는 이유는 동료의 무임승차로 본인이 손해를 보았다는 생각을 하기 때문이다. 따라서 모둠 활동은 모두가 함께 한다는 의식을 가질 수 있도록 모둠만의 규칙을 정하게 한다.
- 규칙은 구체적일수록 지키기 쉽고, 판단하기 쉬우므로 구체적으로 명시하게 한다.
- 모둠 규칙을 선정할 때는 모둠 이름 선정과 함께 하는 것이 시간 절약이 되므로 별도의 활동으로 진행하기보다는 모둠 이름 짓기와 함께 하여, 브레인스토밍이나 NGT를 활용한다.

역할분담 하기

진행: 모둠 수 만큼 A3 크기의 종이와 네임 펜

진행:
- 교수는 학생들에게 비정형화된 토론 문제를 제시하고 10분 안에 해결하라고 지시한다. 예를 들면 '지속가능한 환경문제 해결', '오리엔탈리즘' 처럼 쉽게 답을 내기 어려운 문제를 주는 것이다. 학생들은 10분 안에 A3 종이에 토론 결과를 적어 발표해야 한다.
- 10분이 경과되면 교수는 학생들의 완성여부와 상관없이 첫 번째 비정형화된 토론 문제를 정지시킨다.
- 대부분의 모둠은 10분 안에 해결하지 못할 뿐만 아니라 A3 종이에 기록하지도 못했을 것이다.
- 이런 상황에서 두 번째 정형화된 토론 문제를 제시한다. 이번엔 모둠원에게 토론을 이끌 사회자, 토론내용을 기록할 서기, 제한 시간을 점검해줄 시간 관리자, 태도가 불량하거나 적극적인 동료 등 모둠을 관찰하며 평가해줄 반장, 만약 토론이 격해지거나, 너무 어려워질 때 중재해줄 수 있는 감정지도자 등 모둠원 수 만큼 역할을 만들고 해당 역할을 수행하게 한다.
- 역할 분담이 끝나면 처음 제시되었던 비정형화된 문제를 다시 진행한다.
- 똑같이 10분 뒤에 어느 정도 진행이 되었는지를 점검한다.
- 한 모둠씩 발표를 진행토록 하고 처음 역할 없이 진행되었던 토론과 역할이 있고 나서의 토론 차이를 비교해보게 한다.
- 향후 모둠에게 주어질 과제에서 어떤 역할들이 공정하게 할당될 수 있는지 모둠별로 다시

토론을 진행하게 하여 역할을 명확하게 도출하고 이를 공정하게 분담할 수 있도록 한다.[101]

② 과제 분석

각 모둠이 정해지면 과제가 부여된다. 모둠은 과제를 해결하기 위해 주어진 문제를 탐색하고 토론하고 활동들을 기획하게 되는데 이럴 때 활용하면 좋은 기법들은 다음과 같다.

■ Logic Tree

로직트리는 현재의 문제와 그 문제를 해결한 미래의 관계가 지나치게 비약적이거나, 엉뚱한 방향으로 흐르지 않게 도움을 주는 개념도다.[102] 로직트리는 조직도와 유사한 형태를 가진다. 로직트리 구성방법은 크게 두 가지로 구분된다. 먼저 연역적 트리다. 제시된 문제가 원인과 현상의 구분이 가능하도록 익숙한 주제를 다루었거나, 문제의 범위와 해결 방향이 분명한 경우, 또는 로직트리 작성을 자주 해본 경험이 많다면 활용될 수 있다. 이를 이슈 트리라고도 부른다. 다음은 귀납적 트리다. 연역적 트리와는 반대로 제시된 문제의 현상들을 비슷한 것끼리 범주화하거나, 문제의 방향이나 해결 방향이 분명하지 않을 경우, 아이디어를 나열해보고 순서화하여 문제를 분석해야할 경우 등에 활용되는 트리로 가설 트리라고도 부른다. 연역적 트리는 문제 도입부분에 많이 활용되고 귀납적 트리는 해결안이 도출되었을 때 검증하기 위해 주로 활용되고 있다.

로직트리를 활용한 문제 해결과정은 다음과 같다.

1단계, What을 중심으로 로직트리를 작성하는 것이다.

현상 진단용 체크 리스트를 작성하거나, 분석 계획을 수립하고 집중 분석을 통해 문제가 무엇인지를 명확하게 도출하는 것이다.

2단계, Why를 중심으로 로직트리를 작성한다.

현상을 분석하고 문제의 핵심을 도출 했다면 왜 그런 일이 일어났는지 원인 분석을 해야 한다.

3단계, How를 중심으로 로직트리를 작성한다.

현상을 분석하고 문제의 핵심을 도출하여 원인 분석이 끝났다면 구체적인 해결 방안을 모색하는 것이다.

로직트리의 핵심은 문제를 구조화하는 것에 있지만, 이를 토대로 언제까지, 누가, 무엇을 할 것인가를 도출할 수 있기 때문에 문제 분석 단계에서 활용한다면 유용할 것이다.[103]

로직트리로 문제를 분석할 때 매우 중요하게 다루는 개념은 'MECE'다. Mutually exclusive와 Collectively exhaustive의 약자로 '상호 간에 중복이 없고, 전체적으로 빠짐없이'를 의미한다. 이호철(2011)[104]은 로직트리를 완성하고 나면 문제 구조가 한 눈에 보이기 때문에 항목 간에 중복을 찾아 삭제하고 불필요한 항목은 제거하기가 쉽다고 하였다. 다음 [그림 7]은 로직트리의 기본 형태로 이슈와 서브 이슈의 숫자는 문제에 따라 충분히 달라질 수 있고, 학생들에게 포스트잇으로 구성하게 하여도 무방하다.

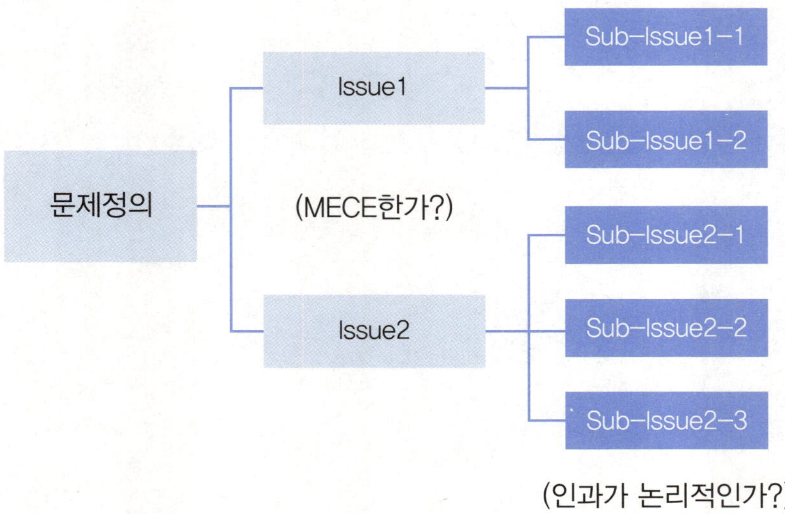

[그림 7] 로직트리 기본 형태와 검토 기준

■ Fishbone Diagram

일본 동경대학의 Ishikawa Kaoru 교수에 의해 고안된 피쉬본 다이어그램은 가지의 생성방향이 물고기 뼈를 닮았다고 하여 붙여진 이름이다.[105] 요인/효과 다이어그램(Cause & Effect Diagram) 또는 이시가와 다이아그램(Ishikawa Diagram), '어골도'라고도 한다.

피쉬본 다이어그램 구조는 다음 [그림 8]과 같은 형태로 머리 부분에 문제를 적고 몸의 뼈에 문제의 원인과 분석 등을 분류하여 적는 것이다. 흥미로운 것은 문제에 따라 각 뼈에 놓이는 조건이 달라진다는 점이다. [그림 8]에서 제시하는 도구, 체계, 사람 등의 요소는 문제에 따라 바뀔 수 있고, 뼈의 숫자 또한 더 늘어날 수도, 더 줄어들 수도 있다. 즉, 문제에 따라 원인 분석을 요목화할 수 있다는 장점이 있다.

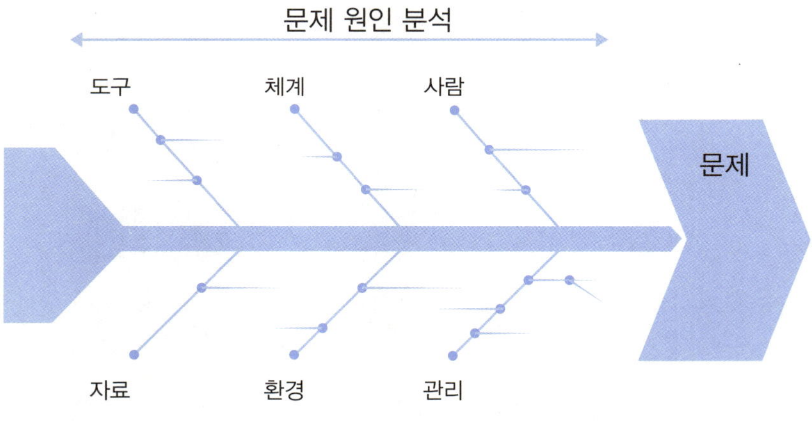

[그림 8] Fishbone Diagram

■ SWOT 분석

SWOT 분석은 기업에서 많이 활용되는 툴이라 할 수 있다. 상황을 분석하기 위해 강점과 약점 같은 내부 상황을 분석하고 외부환경의 기회와 위협요소를 분석하기 위해 개발되었다.[106] 학생들이 이를 활용할 때는 내부 역량과 외부 조건이란 두

축을 중심으로 상황을 파악해야 한다. 문제의 중심을 내부로 선정할 것인지, 자신들의 모둠을 내부로 볼 것인지에 따라 외부 조건은 다르게 배치될 것이다.

	강점(Strength)	약점(Weakness)
기회 (Opportunity)	SO	WO
위험 (Threat)	ST	WT

[그림 9] SWOT 구조

■ 5 WHY

문제의 원인 파악을 위해 다섯 번의 "왜"라는 질문을 반복적으로 수행하는 것을 말한다. 즉, '다섯 번'이라는 것은 다섯 번을 물어볼 수 있다는 의미가 아니라, 문제의 근본적인 원인이 파악될 때까지 '왜'라는 질문을 반복할 수 있음을 나타내는 것이다. Berger(2014)[107]는 '왜'라는 질문은 자칫 도전적인 느낌을 줄 수 있지만 어떤 주장의 근거나 원인을 궁금해 하는 것이라고 하였다. 따라서 '그렇게 주장하는 이유가 무엇인지', '어떤 근거로 그런 말을 하게 되었는지 좀 더 자세히 설명해 달라'거나, '그렇게 되기 위한 조건이 무엇인지'를 묻는 경우 명확하게 '왜'라는 표현은 아니지만 동일하게 해석할 수 있다.

이 외에도 어떤 영향이나 효과를 묻게 될 경우, '그것을 하면 무엇이 좋아지는지', '그렇게 하면 무엇이 달라지는지', '그렇게 할 경우 앞으로 어떤 일들이 일어나게 되는지'를 묻는 것도 '왜'라는 질문에 포함될 수 있다. 간혹 상대의 말을 그대로 받아서 '만약 말씀하신 것이 A라면, A 때문에 B가 일어난다는 것이냐', 혹은 'A를 위해서 B가 필요하다는 것이냐', 등도 '왜'라는 질문이라고 볼 수 있다.

중요한 것은 이러한 질문들을 '왜'라는 한 마디로 표현하여 게임 규칙으로 적용하고, 모둠 활동으로 유도할 경우 모둠원 간의 의견충돌과 사소한 오해를 방지할 수 있다는 이점이다. '왜'라는 질문을 통해 과제의 본질을 이해하고, 서로의 의견에 대한 호기심과 존중을 나타내는 것이라 볼 수 있다.

③ 아이디어 도출

과제 분석이 끝나면 그 다음 시도해야 하는 것이 과제해결, 즉 문제 상황에 대한 해결안 도출이다. 해결안은 탐구 활동을 통해 자료와 정보 수집과정에서 구체화되고 실현 가능한 형태로 다듬어지게 된다. 즉, 아이디어 도출은 튼튼한 근거 자료를 토대로 해결안을 창출해 내는 것이다. 따라서 수집된 정보와 자료를 놓고 다음과 같은 활동을 할 수 있다.

■ SCAMPER

SCAMPER란 Brainstorming기법을 창안한 Osborn(1942)[108]의 체크리스트를 Eberle(1996)이 약자로 재구성하고 발전시킨 것으로, 해당 키워드에 맞추어 정보와 자료를 다루는 것이다. 각 약자의 의미와 활용은 다음 <표 10>과 같다.

약자	의미	설명
S	Substitute (대체)	다른 재료, 요소, 원동력, 프로세스 등
C	Combine (결합)	혼합, 조립, 그리고 작동, 단위, 방법, 아이디어 등의 결합
A	Adapt (적용)	다른 용도, 과거의 적용, 다른 아이디어의 도용
M	Modify, Magnify (변형 및 확대)	뜻, 색깔, 동작, 모양 등을 변형, 더할 수 있는 요소는? 더 크게, 높게, 강하게, 두껍게, 과장되게 등

P	Put to other Use (다른 용도)	원래의 용도 바꾸기 등
E	Eliminate, Minify (최소화)	취소, 분리, 가볍게, 짧게, 여러 개로 나누기 등
R	Reverse, Rearrange (역방향)	방향 바꾸기, 거꾸로, 용도의 교환 등

<표 10> SCAMPER

■ Six Thinking Hat

Six Thinking Hat은 영국의 심리학자 de Bono(1985)[109]가 수직적 사고뿐만 아니라 수평적 사고도 기를 수 있다며 고안한 기법으로, 여섯 색깔의 모자를 사용하여 여섯 가지 유형의 사고를 훈련시키는 방법이다. 한 사람이 하나의 모자를 쓸 수 있으므로 자신이 쓴 모자의 색깔에 해당하는 사고를 해야 한다는 것이 원칙이다. 이를 통해 사고의 혼돈이 일어나지 않게 할 수 있어 아이디어 도출이 유리하다는 것이다. 각 모자의 색과 사고 및 역할은 다음 <표 11>과 같다.

	사고 형태	역할
흰색 모자	중립적 · 객관적 사고 정보에 대한 사고	• 연구 조사 데이터와 같은 사실과 수치의 필요성을 반영한다.
빨간색 모자	감정이나 정서의 사고 직관적 · 감정적 사고	• 자신의 느낌이나 감정 및 직관을 표출하도록 한다.
노란색 모자	긍정적 · 낙관적 사고	• 직관주의, 논리에 바탕을 둔 긍정적인 사고를 의미한다.

검정색 모자	비판적 · 부정적 사고	• 논리적 사고와 더불어 판단력 및 신중함을 촉진하므로, 아이디어를 평가할 때 이 모자를 활용하면 성급한 판단과 비상식적인 일을 하는 것을 막아준다. 주의나 경고를 의미한다.
초록색 모자	창의적 · 확산적 사고	• 창의적인 노력을 요구하고 대안을 찾는 것을 의미한다. • 창의성에 초점을 맞추고 아이디어 생산과 나아가 확장을 촉진한다.
파란색 모자	지휘자의 사고 사고 과정의 통제	• 지휘자나 사회자처럼 정리, 요약, 결론적인 내용을 제시한다. • 아이디어를 분석하면서 평가 과정을 제어하고 가장 좋은 길을 선택하기 위해 사용한다.

<표 11> de Bono의 Six Thinking Hat

■ Mind Map

Buzan(1982)[110]이 개발한 것으로 자연적인 연결고리를 통해 뇌가 사방으로 아이디어를 방출하며 발전시키는 방식을 그대로 이용한 것이다. 지도처럼 그려가며 기록하므로 아이디어를 시각화하는 작업이라 할 수 있다. 종이 중간에 과제를 적고 수집한 자료들을 연결하다보면 객관적인 입장에서 전체적인 흐름을 살펴볼 수 있고, 직관에 의해 부족한 것과 필요한 것들을 판단해 볼 수 있다. 최근에는 알마인드, 구름 마인드맵, NoteLynX, 씽크와이즈, XMind 등 다양한 프로그램들이 개발되어 손으로 직접 작업하지 않고 컴퓨터로 이를 실행할 수도 있다. 다음 [그림 10]은 XMind의 서식 화면으로 본인이 작성하고 싶은 방법에 따라 서식을 선택하여 활용할 수 있다. 유료와 무료로 개발된 다양한 프로그램들이 있으므로 학생들 수준에 맞는 프로그램을 선택하여 활용하는 것도 하나의 방법이 될 수 있을 것이다.

[그림 10] XMind 활용 서식 창

다음 [그림 11]은 XMind로 작성한 마인드맵 사례다.

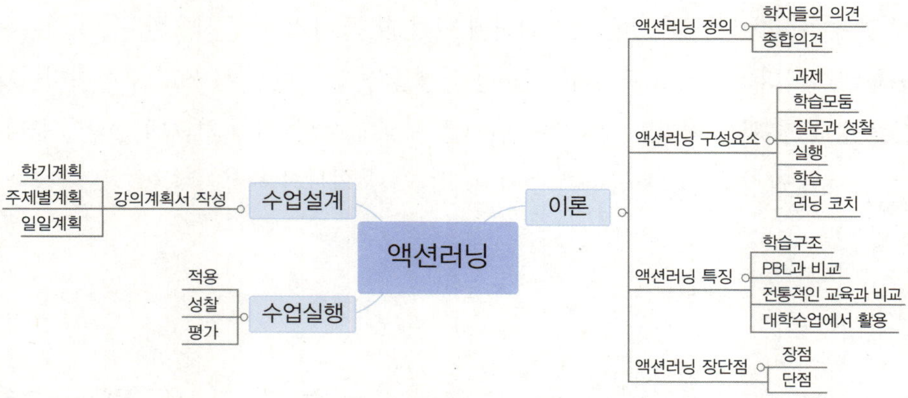

[그림 11] XMind 로 작성한 마인드맵 사례

■ Brainstorming

Brainstorming은 Osborn(1948)[111]이 직원들과 함께 아이디어를 도출할 경우 보다 효과적임을 경험하고 제시한 아이디어 도출 방법이다. Osborn은 하나의 특정한 문제를 다루는 것이 여러 문제를 동시에 다루는 것보다 좋다고 보았고, 하나의 주제에 직원들의 다양한 아이디어를 고루 받아 그 중 최상의 것을 선택하는 것이 개인이 아이디어를 내었을 때보다 좀 더 양질의 아이디어가 나옴을 강조했다. 가장 잘 알려진 방법은 명목집단법으로 참여자들이 자신의 생각을 익명으로 적어내고 진행자는 이를 모아 참여자들과 의논하여 가장 최선의 아이디어를 선택하는 방법이다.

그룹 전달법은 모둠원이 각각 하나의 아이디어를 쪽지에 적게 한 후 옆 사람에게 전달한다. 쪽지를 받은 모둠원은 그 글과 관련된 아이디어를 적고 다시 다음 사람에게 전달하게 한다. 자신이 적은 쪽지를 다시 받을 때까지 계속되며 자신의 쪽지가 돌아오면 최종적으로 정리한 후 발표시간을 갖는다. 발표 후 합의시간을 갖게 되는데, 타인의 아이디어에 자신의 생각을 추가하면서 자신의 아이디어를 발전시키고 정리할 수 있다는 장점이 있으나 시간이 많이 소요된다는 단점도 있다. Mind Map도 Brainstorming의 일종으로 간주되기도 한다.

Huffman(1997)[112]은 GE의 자회사인 Hotpoint 회사가 발명해 낸 Reverse Brainstorming을 소개한다. Brainstorming 방법과 비슷하지만 아이디어를 생성하는 것이 아니라, 생성해 놓은 아이디어에 대해 '비판'하기 위해 사용한다. 이 기법은 도출된 아이디어가 가질 수 있는 가능한 약점들을 모두 발견해 내고 그 아이디어가 실천될 때 잘못될 수 있는 것이 무엇인지를 예상해 볼 수 있게 하는데 중점을 둔다. 즉, 도출된 약점들을 보완하여 생성된 아이디어가 최선의 해결 방법이 되도록 하기 위함이다.

■ ASIT

ASIT는 Horowitz(1999)[113]가 제시한 것으로 이전에는 생각해 보지 못했던, 그러나 알고 보면 아주 간단한 아이디어라고 할 수 있는 여러 해결책을 생성하도록 도와

주는 도구다. ASIT는 Altshuller(1960)[114]가 발명에는 어떤 공통적인 법칙과 패턴이 있음을 깨닫고, 일반적이고 체계적인 문제해결책으로 제시한 TRIZ의 변형 모델이다. TRIZ는 '창의적 문제해결 기법'으로 잘 알려져 있으나 40가지의 발명원리와 76가지 표준 해결책 그리고 문제해결 프로세스인 'ARIZ'로 구성되어 있는데, 이를 습득하고 활용하는데 많은 시간이 소요된다는 단점을 보완하여 2가지 원리와 5가지 사고 도구로 축약한 것이다.

첫 번째 원리는 문제의 세계를 명확하게 정리하는 'Closed World(한정된 세계)'로 이렇게 하면 문제해결의 요소들이 드러나 이를 재구성하여 문제를 해결하게 되는 것이다. 두 번째 원리인 'Qualitative Change(관계변화)'는 문제를 일으킨 '악화요인'과 그로 인해 발생된 '원하지 않는 결과' 사이의 관계에 변화를 주는 것이다. 이를 위해 사용되는 다섯 가지 사고 도구는 다음과 같다.

- 용도변경(Unification)
- 복제(Multiplication)
- 분할(Division)
- 대칭파괴(Breaking Symmetry)
- 제거(Object Removal)

이상에서 제시한 기법 이외에도 다양한 창의적 문제해결 사고 도구들이 있으므로 학생들의 수준과 교과의 성격에 적합한 것을 선택하여 활용한다면 학생들의 학습이 훨씬 수월하게 이루어질 것으로 예상한다.

Ⅲ. Action Learning 수업 실행

1. Action Learning 수업 계획

장경원, 고수일(2015)[115]이 제시한 액션러닝 수업 운영과정은 액션러닝을 소개하고 분위기를 형성하며 학습팀을 구성하는 '도입' 단계와 과제를 선정하고 해결하는 '과제 선정 해결' 단계, 그리고 최종결과물을 발표하고 평가하며 학습 결과를 성찰하는 '정리'의 3단계로 구성되어 있다. 일반적인 수업구조의 도입-전개-정리와 유사하다. 따라서 액션러닝 수업구조에 맞추어 강의를 계획하는 것은 크게 어렵지 않을 것이다.

각 대학마다 정해진 강의계획서 양식이 있고, 대학별로 홈페이지에서 이를 관리할 수 있게 준비되어 있다. 아래 [그림 12]는 계명대학교의 사례로 계명대학교 교원들은 '에드워드 포털'에 접속해서 직접 강의계획서를 입력할 수 있으며 완성된 강의계획서는 LMS(Learning Management System)와 연동되어 학생들이 직접 볼 수도 있고 다운로드할 수도 있게 연계되어 있다. 이처럼 각 대학들도 강의계획서를 관리할 수 있는 시스템이 잘 구축되어 있으므로 해당 사이트에 접속하여 강의계획서를 작성하는 것부터 시작해보자.

[그림 12] 계명대학교 홈페이지 강의계획서 접속 화면

모든 대학의 강의계획서에는 순번대로 교과목 안내부터 담당 교과의 개요 및 교육목표를 기입할 수 있게 되어 있다. 아래 [그림 13]은 역시 계명대학교 강의계획서 양식의 일부로 각 제목이 제시하는 내용을 기입하면 된다.

■ 교과목 안내

교과목명		교과목코드	
개설대학명		개설학과(전공)	
이수구분		학점	
인증구분(공학인증)		설계학점(공학인증)	
강의시간		담당교수	
전화번호		E-Mail	
수강대상		면담시간	
강의실		담당교수 연구실	
강의계획서(동영상)		홈페이지/SNS	

■ 핵심역량과 본 교과목의 연관성(매우연관, 연관, 연관없음)

특성	핵심역량	연관성	특성	핵심역량	연관성
도전적 개척정신			국제적 문화감각		
윤리적 봉사정신			창의적 전문성		

■ 교과목개요

※ 교과목개요 추가 설명

■ 교육목표

■ 교수법

☐ 강의, 토론, 발표	☐ CBL(Case Based Learning)	☐ TBL(Team Based Learning)	☐ AL(Action Learning)
☐ Team Teaching	☐ PBL(Problem Based Learning)	☐ BL(Blended Learning)	☐ 기타

[그림 13] 강의계획서 입력 화면의 일부 내용

이때 주의해야 할 것은 '교수법'이다. 교수법은 한 학기 16주(15주) 동안 어떤 방법으로 수업을 운영하는지 안내하는 것으로 대부분의 대학에서 이를 반드시 명시하도록 하고 있다. 강의식 수업으로 16주를 진행한다 해도 그것을 문제 삼는 경우는 없지만, 강의계획에 없는 액션러닝을 시도할 경우에는 미리 공지하지 않았으므로 문제가 발생할 수 있다. 왜냐하면 학생들은 수강 신청 시 수업 방법도 고려하기 때문에 사전에 액션러닝을 공지하지 않고 시행할 경우, 알았다면 수강신청하지 않았을 것이란 불만을 야기할 수 있고, 만약 평가에서 낮은 점수를 받게 되면 자신들이 피해를 봤다고 주장하는 등의 마찰이 생길 수 있기 때문이다. 따라서 각 대학의 강의계획서에 명시되어 있는 교수법에는 대부분 선택 영역이 있으므로 다음 [그림 14]와 같이 반드시 AL(Action Learning)에 '■' 표시를 해주어야 한다. 만약 선택사항에 없는 교수법이라면 기타를 선택하고 직접 기입하는 것도 한 방법이다.

□	강의,토론 발표	□	CBL (Case Based Learning)	□	TBL (Team Based Learning)	■	AL (Action Learning)
□	Team Teaching	□	PBL (Problem Based Learning)	□	BL (Blended Learning)	□	기타

[그림 14] 강의계획서 교수법 선택

강의계획서에서 교수법 다음으로 중요한 것이 '평가'다. 학교에서 정해준 평가 기준은 대체로 '출석', '중간시험', '기말시험', '과제' 이렇게 네 가지다. 그러나 대학마다 '평소활동'이라든가 '태도' 등 추가 사항을 넣을 수 있도록 되어 있고, 교수가 직접 평가 기준을 선택해서 기입하도록 하는 경우도 많다. 그런데 이 '평가'는 학생 민원에서 가장 많이 다루어지는 것으로 사전에 공지된 기준대로 하지 않을 경우 문제가 매우 심각해진다. 학생들은 누구나 스마트폰을 가지고 있기 때문에 녹음과 촬영을 자유자재로 하고 있어서 학기 초 교수가 안내한 기준이 아니거나 강의계획서에 제시한 기준이 아닐 경우 바로 이의를 제기하기 때문에 매우 철저히 관리해야 한다. 따라서 이 평가에는 액션러닝이 실시되는 부분의 배점을 상세히 안내해야 한다. 아래 [그림 15]처럼 배점 항목을 추가하여 기입할 수 있으므로 토론, 발표, 동료평가, 결과평가 등 기획했던 평가 방법에 따라 배점을 사전에 안내하여 평가가 공정하게 진행됨을 인식할 수 있게 해야 한다.

항목 (item)	출석 (attendance)	정기시험 (기말시험) (final exam)	중간시험 (수시) (midterm exam)	과제 (assignment)	추가1 (Add 1)	추가2 (Add 2)	추가3 (Add 3)	합계 (total)
평가점수(만점) (evaluation score)	0	0	0	0	0	0	0	0
반영비율(%) (rate)	%	%	%	%	%	%	%	100.00 %

[그림 15] 평가 기준 항목

마지막으로 강의계획서에는 각 주차별 강의 주제를 기입하도록 되어 있는데 이때 몇 주차에 액션러닝을 하게 되고 어떤 활동이 주가 되는지 안내해야 한다. 액션러닝을 처음 도입할 경우에는 모둠 활동만 시도한다든가 하는 방법으로 분량을 줄이고 익숙하고 잘 운영할 수 있을 때 기간을 늘려 정확한 액션러닝을 시도하도록 한다. 아래 [그림 16]는 3주차 동안 운영되는 액션러닝 계획서 사례이다.

2주차	왜 학습전략이 필요한가? (Action learning1)	
	첫째 시간	9.10 월: 대학에서 학습전략이란? - 문제상황 제시
	둘째 시간	9.13 목: 모둠 만들고 모둠규칙 구성, 활동 시작
	셋째 시간	
	넷째 시간	
3주차	자아찾기(Action learning2)	
	첫째 시간	9.17 월: 모둠활동
	둘째 시간	9.20 목: 발표자료 만들기
	셋째 시간	
	넷째 시간	
4주차	학습 동기의 재발견(Action learning3)	
	첫째 시간	9.24 월 휴일(추석)
	둘째 시간	9.27 목 발표하기와 평가하기, 학습내용 정리하기
	셋째 시간	
	넷째 시간	

[그림 16] 계명대학교 P교수의 액션러닝 주차별 계획

이렇게 주차별 내용까지 기입이 완료되면 강의계획서 작성은 마무리가 된다. 학교 홈페이지에서 강의계획서를 직접 기입했다면 출력을 눌러 내용을 확인해야 한다. 왜냐면 A4 용지로 몇 장의 분량이 되는지를 파악하여 학생들이 보기 편한 크기로 나뉘고 이해하기 쉽도록 정리되었나를 확인하기 위함이다. 또한 수업에서는 A4 한 장짜리 학생 배포용 강의계획서를 별도로 준비하여 배포한다면 학생들이 배려받는다는 느낌을 받아 긍정적인 효과를 볼 수 있다. 액션러닝을 활용한 구체적인 강의계획서 사례는 다음 [그림 17]과 같다.

2017학년도 2학기 강의계획서

■ 교과목 안내

교과목명	시각과 이미지의 이해	교과목코드	
이수구분	교양선택	학점	3
인증구분(공학인증)	0	설계학점(공학인증)	0.0
강의시간		담당교수	박영주
전화번호	053-580-6476	E-Mail	artblue@kmu.ac.kr
수강대상		면담시간	
강의실		담당교수 연구실	신바우어관 3306
강의소개 동영상		홈페이지/SNS	

■ 핵심역량과 본 교과목의 연관성(매우연관, 연관, 연관없음)

특성	핵심역량	연관성	특성	핵심역량	연관성
도전적 개척정신	도전정신	연관	국제적 문화감각	외국어구사 능력	연관없음
	환경적응역량	매우연관		문화적 포용력	매우연관
윤리적 봉사정신	감성역량	매우연관	창의적 전문성	종합적 전문지식	매우연관
	윤리적 가치관	연관		문제해결 능력	매우연관

■ 교과목개요

이미지가 제 2의 언어역할을 하는 현대에서 어떻게 읽고 이해할 것인가에 대한 다양한 원리와 기술들을 경험해보는 교과다. 이미지 홍수가 불러일으킨 문제들을 다각도로 조명하여 올바른 해석과 이미지 제작 원리를 체득하여 활용할 수 있도록 안내한다.

■ 교육목표

1) 보는 것의 원리를 이해함으로 열린 사고를 경험함.
2) 자신이 가진 다양한 지식을 활용하여 문제 원인과 해결방안을 도출하는 동안 다르다와 틀리다의 차이를 이해함.
3) 이미지로 인해 발생할 수 있는 문제들을 해결해보는 과정을 통해 올바른 이미지 제작과 이해를 경험함.

■ 교수법

■ 강의,토론,발표	CBL(Case Based Learning)	TBL(Team Based Learning)	■ AL(Action Learning)
□ Team Teaching	PBL(Problem Based Learning)	□ BL(Blended Learning)	□ 기타

■ 수업진행

1) 창의적 사고기법을 활용하여 매 주 수업형태가 다르게 진행됨.
2) Action learning 학습이 중간고사 이전과 이후 각각 1회씩 실시되고 이때는 모둠별 활동이 진행됨.
3) 모둠 과제가 2회 있음.
4) 모둠활동 평가에 학생들이 직접 참여하여야 함.
5) 1차 Action learning 활동에서 도출된 해결책으로 2차 Action learning 활동이 이어지므로 결석 금지.

■ 수업교재/관련자료

- 시각과 이미지(김세리, 아담북스, 2013)
- 매주 강의 ppt파일 LMS에 탑재하니 참고바람.

■ 학습평가

항목	출석	정기시험 (기말시험)	중간시험 (수시)	과제	액션러닝	매회 수업결과물		합계
평가점수 (만점)	10	30	20	0	20	20		100
반영비율 (%)								100

※ 학습평가 추가 설명

과제는 액션러닝 활동 시 부여되며 점수는 액션러닝 점수에 포함됨.
모둠활동 발표 시 동료평가를 하게 되고 평가문항은 학생들이 직접 제안한 것을 반영함.
두 번의 액션러닝 활동은 각각 10점씩 부여되며, 한 활동은 교수평가 6점, 동료평가 4점으로 구성됨.

■ 필요사항/선수과목

1) 액션러닝이 어떤 수업을 의미하는지 미리 이해한다면 도움이 될 것임.

■ 교과목활용

이미지를 해독하고 이해하는 기술을 체득하고 경험하는 과정에서 비판적 사고력을 기를 수 있고, 동료들과 협업하여 문제를 해결하는 동안 협동심과 타인을 이해하는 기술이 향상될 것임. 특히 윤리적인 관점에서 이미지를 창출하고 창의적인 발상으로 전개하므로 미래 사회인의 역량과 소양을 갖추게 될 것임.

■ **강의계획**

1주차	오리엔테이션	
	첫째 시간	수업 안내 및 설문
	둘째 시간	설문결과 공유 및 아이스브레이킹
	셋째 시간	
	넷째 시간	
2주차	See와 Look의 차이	
	첫째 시간	이미지는 왜 분석해야 하는가- Brain Mapping
	둘째 시간	이미지를 활용한 커뮤니케이션
	셋째 시간	
	넷째 시간	
3주차	보는 뇌는 따로 있다	
	첫째 시간	뇌의 메카니즘 - Synetics
	둘째 시간	도상학의 이해
	셋째 시간	
	넷째 시간	
4주차	원시시대부터 이미지는 메시지를 담고 있었다.	
	첫째 시간	전통적인 이미지연출 분석방법 -Story boarding
	둘째 시간	시각 이미지와 코드
	셋째 시간	
	넷째 시간	
5주차	액션러닝 1차- 사진은 진실만을 담는가?(I)	
	첫째 시간	액션러닝 소개, 모둠 구성, 모둠 규칙 만들기, 평가기준 정하기, 과제 안내 등
	둘째 시간	과제로 받은 이미지와 수집된 정보를 토대로 핵심 메시지 도출하기, 핵심주제에 따른 새로운 이미지 구상하기
	셋째 시간	
	넷째 시간	

<table>
<tr><td rowspan="5">11주차</td><td colspan="2">액션러닝 2차- 풍자의 시대(1)</td></tr>
<tr><td>첫째 시간</td><td>수업 안내 및 팀빌딩: 모둠구성하기, 모둠 규칙 정하기, 평가기준 정하기</td></tr>
<tr><td>둘째 시간</td><td>과제 선정: 수업 안내에 따라 모둠별로 LMS에 탑재된 이미지 중 하나를 선정</td></tr>
<tr><td>셋째 시간</td><td></td></tr>
<tr><td>넷째 시간</td><td></td></tr>
<tr><td rowspan="5">12주차</td><td colspan="2">액션러닝 2차- 풍자의 시대(2)</td></tr>
<tr><td>첫째 시간</td><td>과제명료화: 풍자를 이해하기 위한 다양한 탐구 진행</td></tr>
<tr><td>둘째 시간</td><td>과제분석: 탐구결과에 따라 모둠이 선택한 이미지 해석하기와 풍자요소 찾기 등</td></tr>
<tr><td>셋째 시간</td><td></td></tr>
<tr><td>넷째 시간</td><td></td></tr>
<tr><td rowspan="5">13주차</td><td colspan="2">액션러닝 2차- 풍자의 시대(3)</td></tr>
<tr><td>첫째 시간</td><td>과제해결1: 풍자요소에 따른 이미지 풍자 시도</td></tr>
<tr><td>둘째 시간</td><td>과제해결2: 이미지 풍자완성하기</td></tr>
<tr><td>셋째 시간</td><td></td></tr>
<tr><td>넷째 시간</td><td></td></tr>
<tr><td rowspan="5">14주차</td><td colspan="2">액션러닝 2차- 풍자의 시대(4)</td></tr>
<tr><td>첫째 시간</td><td>과제발표 및 평가: 풍자된 이미지 전시 및 해석과 평가</td></tr>
<tr><td>둘째 시간</td><td>성찰 및 전체평가: 풍자의 이해와 쓰임새, 해석방법에 대한 공유 및 수업방법 전체평가</td></tr>
<tr><td>셋째 시간</td><td></td></tr>
<tr><td>넷째 시간</td><td></td></tr>
<tr><td rowspan="5">15주차</td><td colspan="2">그 시대를 알려면 그림을 봐라</td></tr>
<tr><td>첫째 시간</td><td>보는 미술에서 읽는 미술로- Worksheet</td></tr>
<tr><td>둘째 시간</td><td>아는 만큼 보이는가, 보는 만큼 알게 되는가?</td></tr>
<tr><td>셋째 시간</td><td></td></tr>
<tr><td>넷째 시간</td><td></td></tr>
</table>

[그림 17] 계명대학교 P교수의 액션러닝 강의계획서 사례

앞의 사례는 한 학기에 액션러닝을 두 번 적용한 것으로 실제 일어날 수 있는 교과와 관련된 문제를 1차 액션러닝 수업으로 다루고 해결 방안을 도출한 다음, 2차 액션러닝 수업에서는 해결 방안에 대한 반응을 가지고 다시 풍자라는 개념을 다룬다. 즉, 액션러닝으로 수업을 구상했을 때 학생들에게 주어지는 문제는 반드시 교과 내용과 관련된 것이어야 한다는 것이다. 본 교과내용이 사회에서는 어떻게 쓰이고 있으며 어떤 분야에 응용이 가능하며, 이를 통해 습득된 지식들은 어떻게 활용될 수 있는가를 경험할 수 있게 하는 것이 액션러닝이라고 보면 된다. 따라서 자신의 교과와 무관하지만, 학생들이 움직이는 활동을 하는 것이 액션러닝이라고 이해하는 경우가 종종 있는데 이는 엄밀히 말해 액션러닝이라고 보기 어렵다. 또한 과제로 주어진 문제를 해결하는 방안이 도출되면 액션러닝 수업이 종료되는 경우도 있는데 초기 모델에서는 교과 관련 문제를 다루었다는 점에서 액션러닝 수업으로 인정되었었다. 그러나 점차 해결안이 도출되면 그 해결안을 실제 적용해보고 결과에 대해 다시 토론하고 확장하는 것까지 유도되고 있으므로 이를 고려할 필요가 있다.

앞의 사례는 활동 기간이 2주를 활용하므로 비교적 간단한 액션러닝 수업이라 할 수 있다. 과제에 따라 한 달이 소요되는 경우도 있고, 한 학기가 모두 활용되는 경우도 있으며, 반대로 1주용으로 기획할 수도 있다. 이는 본인의 교과에서 심도 있게 다루어야 할 주제에 적용할 것인지, 간단한 주제에 적용할 것인지에 따라 결정하면 될 것이다.

이렇게 주차별 강의계획서가 완성되면 이제 액션러닝이 해당되는 수업의 총안과 일일 강의계획서가 필요하다. 일일 강의계획서는 하루 수업을 어떻게 운영할 것인가에 대한 계획이 담긴다. 액션러닝이 적용되는 수업의 총안과 일일 강의계획서를 작성하다보면 생각이 정리되기 때문에 불필요한 수업 내용이나 활동을 줄일 수 있고 수업이 맥락화되어 체계적으로 진행하는 것이 용이해진다. 특히 수업 준비물, 학생 유의사항, 진행 방법, 평가 방법 등을 정리할 수 있고, 한 눈에 볼 수 있어서 수업 전체를 조망해볼 수 있다. 일일 강의계획서는 적용하고자 하는 수업 방법에 따라 항목 구성이 달라질 수 있어서 교과에 맞게 변형이 가능하다. 때문에 PBL, Flipped learning, 액션러닝의 강의계획서는 강의계획서만으로도 구분이 가능한 것이다. 일일계획안 샘플은 다음 <표 12>와 같다.

<table>
<tr><td>과목명</td><td colspan="2"></td><td>주차</td><td></td></tr>
<tr><td>차시</td><td>주제</td><td colspan="3"></td></tr>
<tr><td>수업 방법</td><td>개별, 모둠 활동을 명시</td><td>장소</td><td colspan="2">강의실 이동 시 기입</td></tr>
<tr><td>학습목표</td><td colspan="4"></td></tr>
<tr><td>학습자료, 도구</td><td colspan="4">수업에서 활용될 재료와 수업 자료로, 포스트잇, 펜, 투명테잎 등의 소모품과 그날 활용될 핸드아웃이나 PPT를 명기한다.</td></tr>
<tr><td></td><td>교수 활동</td><td>학생 활동</td><td>소요시간</td><td>비고</td></tr>
<tr><td>도입</td><td>• 그날 주제를 안내하고 진행 방법과 핵심을 전달
• (이때 아이스 브레이킹을 적용하려면 해당 내용 기입)</td><td>도입 단계에서 학생들은 무엇을 할지 예상하여 기입.</td><td>5 - 10</td><td>출석</td></tr>
<tr><td>전개
(과제선정 및 해결)</td><td>• 해당 일의 수업내용을 흐름별로 정리하여 기입한다.</td><td>수업 방법과 수준별로 진행될 내용을 명시</td><td>60</td><td>(평가 방법 모색)</td></tr>
<tr><td>정리</td><td>• 수업 내용 정리 및 다음 수업 안내 내용 기입
• 과제가 있을 경우 과제명시</td><td></td><td>10</td><td>(과제 기한 안내)</td></tr>
</table>

<표 12> 액션러닝 일일 수업계획안

앞에 제시하였던 '시각과 이미지의 이해' 강의계획서에서 1차 액션러닝을 적용한 5주와 6주차 수업을 총안과 일일 수업계획안으로 작성하면 다음 <표 13>과 같이, 총안 한 개와 일일 계획안 네 개가 도출된다.

<table>
<tr><td>수업주제</td><td colspan="3">사진은 진실만을 담는가?</td><td>해당주차</td><td>5주, 6주</td><td>차시</td><td>총 4차시</td></tr>
<tr><td>수업모형</td><td colspan="3">액션러닝</td><td>선수학습정도</td><td colspan="3">스마트기기 활용가능</td></tr>
<tr><td rowspan="6">차시내용</td><td>과제</td><td colspan="2">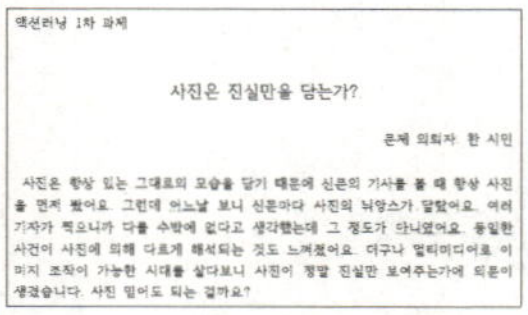
액션러닝 1차 과제

사진은 진실만을 담는가?

문제 의뢰자: 한 시민

사진은 항상 있는 그대로의 모습을 담기 때문에 신문의 기사를 볼 때 항상 사진을 먼저 봤어요. 그런데 어느날 보니 신문마다 사진의 뉘앙스가 달랐어요. 여러 기자가 찍으니까 다를 수밖에 없다고 생각했는데 그 정도가 아니였어요. 동일한 사건이 사진에 의해 다르게 해석되는 것도 느껴졌어요. 더구나 멀티미디어로 이미지 조작이 가능한 시대를 살다보니 사진이 정말 진실만 보여주는가에 의문이 생겼습니다. 사진 믿어도 되는 걸까요?</td><td>학습자료</td><td>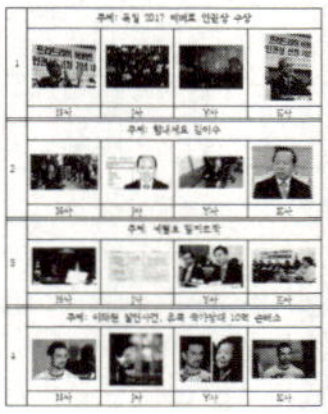</td><td colspan="2">모둠별로 배포할 기사주제와 사진자료, 차시별 활동지</td></tr>
<tr><td colspan="2">구분</td><td colspan="3">활동내용</td><td>활동유형</td><td>장소</td></tr>
<tr><td rowspan="2">5주</td><td>1차시</td><td colspan="3">액션러닝소개, 모둠형성, 과제소개 및 관련 자료 받기</td><td>전체, 모둠</td><td>멀티미디어실</td></tr>
<tr><td>2차시</td><td colspan="3">핵심주제도출(과제 명료화) 및 해결안(이미지) 구상</td><td>모둠</td><td>멀티미디어실</td></tr>
<tr><td rowspan="2">6주</td><td>3차시</td><td colspan="3">이미지제작 및 발표준비</td><td>모둠</td><td>B301</td></tr>
<tr><td>4차시</td><td colspan="3">발표와 평가</td><td>전체</td><td>B301</td></tr>
<tr><td>학습목표</td><td colspan="7">사진이 만연한 시대에 사진을 통한 올바른 정보 입수라는 사회문제를 해결하기 위해, 사진 분석의 필요성과 해석방법을 알아내고, 각 모둠별 해결 방안을 도출하고자 '사실 보도 이미지'를 경험해 본다.</td></tr>
<tr><td>중점 역량</td><td>비판적 사고력</td><td>평가 방법</td><td colspan="5">• 발표물에 대한 동료평가, 교수평가 및 활동지 평가
• 전체 100점 중 본 수업 총 10점 배당</td></tr>
<tr><td>수업 주안점</td><td colspan="7">• 각각의 사진이 지향하는 가치관을 파악할 수 있도록 하여, 의도와 결과의 일치, 표면과 내면의 차이를 이해하게 한다. 당연하게 받아들일 수 있는 것들에 대해 숙고하고, 평소 성찰하는 습관을 키울 수 있도록 한다.
• 가치관의 차이로 인해 발생하는 복잡한 갈등양상을 정확하게 파악할 수 있도록 지도한다.</td></tr>
<tr><td>준비물</td><td colspan="7">강의 PPT, 포스트잇, 매 차시에 활용될 활동지, 발표용 종이, 투명테잎, 평가지</td></tr>
</table>

<표 13> 액션러닝 총안과 일일 계획안 사례 - 총안

<table>
<tr><td>과목명</td><td colspan="2">시각과 이미지의 이해</td><td>주차</td><td colspan="2">5주차</td></tr>
<tr><td>차시</td><td>1차시</td><td>주제</td><td colspan="3">사진은 진실만을 담는가?</td></tr>
<tr><td>수업 방법</td><td colspan="2">강의와 모둠 활동</td><td>장소</td><td colspan="2">멀티미디어실</td></tr>
<tr><td>일일
학습목표</td><td colspan="5">• 액션러닝이 무엇인지 이해한다.
• 의견 조율하는 방법을 익힌다.
• 평가 방법을 이해하고 평가문항을 구상한다.</td></tr>
<tr><td>학습자료,
도구</td><td colspan="5">• 세 장에서 네 장 사이의 동일 사건 다른 모습의 사진을 한 세트로 모둠 수 만큼 준비, 액션러닝 개요가 담긴 PPT, 빈 종이</td></tr>
<tr><td></td><td colspan="2">교수 활동</td><td>학생 활동</td><td>소요시간</td><td>비고</td></tr>
<tr><td>도입</td><td colspan="2">• 전자출결 확인
• 수업주제와 목표 안내
• 수업 진행순서 안내</td><td>• 전자출결 확인</td><td>5</td><td>출석</td></tr>
<tr><td rowspan="3">전개
(과제해결안
도출)</td><td colspan="2">• 액션러닝에 대해 간략하게 설명하고, 이 방법으로 본 수업을 시도하는 이유와 반드시 학습되어야할 내용에 대해 안내한다.</td><td>• PPT 시청
• 액션러닝 학습 방법 이해하기</td><td>15</td><td></td></tr>
<tr><td colspan="2">• LMS를 통해 모둠 구성
• 모둠별로 자리 이동을 하고 모둠 이름, 활동 규칙 등을 정하고 빈 종이에 정리하여 제출 요구한다.</td><td>• 자리이동
• 모둠원과 인사하기
• 모둠명, 규칙, 연락처, 대표 선정하기
• 정리한 자료는 촬영하여 공유하고 제출</td><td>25</td><td></td></tr>
<tr><td colspan="2">• 모둠 발표 시 평가할 기준에 대해 학생들과 합의한다.
• 과제를 제시하고 모둠별로 사진 자료를 나눠준다.</td><td>• 교수가 제시한 평가문항에서 추가하거나 제외할 것들을 논의한다.
• 모둠대표가 사진 받기</td><td>20</td><td>평가
문항
준비</td></tr>
<tr><td>정리</td><td colspan="2">• 과제 다시 한번 안내
• 다음 시간 토론 안내, 관련 자료들을 탐색해보도록 유도
• 주제관련 질문받기</td><td>• 진행 방법이나 과제에 대해 질문하기</td><td>10</td><td>(과제
기한
안내)</td></tr>
</table>

<표 13> 액션러닝 총안과 일일 계획안 사례 - 일일 계획안 1차시

<table>
<tr><td>과목명</td><td colspan="2">시각과 이미지의 이해</td><td>주차</td><td colspan="2">5주차</td></tr>
<tr><td>차시</td><td>2차시</td><td>주제</td><td colspan="3">사진은 진실만을 담는가?</td></tr>
<tr><td>수업 방법</td><td colspan="2">• 모둠 활동</td><td>장소</td><td colspan="2">멀티미디어실</td></tr>
<tr><td>일일
학습목표</td><td colspan="5">• 동일한 사건에 다른 사진들이 보도되는 원인을 찾을 수 있다.
• 여러 사진들을 통해 한 사건을 재조명할 수 있다.
• 정리된 사건에 맞는 이미지를 구상할 수 있다.</td></tr>
<tr><td>학습자료,
도구</td><td colspan="5">• 포스트잇, 배포된 모둠별 사진 자료, 토론 활동지(A3 크기), 투명테잎, 검정 네임 펜</td></tr>
<tr><td></td><td colspan="2">교수 활동</td><td>학생 활동</td><td>소요시간</td><td>비고</td></tr>
<tr><td>도입</td><td colspan="2">• 전자출결확인
• 지난 수업 요약
• 수업목표와 진행 방법 안내
• 질문받기</td><td>• 과제 진행 시 궁금했던 사항이나 활동관련 질문하기</td><td>5</td><td>출석</td></tr>
<tr><td>전개
(과제해결안 도출)</td><td colspan="2">• 모둠별로 조사된 자료를 가지고 핵심 주제(과제 명료화) 도출하는 모둠 활동 실시
• 모둠 사이로 다니면서 질문받기
• 활동이 저조한 모둠 독려하기
• 시간체크로 논의, 활동지 기록, 발표, 피드백, 재정리를 적절하게 안내</td><td>• 사진주제와 관련된 기사나 자료를 모아 놓고 각자 핵심주제(과제 명료화)라 판단되는 주제를 포스트잇에 적어서 모둠 화면에 붙이고 논의를 거쳐 핵심주제를 도출
• 핵심주제에 따른 이미지 연출방법논의
• 활동지에 기록
• 화면에 게시
• 다른 모둠 피드백하기
• 피드백 과정에서 생각이 바뀔 수 있고 피드백을 통해 검토 보완할 수 있으므로 재논의 후 최종 결과 정리 및 제출</td><td>60</td><td>자료
배포</td></tr>
<tr><td>정리</td><td colspan="2">• 모둠별 이미지 제작에 필요한 자료 준비 논의
• 활동정리 및 차시안내</td><td>• 모둠원끼리 자료 분담과 역할분담 조절</td><td>10</td><td></td></tr>
</table>

<표 13> 액션러닝 총안과 일일 계획안 사례 - 일일 계획안 2차시

<table>
<tr><td>과목명</td><td colspan="2">시각과 이미지의 이해</td><td>주차</td><td colspan="2">6주차</td></tr>
<tr><td>차시</td><td>3차시</td><td>주제</td><td colspan="3">사진은 진실만을 담는가?</td></tr>
<tr><td>수업 방법</td><td colspan="2">• 전체 활동 및 모둠 활동</td><td>장소</td><td colspan="2">B301호</td></tr>
<tr><td>일일 학습목표</td><td colspan="5">• 사고의 차이를 이해하고 타인의 입장에서 전달하고자 하는 메시지를 이해할 수 있도록 이미지를 연출할 수 있다.</td></tr>
<tr><td>학습자료, 도구</td><td colspan="5">• 모둠별 계획에 따른 자료 및 준비물, 발표안내 PPT</td></tr>
<tr><td></td><td colspan="2">교수 활동</td><td>학생 활동</td><td>소요시간</td><td>비고</td></tr>
<tr><td>도입</td><td colspan="2">• 전자출결확인
• 지난 수업 요약 및 활동지 공동 피드백
• 수업목표와 진행 방법 안내
• 질문받기</td><td>• 과제 진행 시 궁금했던 사항이나 활동 관련 질문하기</td><td>5</td><td>출석</td></tr>
<tr><td rowspan="2">전개
(과제해결안 도출)</td><td colspan="2">• 발표자료 제작 방법 안내
• 발표결과 샘플 보여주기
• 발표 배점 안내</td><td>• 발표 자료에 담아야하는 내용이 무엇인지 기록</td><td>15</td><td>PPT</td></tr>
<tr><td colspan="2">• 모둠 활동이 진행되는 동안 모둠마다 들려서 제출된 활동지의 잔여 피드백과 진행상황 질문받기
• 참여가 저조한 학생 독려하기</td><td>• 준비된 자료로 상황연출 후 촬영
• LMS와 카톡을 활용하여 모둠원간 자료 공유 및 교환, 정리
• 수업시간에 완성하는 것을 원칙으로 발표자료 제작
• 발표진행은 모둠별 아이디어를 담아 다양한 방법을 사용한다.</td><td>35</td><td></td></tr>
<tr><td>정리</td><td colspan="2">• 수업활동 정리 및 다음 시간 수업 안내
• 발표자료 제작 독려</td><td>• 다음 수업 때까지 발표물 완성하기</td><td>10</td><td></td></tr>
</table>

<표 13> 액션러닝 총안과 일일 계획안 사례 - 일일 계획안 3차시

<table>
<tr><td>과목명</td><td colspan="3">시각과 이미지의 이해</td><td>주차</td><td colspan="3">6주차</td></tr>
<tr><td>차시</td><td>4차시</td><td>주제</td><td colspan="5">사진은 진실만을 담는가?</td></tr>
<tr><td>수업 방법</td><td colspan="2">• 전체활동</td><td colspan="2">장소</td><td colspan="3">B301호</td></tr>
<tr><td>일일
학습목표</td><td colspan="7">• 자신들의 결과물을 효과적으로 전달할 수 있다.
• 평가를 통해 활동의 핵심과 절차를 이해할 수 있다.
• 동료의 발표를 통해 여러 주제를 간접 경험할 수 있다.</td></tr>
<tr><td>학습자료,
도구</td><td colspan="7">• 모둠별 발표자료, 평가지</td></tr>
<tr><td></td><td colspan="2">교수 활동</td><td colspan="3">학생 활동</td><td>소요시간</td><td>비고</td></tr>
<tr><td>도입</td><td colspan="2">• 전자출결확인
• 액션러닝활동과 사진을 통한 이미지 해석방법과 메카니즘 안내</td><td colspan="3"></td><td>10</td><td>출석</td></tr>
<tr><td rowspan="2">전개
(과제해결안 도출)</td><td colspan="2">• 활동평가지 배포 후 평가 방법 안내
• 모둠별 발표순서 정하기
• 발표진행
• 학생발표동안 학생들과 같이 평가지 작성</td><td colspan="3">• 다른 모둠이 발표하는 동안 채점하기
• 자신의 모둠이 발표할 순서가 되면 발표하기</td><td rowspan="2">60</td><td rowspan="2"></td></tr>
<tr><td colspan="2">• LMS에 이미지 탑재하는 법 안내
• 탑재된 이미지에 11월 중순까지 답글 달기
• 다른 동료들에게도 보여주고 댓글 달게 권유
• 액션러닝 2차 수업에서 댓글 결과 공유함을 안내</td><td colspan="3">• LMS에 이미지 탑재하기</td></tr>
<tr><td>정리</td><td colspan="2">• 수업 내용 정리 및 다음 수업 안내</td><td colspan="3">• 11월 중순까지 본 교과를 수강하지 않는 학생들도 이미지를 볼 수 있게 하고 피드백 수집하기</td><td>5</td><td></td></tr>
</table>

<표 13> 액션러닝 총안과 일일 계획안 사례 - 일일 계획안 4차시

앞의 <표 13>의 일일 수업계획안은 총 네 장이다. 이는 액션러닝을 2주에 걸쳐 진행하기 때문에 한 주에 2일씩 총 4일의 수업이 진행되기 때문이다. 그래서 표 위에 5주와 6주가 명시되고 총 4일에 한 가지 주제를 다루므로 차시를 적용해서 1차시부터 4차시까지로 명시했다. 차시는 횟수와는 차별된 개념이다. 강의계획서에 명시하는 '주차'는 매주를 의미하여 한 주를 한 주차로 표기한다. '회'는 한 주제마다 1회씩을 부여하여 몇 회의 수업이 진행되는가를 나타내는 것으로 주차와는 또 다른 개념이다. 만약 앞에서 제시한 '시각과 이미지의 이해' 교과처럼 액티브러닝을 5주차와 6주차의 2주에 걸쳐 진행하면 액티브러닝은 두 주를 합쳐 그냥 '5회'째의 수업이 된다. 그리고 7주차에 명시된 내용이 6회째 수업이 된다. '차시'는 한 주제를 몇 번에 나누어 진행하느냐를 의미한다. 한 주제를 세 번에 걸쳐 진행하게 되면 3차시용 수업이 되고, 두 번에 걸쳐 진행하면 2차시용 수업이 된다. 따라서 예시로 제시한 '시각과 이미지의 이해' 교과에서 1차 적용하는 액티브러닝은 '5주차와 6주차에 편재된 5회째 수업으로 총 4차시로 구성되어 있다'고 설명할 수 있다.

일일 수업계획에는 액션러닝에서 부과되는 과제가 무엇인지는 명시되지 않는데, 액션러닝에서 과제는 숙제의 의미가 아니라 해당 교과와 관련하여 회사나 사회에서 일어날 수 있는 문제, 혹은 일어난 문제를 해결하도록 유도하는 매개 장치로 수업계획서와 함께 준비되어야 한다. 과제는 PPT로 안내되어도 되고 모둠별로 배포되어도 무관하다. 중요한 것은 수업 전에 이러한 자료들을 미리 제작해두어야 한다는 것이다.

2. Action Learning 수업 운영

① 도입 단계

액션 러닝 일일 수업계획이 완성되었으면 이제 액션러닝으로 수업을 진행해보자. 수업에서 도입은 해당 수업에서 반드시 알아야 되는 핵심주제와 진행순서 및 방법 등에 대해 안내하는 시간이다. 대략 5분에서 10분 정도를 할애하여 해당 수업에 대한 정보를 제공한다. 액션러닝을 학기 초반에 진행한다면 아이스 브레이킹을 활용하는 것도 좋다. 그러나 액션러닝을 학기 중반이나 후반부에 적용한다면 반드시 아이스 브레이킹을 시도할 필요는 없다. 이미 교수와 학생 간에 친밀감이 어느 정도 조성되었을 수 있고, 학생들도 서로 상호작용이 가능하기 때문이다. 물론 수업분위기 반전을 위해서 필요하다고 판단되었을 때는 학습주제와 맞게 준비하여 시도하는 것이 좋을 것이다. 아래 <표 14>의 사진은 도입단계에서 활용된 아이스 브레이킹 사례다.

이미지를 활용한 커뮤니케이션 단원에서 자신이 제일 잘하는 것, 꿈, 취미 등으로 꾸며 지금의 자신과 매칭하고 동료가 촬영하는 활동	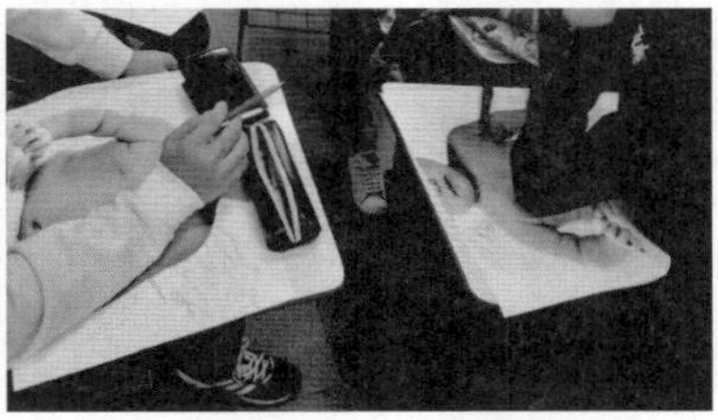

	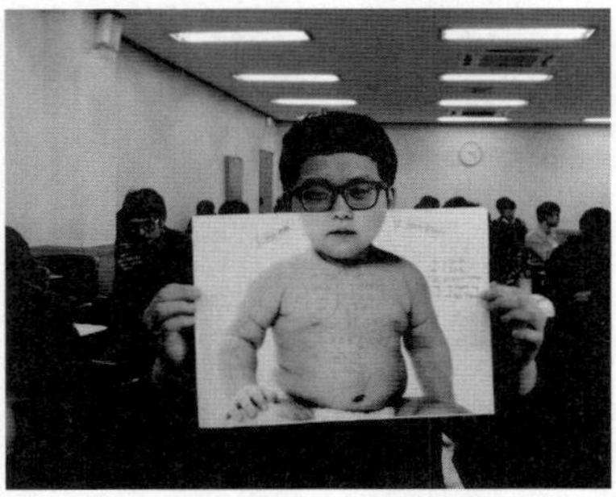

<표 14> Ice breaking 사례

도입단계는 수업 초반도 의미하지만 액션러닝 시작하는 1차시 첫 수업을 의미하기도 하기 때문에 이 단계에서 중요한 것은 왜 액션러닝 수업을 하는지, 액션러닝이 무엇인지, 어떤 효과가 있는지를 학생들과 충분히 합의해야 한다는 것이다. 각 교과에서 액션러닝 수업으로 성취할 수 있는 학업목표를 분명히 제시하는 것도 이 단계에서 할 일이다. 이 과정을 통해 학생들은 향후 수업 방법이나 내용에 대해 본인이 해야할 것과 달성해야할 것 등에 대한 정보를 얻고, 어떻게 수업에 임해야 하는지도 알 수 있다.

액션러닝은 모둠 활동이 장려되다보니 학생들이 모둠 활동에서 자신이 불이익을 당할까봐 염려하는 경우도 종종 나타난다. 이럴 때 활용할 수 있는 것이 다음 <표 15>와 같은 모둠원 역할 분담표이다.

모둠 이름		날짜	
역할명	책임자	주요 역할	
리더	(이름: 서명)	모둠원들의 의견을 받아 회의장소와 시간을 정하고 회의를 진행 및 관리하며, 최종 발표 책임을 갖는다.	
자료수집		자료 정리를 잘 할 수 있는 학생이 전담한다. 프로젝트에 맞는 자료를 수집하고 정리할 수 있도록 각자에게 자료 수집을 배분하고 관리한다.	
기록		논의 시 도출되는 안건을 기록하는 역할을 하며, 모둠원 개인별 의견을 고루 받아 기록하거나 활동지 작성을 돌아가며 할 수 있게 배정 한다.	
보고서 작성		모둠원 중 글 정리를 잘 하는 학생이 담당한다. 자료 수집 후 개인별 요약 정리를 관리하여 모두 수합하고 최종 정리의 역할을 가진다.	
발표		발표 방법이 결정되면 모둠원 중 가장 적합한 사람이 역할을 맡고, 발표시 필요한 PPT제작이나 그 외의 자료 제작에 필요한 역할을 모둠원에게 할당하고 관리하며 최종 정리하여 모둠이 발표할 수 있게 한다.	

<표 15> 모둠원 역할 결정하기

역할명은 모둠원의 수나 의견에 따라 결정하며 그에 따른 역할도 합의하여 결정한 후 이를 명시한다. 모둠원들은 각자 맡은 역할에 이름을 쓰고 서명하여 합의를 나타낼 수 있게 한다. <표 15>는 협력학습을 기초로 구성한 내용이다. 각 단계의 활동이 진행되는 동안 모둠원 모두 책임자가 되어 볼 수 있게 주요 역할을 명시하였는데, 이는 학생들에게 일임하여 학생들이 스스로 의논하여 결정할 수 있도록 하면 된다.

그 다음으로 고려해야 할 것이 모둠 운영 규칙이다. 이 또한 운영규칙 표를 다음 <표 16>처럼 만들어서 모둠원 간에 공유하도록 하면 편리하다. 규칙 내용은 모둠원 간에 의논하여 결정하도록 한다. 규칙을 만들 당시에는 생각하지 못했던 일이 활동하는 중 발생할 수 있고, 이러한 활동에 대해 사전 경험이 없는 경우에는 규칙 제정이 잘 안되거나 적절하지 않을 수 있으므로, 전체 학생들이 공유할 수 있게 하여 규칙을 통해 수정하거나 반영하게 하는 것도 필요하다. 이때 교수는 퍼실리테이터로서 학생들 전체가 미처 생각하지 못한 부분이 있을 경우 넌지시 방향 제시를 해주도록 한다.

모둠 운영 규칙			
모둠 이름		제정 일	
진행자		기록자	
규정 내용	① ② ③ ④ ⑤ ⑥ ⑦ ⑧		
구성원 서명	(이름, 서명) (이름, 서명) (이름, 서명)		

<표 16> 모둠 운영 규칙

② 전개 단계

수업에서 '전개'는 전체 수업 4차시 중 2차시부터 3차시까지를 의미하기도 하지만 일일 수업에서는 수업 시작 후부터 마무리 전까지의 단계를 의미한다. 즉, 위에서 예로 든 총안에서 5주 2차시와 6주 3차시가 해당된다는 뜻이다. 따라서 예시에 명시된 바와 같이 2차시는 '과제 명료화'가 해당되고 3차시에서는 '과제 해결안 도출'이 해당된다. 이를 통틀어 '과제 선정 및 해결단계'라고 칭해도 무방하다. 물론 '과제 선정 및 해결단계' 기간은 과제의 난이도나 학생수준에 따라 수업분량을 정하면 되기 때문에 반드시 2차시부터 3차시까지가 정석은 아니다.

전개 단계에서 주어지는 문제는 아래와 같다. 교과목과 관련되어 실제로 일어나는 상황들을 준비한다는 것이 중요하고, 이를 통해 학생들이 다양하게 해결과제를 만들어 내는 것이 포인트라 할 수 있다.

<액션러닝 1차 과제>

사진은 진실만을 담는가?

문제 의뢰자: 익명의 시민

사진은 항상 있는 그대로의 모습을 담기 때문에 신문의 기사를 볼 때 항상 사진을 먼저 봤어요. 그런데 어느날 보니 신문마다 사진의 뉘앙스가 달랐어요. 여러 기자가 찍으니까 다를 수밖에 없다고 생각했는데 그 정도가 아니였어요. 각 신문사가 가지고 있는 철학에 의해 동일한 사건을 다르게 해석하는데 사진이 너무나 유용하게 사용되는 것을 발견할 수 있었습니다. 더구나 멀티미디어로 이미지 조작이 가능한 시대를 살다보니 사진이 정말 진실만 보여주는가에 의문이 생겼습니다. 요즘처럼 이미지가 만연한 시대에 살면서 굳이 글까지 읽어보지 않더라도 사진만 보고 판단하는 것이 문제가 될 수는 없다고 보았는데 큰 착각인 것 같다는 생각마저 듭니다. 사진을 올바르게 이해하는 방법이 따로 있나요?

다음 <표 17>은 과제와 함께 각 모둠에게 주어질 사진 자료다. 예상 모둠 구성 수 만큼 준비하였다가 활용한다.

1	주제: 독일 2017 에버트 인권상 수상			

	N사	J사	Y사	K사
2	주제: 힘내세요 김이수			

	N사	J사	Y사	K사
3	주제: 세월호 일지조작			

	N사	J사	Y사	K사
4	주제: 이태원 살인사건, 유족 국가상대 10억 손배소			

	N사	J사	Y사	K사

<표 17> 모둠 활동 시 과제와 함께 배포될 사진 자료 예

액션러닝은 과제 수행 과정에서 학습이 이루어지도록 하는 것이 핵심이다. 따라서 과제는 학습을 위한 의미 있는 기회를 제공할 수 있도록 해당 교과와 밀접한 내용이면서 현실에서 일어날 수 있을 법한 상황을 담고 있어야 한다. Marquardt(2004)[116]는 액션러닝 과제 기준으로서 중요성, 긴급성, 적합성, 친숙성, 유의미성, 학습기회, 학습 팀의 실행력, 해결안의 부재 등 여덟 가지를 들었다. 이중 학교에서 실천하기 적절한 과제 기준은 다음 [그림 18]의 다섯 가지다.[117]

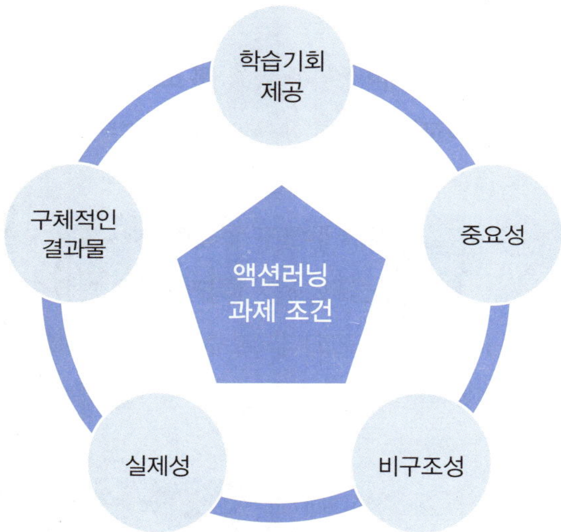

[그림 18] 액션러닝 과제 조건

과제를 선정하였으면 학습자는 해결 방안을 논의하게 된다. 학습자는 브레인스토밍과 같은 모둠원들과의 토의를 통해 여러 가지 해결 방안에 대해 논의하게 되는데, 이때 누구의 의견도 무시되어서는 안 되며, 해결 방안이 제시되었을 때 실제 현장에서 적용이 가능한 것인지 판단해야 한다. 봉현철(2007)[118]은 이러한 과제 해결 과정에서 교수가 문제 해결을 위한 프로세스 교육을 실시하고 적절한 도구를 지원해 주는 것도 바람직하다고 하였다. 또한 학습자가 다양한 수준의 질문을 통해 과제와 팀 활동 등 폭 넓은 사고와 성찰의 기회를 가질 수 있도록 학습자의 질문을 촉진해야 한다고 하였다.

학생들이 모둠 활동을 통해 과제와 해결 방안이 도출되면 이것이 액션러닝 과제의 기준에 맞는지, 학습자가 주어진 기간 안에 충분이 이해하고 도전할 만한 수준인지 타당성을 검증할 필요가 있다. 이를 위해 장경원과 고수일(2015)[119]은 다음 <표 18>과 같이 과제 체크리스트를 안내하였다.

기준	내용	응답	
		예	아니요
중요성	과제는 학습자와 관련자에게 의미 있고 중요한가?		
비구조성	과제해결을 위해 다양한 접근이 가능한가?		
	과제의 해결안이 다양하게 제시될 수 있는가?		
실제성	실제 과제인가?		
구체적인 결과물	과제해결 여부를 확인할 수 있는 구체적인 결과나 결과물을 제시할 수 있는가?		
학습기회 제공	과제의 내용이 학습목표에 부합하는가?		
	학습자의 경험과 지식으로부터 출발할 수 있는 내용인가?		
	학습자들의 수준과 수행 기간을 고려할 때 적절한 난이도인가?		

<표 18> 과제진단 체크리스트

예시로 제시된 과제 해결 방안으로, 사진을 이해할 수 있는 교육방법을 모색한다든가, 사진작가와 대중의 만남을 기획한다든가 하는 것보다는, 교과 특성상 실제 이미지를 제작해봄으로 이미지가 담고 있는 이면을 이해하게 하는 것에 중점을 둔 해결 방안들이 나왔고 이를 위해 각 모둠이 직접 실습해보는 것이 공통적으로 논의되었다. 하지만 모둠별로 이러한 해결 방안에 도달하는 방법에는 차이가 있었다. 따

라서 모둠마다 어떠한 방법으로 해결안을 도출하게 되었는지 서로 공유하도록 발표 시간을 갖는 것이 필요하다. 이는 어떤 과제가 제시되었을 때, 그 과제 안에서 문제라고 여겨지는 부분을 도출하는 것과 도출된 문제를 해결하는 것에서 학생들 간의 생각이 다름을 보여주는 것으로 모둠 수 만큼 다양할수록 좋다고 할 수 있다. 이러한 다름을 통해 학생들은 문제해결이 반드시 한 가지 답만 존재한다거나 한 가지 방법으로 도출되는 것이 아니라는 것을 학습할 수 있고, 다르다는 것이 틀린 것이 되는 것이 아님을 경험할 수 있기 때문에 매우 중요한 학습 과정이 될 수 있다.

이 단계에서 활용할 수 있는 활동지는 다음 <표 19>와 같다. <표 19>는 해결책을 도출하기 위해 모둠별로 과제를 명료화하고 논의한 결과를 기록할 수 있는 활동지다. 단순히 이 활동지만 활용하는 것이 아니라 모둠원 간에 다양한 방법으로 논의를 마친 후 정리를 위해 활용하는 활동지이므로 비교적 간단하다.

일시	
모둠명	
모둠원 이름	
과제 명료화	
문제 원인	
해결안	(다양한 아이디어를 도출하여 기록)
해결 방법 결정	

<표 19> 과제 명료화하여 해결책 도출하기

그 다음으로 진행할 수 있는 것이 발표자료 제작이다. 각 모둠별로 문제해결안을 도출하고 직접 경험해 보았다면 이러한 일련의 과정을 발표를 통해 요목화하는 것이다. 학생들은 이 과정에서 성찰을 경험할 수 있다. 자신이 알고 있는 것과 모르는 것이 무엇인지 스스로 판단해 볼 수 있고, 새롭게 습득된 지식과 자신이 알고 있는 지식간의 연결고리를 어떻게 만들어낼 것인지를 숙고할 수 있다. 즉, 자신이 경험하고 알게 된 지식을 타인이 이해할 수 있는 자료로 제작한다는 것은 습득된 개념이나 원리, 논리 등에 대해서 다시 한번 정리하고 요약하는 것이 되며, 자신만의 지식으로 재정립 될 수 있어 매우 중요하다고 할 수 있다. 이때 만들어지는 발표 자료는 다음 <표 20>과 같은 활동지를 참고로 정리할 수 있다.

일시		모둠명	
모둠원			
해결내용	해결책	주제 :	
		언제:	
		어디서:	
		누구와:	
		무엇을:	
		어떻게:	
		왜:	
	교과 연관성		
	수행 과정		
시사점			

<표 20> 실행하기

③ 마무리 단계

수업에서 마무리는 해당 수업을 종료하는 단계가 되고 액션러닝으로 진행되었던 2주 4차시 수업의 끝단계를 나타내기도 한다. 수업 종료 시에는 하루 수업내용을 요약하고 정리해서 전달하는 과정이 있을 수 있고, 그날 다룬 핵심내용에 대해 질문을 받거나, 질문을 하는 것으로 마무리 될 수 있다. 그리고 다음 수업을 안내하여 예습이 일어날 수 있도록 자극하는 경우도 포함된다. 예시로 제시된 액션러닝 마무리 단계는 4차시의 발표와 평가가 다루어진다. 발표 시 학생들은 동료 평가지를 통해 발표내용에 대한 평가와 발표 기술 및 자료 등에 대해 평가한다.

학생들의 평가참여는 동료를 평가하는 것에 의의가 있다기보다는 평가문항을 통해 발표할 때 갖추어야 되는 것이 무엇인지를 간접 학습하는 기회라고 할 수 있다. 학생이 발표에 대해 직접 평가를 한다는 것은 자신들의 발표 평가가 어떤 기준을 통해 점수화 되는지를 알 수 있어 유용하다. 또한 자신이 속한 모둠의 발표가 끝나면 집중도가 낮아지는데, 평가를 하기 위해서 다른 모둠의 발표에 집중하게 되는 계기가 되기도 한다. 학생들의 평가점수를 성적에 반영할 것인가의 문제는 교수와 학생들이 합의하여 결정하도록 한다. 만약 이 부분을 교수 단독으로 결정할 경우, 부당함을 호소하는 학생들이 나올 수 있다. 장경원과 고수일은(2015)[120] 모둠별 프레젠테이션 평가 결과를 교수자가 참조하는 방식으로 진행할 것을 권하고 있다. 발표 평가 기준은 다음 <표 21>과 같이 항목별로 마련해 볼 수 있다.

	내용
지식	관련 지식을 얼마나 통합적으로 습득하고 제시했는지 평가
기술	과제해결 기술, 모둠원들의 학습기술, 자기주도적 학습기술, 의사소통 기술 등이 잘 활용되고 있는지 평가
태도	과제를 접하기 전과 후를 구분하여 자신들의 변화된 내용에 대해 언급하고 있는지 평가

<표 21> 발표 평가 기준

이를 세분화하여 문항으로 제작할 경우 다음 <표 22>와 같이 구성할 수 있다.

평가 내용	평가척도				
	1	2	3	4	5
1. 발표를 통해 문제의 핵심을 정확하게 파악하고 있음을 알 수 있다.					
2. PPT 구성을 통해 활동 진행과정을 알 수 있다.					
3. PPT 내용을 통해 과제를 어떻게 해석했는지 알 수 있다.					
4. 충분한 근거를 활용하여 해결책을 제시하고 있다.					
5. 도출된 결과가 실용하기에 유용해 보인다.					
6. 폭 넓은 참고자료를 활용하고 있다.					
7. 배포된 자료를 통해 학습한 증거들을 확인할 수 있다.					
8. 해결책이 다른 모둠과 다르게 창의적이라는 느낌을 준다.					
9. 자료를 구조화하여 자신들의 지식구성 과정을 보여주고 있다.					
10. 자신들의 해결책에 대해 듣는 사람이 이해하기쉽게 전달하고 있다.					
11. 시사점과 논의점을 명확하게 제시하고 있다.					
12. 모둠원 간의 노력과 친목이 발표 자료에 잘 드러났다.					

<표 22> 발표 평가문항

이외에도 동료가 모둠 활동에서 어떤 기여를 했는가를 알아보는 평가도 진행될 수 있다. 장경원과 고수일은(2015)[121] 다음 <표 23>과 같이 동료평가를 제시했다.

• 분반: 팀 이름: 수업번호: 이 름:
• 발표일: 년 월 일

* 다음 항목별로 각 개인의 활동 내용을 평가하세요.
(매우 우수함 = 5, 우수함 = 4, 보통임 = 3, 부족함 = 2, 매우 부족함 = 1)

내 용	팀원 이름				
1. 문제의 해결안을 성공적으로 개발하는데 공헌하였다.					
2. 팀의 의견이 모아지는데 공헌하였다.					
3. 생각(Ideas)단계에서 좋은 의견을 제시하였다.					
4. 결정적이며 논리적인 능력을 보였다					
5. 과제 수행에 많은 노력을 보였다.					
6. 양질의 정보를 찾아 제공하였다.					
7. 다른 팀원들과 협력하였다.					
8. 리더십을 발휘하였다.					
9. 유용한 피드백으로 다른 팀원들을 격려하였다.					
10. 모임참석 수준(참석 100% = 5, 1번 불참에 1점씩 감점)					
점수 합계					
전반적인 개인별 공헌도(합계 = 100%)					

<표 23> 동료평가

마무리 단계인 4차시에서는 당일 수업내용 정리와 4차시 수업 전체내용 정리 및 다음 회차 수업요약이 있다. 때문에 본 액션러닝 활동 과정을 통해 의도한 바가 무엇인지 정리해줄 필요가 있다. 만약 다시 한번 액션러닝 수업이 이어질 예정이라면

이때 안내해주어야 한다. 전반부 액션러닝에 비해 후반부 액션러닝은 좀 더 액션러닝 수업 방법에 맞추어 난이도를 상향조절할 수 있다. 또한 예시처럼 전반부 내용을 이어 심화과정으로 구성할 수도 있다. 이렇게 1회차와 2회차로 나누어 각각 2주 4차시씩 진행할 경우 중간에 해결책을 실행해볼 시간적 여유를 가지게 되므로 훨씬 편리하고 효과적일 수 있다.

3. Action Learning 수업 평가

액션러닝에서 평가는 과제 평가, 학생들이 실시하는 동료 평가, 스스로 자신의 학습을 성찰하는 저널과 교수자 수업 성찰 등 다양한 방법으로 실시 될 수 있다. 중요한 것은 전체 수업 평가에서 액션러닝으로 활동한 내용은 몇 점으로 할당할 것인지가 학기 초에 반드시 안내되어야 한다는 것이다. 또한, 할당된 배점은 액션러닝 과정에서 실시되는 평가 종류별로 다시 세분화하여 상세히 안내되어야 한다. 즉, 아래 [그림 19]처럼 강의계획서에 평가점수를 배점하였다면, 액션러닝에 해당하는 20점이 어떻게 배점이 되는지를 안내해야 한다는 것이다.

항목	출석	정기시험 (기말시험)	중간시험	과제	액션러닝	매회 수업 결과물		합계
평가점수 (만점)	10	30	20	10	20	20		100
반영비율 (%)								100

[그림 19] 강의계획서 평가점수 배분표

[그림 19]에서 액션러닝으로 할당된 20점은 한 학기동안 실시되는 액션러닝 활동

2회를 모두 포함한 점수다. '1회 10점 + 2회 10점' 등으로 구성하거나 '1회 8점 + 2회 12점' 등 난이도나 내용에 따라 배분해도 된다. 만약 1회만 실시한다면 액션러닝 활동 시 도출되는 각 결과물에 20점을 어떻게 배분했는지를 안내하면 된다. 물론 1회 10점도 어떻게 구성되었는지 알려주어야 한다. 학생들과 합의하여 결정할 예정이라면, 액션러닝 1차시 때 합의가 있어야한다. 예를 들자면 다음 <표 24>와 같다.

	모둠 활동지	동료평가	발표평가	보고서	성찰지
10점	100	50 X 2	100	100	100
비율	1%	2%	3%	2%	2%
채점	교수	교수 + 학생	교수 + 학생	교수	교수

<표 24> 액션러닝 활동 배점

평가 비율이 안내되었다면 그 다음은 평가 기준이다. 모든 평가의 평가 기준을 안내해줄 필요는 없지만, 최소한 객관적인지, 주관적인지, 형평성을 논할 수 있는 평가에는 다음 <표 25>처럼 평가 기준을 안내하도록 한다.

	점수	내용
체계	5	구분이 세밀하고 기승전결이 완벽하며 체계가 뚜렷함
	4	구분이 엉성하지만 기승전결이 완벽하고 체계가 뚜렷함
	3	기승전결은 완벽하나 체계가 약함
	2	체계는 있으나 완성도가 낮음
	1	가장 기본적인 틀만 유지함

아이디어	10	주제를 분석하면서 새로운 입장(평가 · 장 · 단점) 제시
	8	흔한 주제이지만 새로운 관점에서 접근
	6	지금까지 그 누구도 평가해본 적이 없는 주제
	4	새로운 주제지만 흔한 근거
	2	흔한 주제와 흔한 근거
논의	10	주장하는 바가 타당하고 근거가 명확하다
	8	주장하는 바가 타당하지만 근거가 미약하다.
	6	주장하는 바가 여러 가지다
	4	주장하는 바가 처음과 끝이 다르다
	2	주장하는 바가 없다
내용	5	처음부터 끝까지 하나의 관점에서 전개되었다.
	4	무엇을 논하고자 하는지 잘 알 수 있다.
	3	무엇을 논하고자 하는지 잘 알 수 있으나 근거나 주제가 미약하다.
	2	무엇을 논하고자 하는지 잘 전달이 안 된다.
	1	노력한 흔적은 있으나 이해가 불가능하다.

<표 25> 보고서 평가 기준

액션러닝에서 제출받는 자료 중 성찰일지의 경우에도 <표 25>처럼 평가 기준을 만들어 적용할 수 있다. 성찰일지는 한 번만 실시하는 것이 아니라 액션러닝이 진행되는 2주 4차시 동안 매일 작성하도록 하는 것이 좋으며, 수업 이외에 별도의 모임을 가졌다면 해당 일에도 내용을 작성하도록 하는 것이 좋다. 물론 액션러닝을 4주 8차시로 운영한다든가, 한 학기를 통틀어 액션러닝으로 진행할 경우에는 매일 기록하는 보다는 주기적으로 기록하게 하여 중간 성찰과 활동 마무리 성찰 등으로 구분하여 점검하는 것이 편리하다. 성찰일지에 포함되어야 하는 주제에 대해 이현주와 장경원(2013)[122]은 다음 <표 26>처럼 제시하였다. 이현주와 장경원은 성찰 양식을 매일 작성하는 '일일 성찰'과 주기적으로 하는 '공식 성찰', 모둠 활동 종료 후 작성하는 '팀 활동 성찰'로 구분하였는데, 이는 반드시 지켜야되는 것은 아니므로 교수 재량으로 변형하여 사용하면 될 것이다.

	주요 주제
일일 성찰	• 배운 점, 느낀 점, 실행 다짐
공식 성찰 (중간, 기말)	• 과제 해결을 통해 무엇을 배우고 느꼈는가? • 어떤 과정을 통해 학습했는가? • 학습한 것을 어디에 적용해 볼 수 있는가? • 나와 그룹 구성원들 각각의 역할과 기여 정도는 어떠했는가?
팀 활동 성찰	• 오늘 활동을 통해 무엇을 배우고 느꼈는가?

<표 26> 성찰일지 주요 주제

CHAPTER 02

미주

1. 한국직업능력개발원(2010). 선진외국 직업분석을 통한 한국의 신규창출가능 직업에 관한 연구. 서울: 한국직업능력개발원.

2. Cennamo, K. S., Abell, S. K., & Chung, M. L. (1996). “A layers of negotiation” model for designing constructivist learning materials. Educational Technology, 36(4), 39-48.

3. Gruender, C. D. (1996). Constructivism and learning: A philosophical appraisal. Educational technology, 36(3), 21-29.

4. Piaget, J. (1972). Intellectual Evolution from Adolescence to Adulthood. Human Development, 15, 1-12.

5. 엄우용(2007). 교원능력개발을 위한 액션런이 적용 가능성 탐색. 충북교육연구, 7. 79-92.

6. 강경희, 김민경(1998). 정보 사회와 교육, 서울: 열린배움지기.

7. 노들, 이신동(2015). 영재교육에 대한 액션러닝 적용가능성 탐색. 한국교육학연구, 21(3), 257-277.

8. 이미진(2018). 유아교사의 배움공동체 기반 액션러닝을 활용한 STEAM 교육 프로그램 개발. 학습자중심교과교육연구, 18(8), 1-31.

9. 윤정, 김형숙, 김병찬(2017). 교사리더십 개발을 위한 액션러닝 강의 사례 연구. 학습자중심교과교육연구, 17(10), 83-108.

10. 김권수, 손성문(2017). 긍정심리자본 향상을 위한 액션러닝 활용에 관한 실증연구. 경영컨설팅연구, 17(4), 235-246.

11. 김미영(2016). 액션러닝을 적용한 비서실무 수업운영 및 교육효과. 비서-사무경영여구. 25(1). 83-107.

12. 김월주, 박진희(2017). 액션러닝 기반 간호윤리교육이 간호대학생의 자기표현성과 윤리적 가치관에 미치는 효과. 근관절건강학회지. 24(3). 179-186.

13. 홍세훈(2016). 액션러닝 기바나 영적 간호교육 프로그램이 간호대학생의 영적 요구, 영적 안녕 및 영적 간호역량에 미치는 효과. 한국콘텐츠학회논문지. 16(1), 285-294.

14. 구원회(2016). 액션러닝을 활용한 대학 교양수업에서의 학생 변화와 수업운영에 관한연구-D대학교 사례를 중심으로. 학습자중심교과교육연구, 16(1), 888-909.

15. 이인태(2016). 도덕과 수행평가로서 액션러닝의 활용방안. 교육과정평가연구, 19(3), 157-181.

16. 김유경(2015). 액션러닝 기반 패션문화콘텐츠 융합 교육프로그램 개발모형연구. 한국과학예술포럼, 22, 57-66.

17. 김현진(2013). 액션러닝을 이용한 원자력 교육의 사회적 자본 증가에 관한 고찰: 외국인 교육생 중심. 방사선방어학회지, 38(1), 10-21.

18. Marquardt, M. J. (2004). 액션러닝의 힘(이태복 역). 서울: 패러다임(원서 2004년 발행).

19. 박수홍, 안영식, 정주영(2010). 체계적 액션러닝. 서울: 학지사.

20. O'Neil, J., & Marsick, V. J. (2014). 액션러닝: 성과가 눈에 보이는 창의적 인재 육성방법(엄우용, 봉현철역). 서울: 학지사(원서 2007년 발행).

21. Revans, R. W. (1971). Developing Effective Managers. London: Longman.

22. O'Leary, D., Coughlan, P., Rigg, C., & Coghlan, D. (2017). Turning to case studies as a mechanism for learning in action learning. Action Learning: Research and Practice, 14(1), 3-17.

23. Revans, R. W. (1983) "ACTION LEARNING: Its Terms and Character", Management Decision, 21(1), 39-50.

24. Sutton, 1997: Marsick, V. J., & O'Neil, J. (1999). The many faces of action learning. Management learning, 30(2), 159-176. 재인용.

25. Kolb, D. A. (1984). Experiential learning. NJ: Englewood cliffs.

26. Inglis, S. (1994). Making the Most of Action Learning. UK: Gower, Old Post Road, Brookfield.

27. Pedler, M. (1997). Action learning in practice. Aldershot, UK: Gower.

28. Marsick, V. (1990). Experience-based learning: executive learning outside the classroom. Journal of Management Development, 9(4), 50-60.

29. Brookfield, S. D. (1995). Becoming a critically reflective teacher. San Francisco: Jossey-Bass.

30. Marquardt, M. J.(1999). Action learning in action: Transforming problem and people for world-class organizational learning. Palo Alto, CA: Davies-Black Publishing.

31. 봉현철(2007). 한국기업 액션러닝 프로그램의 핵심성공요인 탐색: 요인의 내용과 요인간의 관계에 관한 고찰. 경상논총, 25(3).1-34.

32. Revans, R.W. (1980). Action Learning: New Techniques for Managers. London: Blond 8t Briggs.

33. Revans, R. W. (2011). ABC of action learning. UK: Gower Publishing, Ltd..

34. 26과 동일.

35. 26과 동일.

36. 30과 동일.

37. Vince, R. (2012). The contradictions of impact: action learning and power in organizations. Action Learning: Research and Practice, 9(3), 209-218.

38. Rothwell, W. J. (2002) 액션러닝 가이드북(김미정, 유평준, 봉현철 역). 서울: 다산서고(원저 1999 출판).

39. 30과 동일.

40. Morgan, G., & Ramirez, R. (1984). Action learning: A holographic metaphor for guiding social change. Human relations, 37(1), 1-27.

41. Dilworth, R. L., & Willis, V. J. (2003). Action Learning: Images and Pathways. Professional Practices in Adult Education and Lifelong Learning Series. FL: Krieger.

42. McGill, I., & Beatty, E. (1992). What is action learning and how does it work. Action Learning-A practitioner's guide, 8-15.

43. 41과 동일. .

44. 42와 동일.

45. 41과 동일.

46. 27과 동일.

47. Barrows, H. S. (1985). How to design a problem-based curriculum for the preclinical years (Vol. 8). Springer Pub Co.

48. Marquardt, M. J. (2000). 액션러닝(봉현철, 김종근 역). 서울: 21세기 북스(원서 2000년 발행).

49. 유영만(1995). 지식경제시대의 학습조직. 서울:고도컨설팅그룹.

50. 김미옥(2017). 액션러닝 방식 대학 수업의 핵심성공요인에 관한 연구. 전북대학교 박사학위 논문.

51. 50과 동일.

52. 홍기칠(2015). 대학수업에서의 액션러닝 적용사례연구. 사고개발 11(2). 63-89.

53. Fry, H., Ketteridge, S., & Marshall, S. (2006). 대학의 최신 교수-학습 방법(전남대학교 교육발전연구원 공역). 서울: 학지사(원저 2003 출판).

54. 이인회, 권순철(2013). 액션러닝 기반 교양수업운영 사례분석 및 수업운영 전략 탐색. 교양교육연구, 7(4). 207-252.

55. 김영희, 최보영(2013). 대학생의 핵심역량육성을 위한 액션러닝엥서의 경험과정 연구-근거이론 접근. 한국콘텐츠학회 논문지, 13(11). 477-491.

56. 김윤민(2012). 간호대학생을 위한 액션러닝 기반 간호전문직 수업설계 및 운영 평가. 전남대학교 박사학위 논문.

57. 18과 동일.

58. 19와 동일.

59. 장경원, 고수일(2015). 액션러닝으로 수업하기. 서울:학지사.

60. 18과 동일.

61. 20과 동일.

62. 이태복, 최명숙(2005). 액션러닝의 성공원칙. 서울:패러다임컨설팅.

63. Schifferdecker, K. E., Adachi-Mejia, A. M., Butcher, R. L., O'Connor, S., Li, Z., & Bazos, D. A. (2016). Translation of an action learning collaborative model into a community-based

intervention to promote physical activity and healthy eating. Health promotion practice, 17(1), 70-79.

64. Weinstein, K. (1999). Action learning. Gower Handbook of Training and Development, 228-40.

65. 46과 동일.

66. 46과 동일.

67. 58과 동일.

68. 48과 동일.

69. Reynolds, M. & Vince, R. (2017). Organizing reflection. NY: Routledge.

70. 59와 동일.

71. 30과 동일.

72. Baron, L. (2016). Authentic leadership and mindfulness development through action learning. Journal of Managerial Psychology, 31(1), 296-311.

73. Pedler, M., & Abbott, C. (2013). Facilitating action learning: a practitioner's guide. UK: McGraw-Hill Education.

74. Smith, K. (2017). The Facilitator Perspective: The Decisions and Actions That Strategise Teacher Self-Directed Learning. In Teachers as Self-directed Learners (pp. 119-126). Springer Singapore.

75. 장경원(2011). 대학교육을 위한 액션러닝 프로그램 설계모형개발 연구. 교육공학연구. 27(3). 475-505.

76. 68과 동일.

77. KALA(2012). http://www.kala.or.kr.

78. Turner, A., Tee, D., & Crompton, S. (2017). Critical action learning: a method or strategy for peer supervision of coaching practice. Action Learning: Research and Practice, 14(1), 53-61.

79. 38과 동일.

80. 38에서 인용.

81. 18과 동일.

82. 58과 동일.

83. 78과 동일.

84. 김미정, 유영만(2003). 액션러닝과 조직변화. 서울: 교육과학사.

85. Rothwell, W. J. (2002) 액션러닝 가이드북(김미정, 유평준, 봉현철 역). 서울: 다산서고(원저 1999 출판).

86. 서영태, 봉현철(2008). 액션러닝 프로그램의 유형분류와 유형별 특징에 관한 연구. 경산논총, 26(2). 83-115.

87. Marquardt, M. J. (2004). 액션러닝의 힘(이태복 역). 서울: 패러다임(원서 2004년 발행).

88. 59와 동일.

89. 59와 동일.

90. 59와 동일.

91. 박수홍, 정주영(2014). 술술 풀리는 PBL과 액션러닝. 서울: 학지사.

92. 90과 동일.

93. 90과 동일.

94. 19와 동일.

95. 59와 동일.

96. 75와 동일.

97. 이영민(2015). 아이스 브레이크 101. 서울: 김영사.

98. Miller, B. C. (2015). Quick team-building activities for busy managers: 50 exercises that get results in just 15 minutes. AMACOM Div American Mgmt Assn.

99. Page, D., & Donelan, J. G. (2003). Team-building tools for students. Journal of Education for Business, 78(3), 125-128.

100. Salas, E., Priest, H. A., & DeRouin, R. E. (2005). "Team building", pp. 48-1, 48-5 in N. Stanton, H. Hendrick, S. Konz, K. Parsons, & E. Salas (Eds.) Handbook of human factors and ergonomics methods. London: Taylor & Francis.

101. 98과 동일.

102. Rasiel, E. M., & Friga, P. N. (2001). The McKinsey Mind. Solving Tools and Management Techniques. N.Y: McGraw hill.

103. 101과 동일.

104. 이호철(2011). 문제해결 로직트리. 서울: 비즈센.

105. Chokkalingam, B., Raja, V., Anburaj, J., Immanual, R., & Dhineshkumar, M. (2017). Investigation of Shrinkage Defect in Castings by Quantitative Ishikawa Diagram. Archives of Foundry Engineering, 17(1), 174-178.

106. Rajendran, V., Kumar, R. S., & Swaminathan, S. (2017). SWOT Analysis of E-Learning based continuous professional development among Library and Information professionals. Journal of Current Trends in Library and Information Science, 4(1), 1-3.

107. Berger, W. (2014). A more beautiful question: The power of inquiry to spark breakthrough ideas. Bloomsbury Publishing USA.

108. Osborn, A. F. (1942). How to think up. NY: McGraw-Hill.

109. de Bono, Edward. (1985). Six Thinking Hats: An Essential Approach to Business Management. Little, Brown, & Company.

110. Buzan, T. (1991). Use both sides of your brain. Plume Books. N.Y.

111. Osborn, A. F. (1948). Your creative power: How to use imagination. NY: Charles Scribner's Sons.

112. Huffman, J. L. (1997). Beyond TQM: Tools & Techniques for High Performance Improvement. Lanchester Press.

113. Horowitz, R. (1999). Creative problem solving in engineering design. PhD. diss., Tel-Aviv University.

114. Altshuller, G. S. (1999). The innovation algorithm: TRIZ, systematic innovation and technical creativity. Technical Innovation Center, Inc(1960).

115. 59와 동일.

116. 18과 동일.

117. 59와 동일.

118. 31과 동일.

119. 59와 동일.

120. 59와 동일.

121. 59와 동일.

122. 이현주, 장경원(2013). 예비사회복지사의 직업기초능력 향상을 위한 액션러닝 수업설계 치 운영 효과: '자원봉사론'교괌고을 중심으로. 한국사회복지교육, 21, 40-68.

PART 02

문제중심학습(PBL)

Ⅰ. PBL이란?

1. PBL 선택 배경

구성주의 이론과 함께 등장한 문제중심학습(Problem - Based Learning)은 프로젝트중심학습(Project - Based Learning)과 같은 약어인 "PBL"를 사용하다보니 서로 혼용되기도 한다. 문제중심학습이나 프로젝트중심학습 모두 학습자 중심 교육의 일환으로, 특정 상황을 설정하여 전개되는 공통점이 있어 쉽게 혼용되는 것이다. 그러나 문제중심학습은 비구조화된 복잡한 문제를 해결하는 반면, 프로젝트중심학습은 문제를 포함한 특정 주제를 탐구하여 결과물로 도출한다는 차이가 있다. 이러한 학습목표의 차이는 유아와 초, 중등교육에서 주로 프로젝트중심학습을 선택하고, 고등교육에서는 문제중심학습을 선택해서 활용하는 것으로도 나타난다.

다시 말해, 문제중심학습인 PBL에서 학생들은 추가 연구가 필요한 확실하고 구조화되지 않은 문제에 참여 한다.[1] 학생들은 주어진 문제상황을 해결하기 위해 연구를 수행하며, 해결안을 개발하고 활동 결과를 발표하기까지 학습을 활용한다.[2] 이러한 활동 과정에서 학생들은 협력과 조사를 통해 문제 해결력,[3] 메타인지 기술,[4] 학습참여,[5] 내재적 동기 부여를 배양 할 수 있다고 하였다.

고등교육에서 문제중심학습이 선호되는 이유는 다음과 같이 추측해볼 수 있다.

첫째, 급변하는 기술의 발전과 사회 경제의 변화는 미래 사회에 어떤 이론과 기술이 필요한지 예측 불가능하게 만들기 때문에, 학교에서 이를 대비한 능력을 갖춘 학습자를 육성하도록 요구하고 있기 때문으로 볼 수 있다. 즉, 빠르게 변화되는 환경에 적응해, 전혀 접해보지 못한 다양한 문제들을 혁신할 수 있는 해결책으로 제안할 수 있는 문제해결 기술을 가진 인재들을 요구하는 것이다. 문제중심학습은 탄생 배경부터가 이러한 상황과 맥을 같이 다. 1970년대 중반, 의과대학에서 매우 엄격한 교육체계를 통해 방대한 양의 의과 지식을 습득하고 졸업한 학생들이, 정작 병원 인턴과정에서 환자를 진단하고 치료할 때는 제 역량을 제대로 발휘하지 못하는 상황이 반복적으로 일어났다. 이에 Barrows(1985)[6]는 학습자에게 실제적인 문제를 제시하고, 학습자가 그 문제를 해결하기 위해 공동으로 해결 방안을 강구하며 개별학습과 협동학습을 통해 문제의 해결안을 마련하는 일련의 과정에서 학습이 이루어지도록 상황중심의 문제중심학습을 제안한 것이다. 문제중심학습은 현실의 실제적인 문제뿐만 아니라 일어날지도 모르는 가상의 문제까지 다룰 수 있다는 점에서 더욱 폭 넓게 활용될 수 있다. 또한 문제중심학습을 다루어본 학생들은 정답이 아닌 다양한 문제해결 방법을 경험하고 습득하게 되므로 사회와 직결되는 고등교육에 적합하다고 할 수 있다.

둘째, Smilovitz(1996)[7]에 따르면 전통적인 교수법으로 강의방식은 학생들에게서 높은 지식 보유율을 나타내주지 못할 뿐만 아니라, 학습 동기 또한 대체로 낮게 형성되는 경향이 있다고 하였다. 그런데 문제중심학습은 현재 학습하고 있는 내용이 실제 세계에서 어떻게 활용될 수 있는지 문제 해결과정을 통해 간접 경험해 보므로 학습이 내재되기 쉽다.[8] 특히 문제중심학습은 문제를 해결하기 위해 기존의 지식과 더불어 새로운 지식을 찾아 조합하면서 자신의 메타인지를 활용하므로 더욱 고차원적인 학습이 가능하여 고등교육에서 많이 활용된다고 볼 수 있다.

셋째, 문제중심학습은 동료와 협업하면서 자신의 의사를 전달하고 설득하고 이해시키는 의사소통기술이 향상되고, 스스로 문제해결과정을 설계하므로 자기주도성이 발현되며, 다양한 방법으로 결과를 유추해내면서 학습의 변화와 도전을 경험하므로 학습 동기가 향상될 수 있다고 하였다.[9] 이러한 기술들은 사회에서 요구하는 기본 역량에 해당하는 것으로 문제중심학습을 통해 더욱 효과적으로 접근할 수 있다고 본 것이다.

정리하면 문제중심학습은 고등교육이 책속의 지식과 이론에 머물지 않고 그것이 실제 사회에서 어떻게 활용되고 쓰이는지를 경험할 수 있게 하는 교수법이라고 할 수 있다. 사회의 실존 문제를 다루는 액션러닝보다 한 발 더 나아가 일어날 수 있을 법한 문제까지 다룬다는 것이 문제중심학습의 강점이라 할 수 있다. 문제중심학습을 Active Learning에서 다루어야 할 이유 또한 다르지 않다. 즉, 학생들이 실제의 문제나 일어날 수 있을 법한 문제들을 직접 찾아낼 수 있고, 다루어볼 수 있는 학생중심교수법이기 때문이다.

2. PBL 정의

'PBL'이란 약자만 보았을 때는 프로젝트중심학습과 문제중심학습 중 어느 것을 의미하는지 내용을 파악하고 나서야 구분이 되기 때문에 앞장에서 두 교수법의 차이를 짚어 보았다. 그런데 PBL을 문제중심학습으로 사용함을 밝혀도 또다시 혼동되는 용어가 '문제해결학습'이다. '문제기반학습'은 'Problem-Based Learning'을 직역한 문제중심학습과 동의어라는 것을 알 수 있지만, 문제해결학습은 'Problem-Solving Method'로 문제중심학습과는 다르다. 그러나 문제중심학습 관련 연구들에서 곧잘 발견되는 것이 'Problem-Solving Learning'이란 부제이거나, 문제해결학습으로 해석된 'Problem-Based Learning'이다. 이렇게 명칭이 혼재될 경우, 연구 내용 또한 전개 방식이나 학습목표가 혼재되어 있어 잘 모르는 사람이 탐독할 경우 또다시 오류를 양산하게 되므로 주의가 필요하다.

본서에서 다룰 PBL은 명확하게 문제중심학습(Problem - Based Learning)이다. 문제중심학습은 학습자가 해결해야 할 실제적이며 비구조화된 문제를 중심으로 자신의 경험과 지식에 비추어 새로운 지식을 능동적으로 구성하는 유의미한 학습을 의미한다. 반면 문제해결학습은 Dewey가 체계화한 진보주의 교육철학의 교수방법으로서 제시한 것으로 주어진 문제나 본인이 관심 갖는 실생활의 문제를 해결하기 위하여 필요한 정보를 수집하고 분석하는데, 이때 핵심은 문제를 해결하는 방법을 배우는 것이다. 일예로 Jonassen(2004)[10]은 문제해결학습은 문제중심학습이 아니라며 문제해결을 위한 유추적 추론과 인과적 추론을 강조한 바 있다.

명칭이나 교수방법이 혼재할 경우 문제가 되는 것은, 해당 교수법으로 이해하고 한 학기 열심히 지도했는데 결과가 전혀 다른 방향으로 도출될 수 있기 때문이다. 이럴 경우 한 학기 노력한 결과가 교수는 낮은 강의평가로 연결되고 학생들은 수업에서 배운 것이 없게 되는 실패로 전락할 수 있다. 문제중심학습인줄 알고 실행한 교수법이 문제중심학습이 아니어도 수업 만족도도 높고 학습 결과도 좋다면 학생들에게 긍정적인 경험을 줄 수 있지만, 만약 실패로 인해 부정적 경험으로 기억되게 된다면 향후 모든 문제중심학습에 대해 부정적인 태도를 갖게 될 가능성이 높으므로 더욱 신중할 필요가 있다. 더구나 문제중심학습은 액션러닝이나 플립드러닝과 다르게 오랜 역사를 가지고 있다보니, 문제중심학습을 이해하고 전개하는 방식에서 학자마다 강조점이 다르고, 문제중심학습을 도입하여 운영하는 교수들도 자신이 처한 교육환경에 맞게 변형하여 사용하다보니 매우 다양한 문제중심학습 수업들이 존재한다. 또한 문제중심학습이 의과대생을 위해 마련된 교수법이라 다른 전공에 적용할 때, 완벽하게 일치하는 방법으로 시도하는 것이 어렵기 때문에 처음에는 약 30% 근접한 방법을 사용하고 그 다음 50%, 80%, 100% 식으로 점차 완성도를 늘려가며 접근하는 경우가 많다. 그래서 문제중심학습이 무엇인지 기본을 완벽하게 이해하지 않고 접근한다면 수업의 실패를 담보하는 것과 마찬가지라고 할 수 있다. 다시 말해 자신이 처한 수업 상황에 맞게 수업 방법을 변형하는 것이 문제가 아니라, 기본에서 변형이 되었을 때는 기본이 가지고 있던 교육적 효과가 그대로 전이 될 가능성이 높지만, 변형에서 변형을 시도한다면 교육적 효과를 보장할 수 없다는 것이다. 따라서 문제중심학습을 정확히 이해하는 것이 매우 중요하다.

Barrows(1985)[11]가 처음 도입한 문제중심학습은 작은 모둠으로 구성된 학생들이 서로 협력하여 실제 환자의 문제를 풀어가는 과정이 있었다. 학생들은 실제 문제를 다루어봄으로 임상에서 필요한 유용한 지식을 획득하고, 병을 밝혀내기 위한 추론 전략을 개발하며, 스스로 학습전략을 세우고, 이런 과정에서 학습동기가 향상되며 협력학습을 하게 된다. Barrows(1985)[12]는 문제중심학습 개념을 "학습자들에게 실제적인 문제를 제시하고, 그 문제를 해결하기 위해 학습자들 상호간에 공동으로 문제를 해결하는 방안을 강구하고, 개별학습과 협동학습을 통해 공통의 해결 방안을 마련하는 일련의 과정에서 학습이 이루어지게 되는 학습 방법"이라고 하였다. 이를 교육학자들이 받아 들여 재정리하였는데 대표적으로 Levin(2001)[13]은 학습자가 실세계의 문제와 이슈에 대한 내용지식, 비판적 사고, 문제 해결 기술을 적용하도록 장려하는 수업 방법이라고 하였고, 조연순(2006)[14]은 "실세계의 비구조화된 문제로 시작하여 문제를 해결하는 과정을 통해 필요한 지식을 학습자 스스로 배울 수 있도록 이끌어 가는 교육적 접근"이라고 하였다.

이에 본서에서는 "문제를 활용하여 학습자 중심으로 학습을 진행하는 교수학습 방법"[15]이란 포괄적인 정의를 따르고자 한다.

3. PBL 특징

문제중심학습의 가장 큰 특징은 "문제"로부터 학습이 시작된다는 점이다. 이 문제는 문제 요소들 중 최소한 한 요소 이상은 상세히 기술되지 않은 것으로 '비구조화된 문제(ill - structured problem)'라고 칭한다.[16] 구조화된 문제(well - structured problem)와 비구조화된 문제 사이에 명확한 경계는 없지만, 비구조화된 문제는 목표에 도달했는지 여부를 결정하는 기준이 복잡하고 덜 명확하며, 문제를 해결하기 위해 필요한 정보가 무엇인지 판단이 잘 안될 수 있고, 해결책을 찾는 과정에 대한 명확한 규정이 잘 나타나지 않는다고 볼 수 있다.[17] 이런 비구조화된 문제는 명확한 하나의 정답이 없으며, 예전에는 경험해보지 못했거나 이미 알고 있는 지식으로는 해결하기 어려운 문제다. 때문에 해결 방법이나 해결 방안이 다양하게 도출될 수 있어서 학생들에게 도전의식을 자극하는 흥미로운 학습활동을 제공할 수 있고, 이 과정에서 문제해결능력을 육성할 수 있게 된다.[18]

문제중심학습의 또 다른 특징은 '학습자 중심' 학습으로 학생들이 학습목표를 스스로 도출할 수 있다는 점이다.[19] 교수로부터 문제가 주어지지만 그것을 어떤 방법으로 해결할 것인가는 학생들의 몫이다. 학생들은 소규모 모둠으로 나뉘어 모둠원들과 토론과 탐구로 해결 방안을 도출한다.[20] 문제를 해결하기 위해 서로 다른 경험과 지식을 가진 동료와 협업하므로 협력과 협동을 경험하게 되고, 양보, 설득, 이해, 합의 등의 의사소통 기술을 배울 수 있다.[21] 특히 일정을 계획하고, 학습 분량을 결정하며, 다음 단계로 추진하는 일련의 활동들은 자기주도성을 강화시켜준다.[22] 즉, 학습자가 학습의 주인이 되어 자기주도성, 협동심, 리더쉽, 의사소통능력 등을 고루 학습한다고 볼 수 있다. 때문에 학습에 대한 책무성과 주인의식을 가지게 된다.

그리고 문제중심학습 특징으로 달라진 교수의 역할을 들 수 있다. 교수는 촉진자(facilitator) 또는 조력자(tutor)이며 코치(coch)로서 학습을 독려하고 학습기술을 안내하며 지도한다. 액션러닝에서 촉진자(facilitator) 역할을 더 강조하듯, 문제중심학습에서는 조력자(tutor) 역할을 더 강조한다. 그런데 단순히 학습을 돕는 수준이 아니라 학생들의 지식 정교화를 촉진하고 학습 과정을 감독하며, 지식통합과 동료 간의 상호작용 촉진 역할을 한다.[23]

Kaufman과 Holmes(1996)[24]는 문제중심학습에서 학습자들은 교수가 직접적으로 가르쳐주기를 기대하기 보다는 좋은 안내자가 되어 긍정적인 학습분위기를 조성해 주길 기대한다고 하였다. 즉, 학생들이 기대되는 수준까지 도달하도록 끊임없이 질문해주고, 새롭게 습득한 지식이 기존 지식과 통합되도록 안내하며, 학습 과정이 순차적으로 진행될 수 있게 적절히 간섭하고, 소외되는 학생이 없도록 모둠들을 관리하는 것이다. 물론 교수에게 주어지는 조력자(tutor) 역할은 문제를 설계하고 학습 자원을 준비하며 학생들의 모둠을 조직하고, 평가와 피드백을 준비하면서 더불어 진행해야하는 역할이다. 때문에 강의식 수업보다 많은 시간이 투자되는데 만약 이 역할을 도와줄 대학원생이 있다면 함께 하는 것도 한 방법이다.

4. PBL 수업 효과

① PBL 장점

문제중심학습의 가장 큰 장점은 '인지적 불균형'을 경험한다는 것이다. 인지적 불균형이란 자신이 가지고 있었던 신념이나 개념이 어떤 활동 중에 일어나는 실제 현상과 차이가 있을 때, 기존의 지식에 대해 의문을 갖게 되는 현상을 말한다.[25] 우리가 문제에 직면하게 되면 자신이 가지고 있는 신념이나 지식체계를 먼저 적용하여 풀어보려고 한다. 이 과정이 순조롭게 흘러 답을 찾는다면 기존의 신념과 지식체계는 더 확고해 질 것이다. 그러나 난제를 만났을 때, 분명 자신의 신념과 지식으로 그것을 해결할 수 있을 것 같은데, 몇 번을 반복해서 도전해도 잘 안 되는 상황이 벌어질 경우, 자신의 신념과 지식을 의심하게 되는데 바로 이 상황이 인지적 불균형이다. Piaget는 인지적 불균형이 중요한 이유로 이런 불균형 상태가 되면 평형을 유지하기 위해 기존의 신념과 지식을 문제를 해결할 수 있는 상태로 발달시키려고 노력하게 되기 때문이라고 하였다.[26] 즉, 인지적 불균형 상태가 자각이 되면 자신이 가진 신념과 지식을 수정하려고 노력하는 것이 곧 학습인 것이다. 물론 다른 학문에서는 '인지적 불일치'라는 용어로 자신의 신념이나 지식으로 해결이 안 되는 데도 불구하고 수정하지 않고 계속 유지하는 것을 인지적 불일치로 설명하고 있다. 문제중심학습은 교육방법이기 때문에 인지적 불일치라는 용어보다는 인지적 불균형이란 용어가 더 적절할 것이다.

두 번째, 실생활의 문제나 실생활에서 일어날 수 있는 문제를 가정하므로 실제 세계에 대한 경험이 확대된다는 점이다. 즉, 학생들이 교재의 내용을 일방적으로 암기하기보다는 실생활에서 어떻게 활용되는지를 이해하며 경험할 수 있는 기회를 제공하므로 심층적인 이해와 함께 삶의 지식으로 체화될 수 있다. 때문에 해당 학습 이외의 상황에서도 관련 지식을 적용하고 삶 속에서 확산해가는 경우가 자연스럽게 일어날 수 있다.

세 번째, 문제중심학습에 참여하므로 비판적 사고력이 향상된다는 점이다. 비판적 사고는 무엇을 믿고 무엇을 할 것인가에 초점을 맞춘 합리적이고 성찰적인 사고로,[27] 정보를 분석하고 평가하여 옳고 그름을 가르는 사고 기술이라 할 수 있고, 비판적 사고력은 비판적 사고를 수행해 낼 수 있는 정신적 힘이라고 할 수 있다. 다시 말해 A + B = C라는 사실을 당연하게 보고 문제해결을 위해 동료들에게 소개했는데 동료들의 질문을 받고 답을 하는 과정에서 스스로 A + B = C가 아닐 가능성과, A + B = C가 되기 위한 전제 조건들이 있었다든가, 하는 통찰을 하게 되는 경우가 종종 발생한다. 이러한 통찰은 동료의 의견을 분석하는 과정에서도 자연스럽게 도출될 수 있다. 이렇게 문제와 관련된 정보를 탐색하고 선택 기준을 나름대로 설정하여 정보의 질에 대해 객관적이고 심도 있게 평가하며, 신뢰할 수 있는 새로운 정보가 있을 경우, 자신의 판단을 유보하거나 변경하는 개방적인 사고가 비판적 사고이다. 문제중심학습과 관련하여 비판적 사고의 변화를 탐구한 안은경(2017)[28]의 연구에 따르면 문제중심학습을 통해 비판적 사고 성향이 향상되었다고 하였다. 반면 Tosun과 Taskesenligil(2013),[29] Bashith와 Amin(2017)[30]의 연구에 의하면 문제중심학습이 비판적 사고 기술에 긍정적 영향을 미친다고 하였다. 즉, 비판적 사고력은 비판적 성향과 비판적 사고 기술 두 영역으로 측정할 수 있는 도구들이 있어서 분류되어 측정하는 경향이 있다. 우리나라는 한국판 비판적 사고력 측정도구가 개발되어 활용되고 있어서 향후 문제중심학습이 비판적 사고력에 미치는 영향을 통합적으로 측정해 볼 수 있을 것이다.

종합하면 문제중심학습은 인지적 불균형이란 경험을 통해 학습을 유도하고, 실제 세계의 문제를 다룸으로 교재 속의 지식이 아닌 현실 속의 지식을 학습하게 하며, 문제를 해결하면서 비판적 사고력을 향상 시킬 수 있다는 장점이 있다. 물론 이외에도 문제해결력을 비롯하여 자기주도력 향상,[31, 32, 33] 창의성 신장,[34] 메타인지 활성화 증진,[35, 36] 학습 동기 향상[37, 38] 등 다양한 효과가 보고되고 있다. 단, 실행방법들에 차이가 있어서 효과가 없음도 보고되고 있으므로 성공적인 문제중심학습 적용방법과 내용들을 면밀히 살펴봐야 이론에서 강조한 효과를 거둘 수 있을 것이다.

② PBL 단점

특정 교수법을 원론에 충실하게 학습하여 실제 수업에 적용해도 그 수업을 수강하고 있는 학생들의 학습 수준이나 정서, 수업 주제 선호도, 그날 교실 상황 등 여러 변수에 의해 완벽하게 완료하기가 어려울 수 있다. 또한 모든 교수법에는 한 두 가지씩 단점이 있어서 이를 본인 수업에서 어떻게 녹여낼 것인가도 영향을 미친다. 문제중심학습도 마찬가지다. Achilles와 Hoover(1996)[39]는 시간이 부족하다고 하였는데, 우리나라 대학 수업에 적용했을 때의 문제점은 다음과 같다.

먼저, 참고자료의 부족을 들 수 있다.[40] 문제중심학습은 많은 학생들이 동일한 문제를 동시에 받는 구조로 되어 있다. 때문에 비슷한 또래들이 함께 참여하다보니 도출하는 해결범위도 유사한 경우가 많아 누가 먼저 도서관 자료를 차지하느냐가 매우 중요하게 된다. 더구나 액션 러닝처럼 기업과 관련된 문제가 제시되었다면 기업 자료에 어느 정도 접근할 수 있는가도 문제해결에 영향을 미치게 될 것이다. 학생들에게 자료를 직접 구입하라는 것도 현실적으로 무리가 따르는데, 인터넷에 탑재된 자료들은 진위여부에서 학생들이 혼란을 겪기 때문에 권하기 어려운 점도 있다. 박민정(2010)[41]도 문제중심학습에서 시급하게 해결해야 될 부분으로 참고자료의 부족을 들었다.

두 번째 학습 결과의 불확실성이다.[42] 새로운 교수법을 실시했다고 해서 반드시 학습효과가 있다고 보장하기는 어렵다. 특히 강의식 수업에 익숙한 학생들에게 새롭게 문제중심학습으로 수업을 하겠다고 할 경우 학생들의 반대에 부딪힐 수 있다. 학생간의 개인차가 커서 탐색 능력이 저조한 학생들에겐 문제중심학습보다 강의식 수업이 더 유리할 수도 있기 때문이다.[43] 문제중심학습은 모둠 활동이 반드시 포함되어서 일명 '무임승차'와 같이 불성실한 학생이 자신과 동일점수를 받는 다는 것에 대해서도 거부감을 가질 수 있다. 채수진과 그의 동료들(2003)[44]은 조력자(tutor)에 의해서도 학습 결과가 영향 받는다고 밝힌 바 있다. 이는 김수진과 강희경(2014)[45]도 강조한 것으로 교수가 별도의 조력자를 배치했을 때, 이 조력자가 어떤 역할을 하는가에 따라 학습 결과에 영향을 미치는 것으로 나타났다. 즉, 문제중심학습은 수업 설계를 철저히 하지 않으면 다 같은 학습 구성원으로 활동을 해도 여러 요소의 영향으로 효과를 보지 못하는 학생들이 나올 수 있다는 것이다.

세 번째, 노력이 많이 투자된다는 것이다. Wright와 그의 동료들(2015)[46]은 학생들에게 문제중심학습을 적용하고 설문하여 보고하길, 학생들이 즐거워하는 수업이기는 하나, 시간과 노력이 좀 더 필요한 활동임을 언급 했다. 모든 활동을 수업시간에 한정하여 운영할 경우 강의식 수업에 비해 많은 진도를 나갈 수 없다. 만약 수업 이외에 과제로 미진한 내용을 보충할 경우 문제중심학습으로 진행되는 여러 교과를 수강하는 학생이 있을 경우 너무 큰 부담을 주게 된다. 교수입장에서도 문제중심학습을 설계하고 학생들 수준에 맞는 문제와 자료를 개발하고 학생마다 적절한 피드백을 해주기 위해 강의식 수업보다 많은 시간과 노력이 필요하다고 하였다.

네 번째, 평가가 어려울 수 있다.[47, 48] Acar(2004)[49]는 모둠 활동 평가를 실시할 경우 동료들로부터 불이익을 당할 수 있음을 시사했다. Reeves와 Laffey(1999)[50]는 문제중심학습에서 학생들이 실행하고 있는 작업을 평가하는 과정평가가 너무 복잡하다는 점도 언급했다. 학생들의 점수가 곧 그들의 스팩이 되고 있어서 점수 배점에 어려움이 있고 실재로 문제중심학습을 실시한 교수들은 평가에 상당한 어려움을 호소하기도 한다.

이렇게 여러 단점도 있지만 이를 극복하기 위한 노력도 수업 설계에 포함되고 있어서 보다 긍정적인 효과가 보고된다고 할 수 있다.

II. PBL 수업 설계

1. PBL 수업 모형

수업 모형이란 수업 절차에 따른 활동을 요목화하여 하나의 틀을 이룬 것을 말한다. 수업 환경이 다르고 대상이나 교수가 달라도 문제중심학습 수업 모형대로 수업을 하면 문제중심학습을 적용했다고 할 수 있다. 여러 교수법마다 나름의 수업 모형을 가지고 있기 때문에 무엇이 프로젝트중심학습이고, 무엇이 문제중심학습인지, 또는 문제해결학습인지를 구분할 수 있는 기준이 되는 것도 바로 수업 모형이다. 문제중심학습 수업모형의 초기모델이라고 할 수도 있고 가장 기본적인 형태라고도 할 수 있는 모형은 다음 [그림 1]과 같은 Barrow와 Myers(1993)[51]의 모형이다.

[그림 1] Barrow & Myers, PBL Model, 1993

[그림 1]과 같은 다섯 단계를 교육과정에 어떻게 배치하느냐가 사실 수업 설계의 첫 단계다. 만약 수업 주제가 매우 복잡하다면 각 단계에 추가적인 활동을 삽입할 수 있다. 즉, '문제 후속 단계'를 더욱 세밀하게 구성하여 다음 [그림 2]처럼 구성하는 것이다. 그러나 모형을 바꾸지 않고 수업 구성 시 '문제 후속 단계'에 세부적으로 명시하는 것이 더 편할 수 있다.

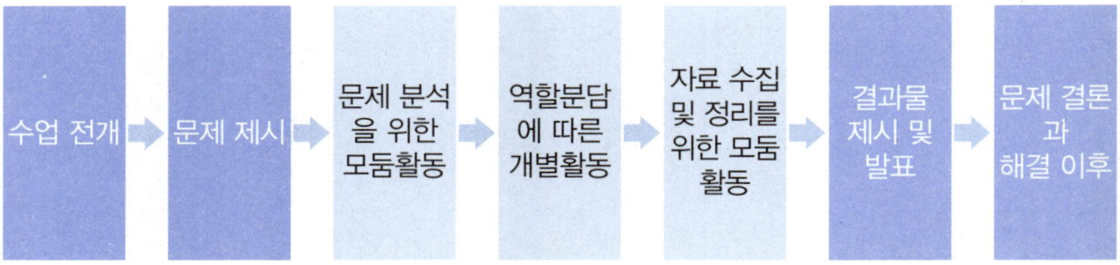

[그림 2] 문제 후속 단계를 확대 적용한 모형 예

수업모형에서 중요한 것은 각 단계를 15주 수업에 어떻게 배치하느냐이다. 문제중심학습을 맛보기 형태로 한 주의 수업에 이틀 정도 적용하여 경험하도록할 수도 있고, 한 학기 15주 동안 체계적으로 분류하여 적용하는 것도 가능하다. 각 단계에서 실시해야 하는 내용은 다음과 같다.

① 수업 전개

수업 도입단계로 문제중심학습이 무엇인지, 본 학습주제에서 다룰 교육 목표는 무엇인지, 어느 기간 동안 어떤 내용으로 어떻게 수업할 것인지를 학생들에게 안내하는 단계다. 수업 전개는 교육과정 기획 시 문제중심학습을 실시하겠다는 안내가 되어있기 때문에 학생들과 이런 수업을 하는 것에 대해 사전 논의가 필요하지는 않을 것이다. 다만 설명만으로 문제중심학습을 이해하기 어려우므로 간단하고 쉬운 문제로 문제중심학습 전과정을 경험할 수 있게 하는 것도 한 방법이다.

문제중심학습을 학기 초부터 적용할 예정이라면 아이스 브레이킹도 권장한다. 학생들 간에 친목이 형성되면 보다 원활한 수업을 진행할 수 있기 때문이다. 모둠활동을 위해서도 서로 친해질 수 있는 기회를 제공하는 것이 좋다. 상황에 따라서는 모둠 구성을 문제 제시 단계에서 실시하기도 하는데 수업 전개단계에서 미리 구성하고 본 활동을 하는 것이 좀 더 편리할 것이다. 모둠 구성은 최대 6명이 넘지 않도록 한다. 구성원 수가 많으면 관리의 어려움이 따르고, 역할분담이 잘 안 될 수 있기 때문이다.

모둠구성은 선수학습 수준과 성향, 학년 등을 고루 살펴서 배정하고, 반드시 모둠 규칙을 만들도록 하여 서로 돕는 형태로 운영이 될 수 있게 한다.

② 문제 제시

문제중심학습은 '문제 제시'부터 본 학습이 시작된다. 문제가 주어지면 문제를 분석해서 학습과제를 도출해야 하기 때문이다. 문제는 교수가 수업을 준비하는 방학기간에 주로 작성되는데 '문제 상황을 진술한 문서 형태'의 유인물로 배포해도 되고, PPT와 같은 도구를 활용하여 멀티미디어로 제시해도 된다. 단지 "지금부터 문제를 제시할 테니 모둠별로 해결하세요."라는 단순 지시보다 문제를 어떻게 풀어가야 하는지에 대해 간단한 설명을 해주어야 한다. 즉, 문제를 읽고 문제가 요구하는 것이 무엇인지 파악하고 이 문제를 해결하기 위해 각 모둠에선 어떤 공부를 하고 조사를 진행할 것인지 모둠별로 합의해야한다고 안내하는 것이다. 또한 모둠별로 어떻게 진행하면 좋을 지도 설명해준다. 만약 예비활동으로 문제중심학습을 경험했다면 선경험과 관련지어 상기시켜주는 정도로 안내한다. 그리고 마지막에 제출할 과제물에 대해서도 자세히 안내하고 평가와 배점도 함께 다루도록 한다. 평가에 학생들을 개입하게 하려면 학생이 평가한 점수는 몇 %로 반영할 것인지, 어떤 항목들로 평가했으면 좋겠는지, 어느 부분을 평가에 포함할지 등에 대해 논의하는 것이 좋다.

③ 문제 후속 단계

문제중심학습에서 가장 긴 시간과 활동이 전개되는 단계라고 할 수 있다. 사실 이 단계에서 모둠을 구성해도 큰 무리는 없다. 학생들은 모둠에 속해서 문제해결을 위한 학습내용을 도출하고 과제를 규명한다. 학습 자료를 분류하고 선택하며 모임 활동 계획을 하게 된다. 특히 이 단계에서 역할분담과 개별 활동 및 의견 합의 등이 이루어지며, 해결안이 도출되면 발표를 어떻게 할지도 계획된다.

학생들의 활동을 체계적으로 전개하도록 단계별 활동지를 제작하여 배포하거나 조력자(tutor)를 둔다. 같은 전공의 대학원생들을 활용할 수 있다면 조력자로 적격이지만, 반드시 조력자 교육을 사전에 해두어야 한다. 조력자의 역할에 따라 학생들의 학습 결과와 해결 방안 결과물의 질이 달라지기 때문에 조력자는 매우 중요한 요소 중의 하나다. 그러나 여건상 조력자를 배치할 수 없다면 교수가 조력자가 되어도 무방할 것이다. 조력자 역할을 교수가 직접 수행하게 되면 문제제작자로서 의도와 수업방향을 잘 알고 있기 때문에 학생들에게 좀 더 실제적인 활동이 될 수 있다고 본다. 활동지 이외에 배포 자료를 직접 제작해서 안내하는 것도 추천한다. 인터넷에는 잘못된 정보도 많으므로 될 수 있으면 도서관의 교재를 활용하게 하고, 구입이 가능하다면 구입을 추천하도록 한다.

학생들이 자료를 모아 발표준비를 할 때까지 교수는 인용한 자료가 타당한지, 신뢰할만한 자료인지, 모둠원들의 의견이 잘 반영되었는지, 모둠원들이 고루 참여했는지 등의 중간점검을 수시로 실시하여 실패하거나, 진행 속도가 너무 느려지지 않도록 조절한다. 단, 해결안이 도출되지 않을 경우에는 언제든지 문제해결을 위한 자료수집부터 다시 점검하여 진행할 수 있으므로 학생들에게 이점을 잘 안내하도록 한다.

④ 결과물 제시 및 발표

결과물 제시 방법은 문제 제시 단계에서 충분히 설명되어져야 한다. 자신들이 도출한 해결 방안을 어떤 방법으로 동료들 앞에서 발표할 것인가를 자료 수집과 해결안 도출 시 함께 의논되어 반영할 수 있게 하기 위함이다. 발표를 염두에 두게 되면 문제 해결에만 집중되었던 관심이 발표 시 동료들로부터 타당하다는 의견을 모을 수 있을까 하는 평가의 관점을 자연스럽게 고려하게 된다는 점이다. 즉, 주어진 문제에서 자신들이 해결하려고 했던 점이 문제의 본질인지, 해결 방안이 이해 가능하고 실현 가능하며, 타당한지 성찰이 될 수 있다. 발표 진행은 사전 안내대로 하며, 평가 역시 사전 안내에 충실하게 준수하도록 한다.

⑤ 문제 결론과 해결 이후

마지막 단계는 학습 결과를 정리하고 평가하는 단계다. 이때의 평가는 문제중심 학습을 적용한 수업 전체에 대한 평가가 될 수 있고, 학생들이 어느 정도 지식을 습득하고 생각에 변화가 일어났는지 등을 점검할 수도 있다. 가장 중요한 것은 이 시간을 통해 배운 내용을 일반화하고 교과내용과 매칭하여 정리해야 한다. 즉, 자신이 무엇을 알게 되었고, 무엇을 생각해 냈으며, 실제 생활에서 어떻게 적용하고 활용할 수 있는 지를 정리할 수 있도록 이끄는 것이다. 본 단원에서 중요하게 다루어졌어야 하는 개념이나 원리, 절차, 이론 등을 자신들의 해결책과 연결하여 정리할 때 학습은 자연스럽게 이루어진다. 또한 실제 삶에 적용할 경우 실현 가능한지도 점검한다면 현실적인 대안이 되고 동료들의 대안과 비교하면서 구체화될 수 있을 것이다.

이상에서 살펴본 바와 같이 Barrow와 Myers(1993)[52]의 수업 모형은 가장 기본이라고 할 수 있는 활동의 틀로 구성되어 있다. 만약 문제제시부터 이해가 잘 안 된다면다음 <표 1>과 같이 세밀하게 정리된 모형을 참조하기 바란다.

수업전개			
1. 수업소개 2. 수업분위기 조성(교수자의 역할 소개)			
문제제시			
1. 문제제시 2. 문제를 절실히 느끼도록 한다(학습자가 문제를 내면화하도록). 3. 마지막에 제출할 과제들에 대한 소개를 한다. 4. 그룹 내 각자의 역할을 분담시킨다(어느 학습자는 칠판에 적고, 다른 학습자는 그것을 다른 곳에 옮겨 적어 놓고, 다른 학습자는 그 그룹의 연락망을 맡는다).			
생각(가정들)	사실	학습과제	실천계획
주어진 문제에 대한 학습자의 생각을 기록: 원인과 결과, 가능한 해결안 등	개인 혹은 그룹 학습을 통해 제시된 가정을 뒷받침할 지식과 정보를 종합	주어진 과제를 해결하기 위해 학습자 자신이 더 알거나 이해해야 할 사항을 기록	주어진 과제를 해결하기 위해 취해야할 구체적 실천 계획
5. 주어진 문제로 추론하기: 칠판에 적힌 다음 사항에 관하여 과연 나는 무엇을 할 것인가를 생각해 본다.			
생각(가정들)	사실	학습과제	실천계획
확대 / 집중시킨다.	종합 / 재종합한다.	규명과 정당화한다.	계획을 공식화한다.

6. 가능할 법한 해결안에 대한 생각을 정리한다(비록 학습되어야 할 것이 많이 남아있는 상태지만).
7. 학습과제를 규명하고, 분담한다.
8. 학습자료를 선정, 선택한다.
9. 다음 번 토론시간을 결정한다.

문 제 후 속 단 계

1. 활용된 학습자료를 종합하고, 그에 대한 의사교환을 한다.
2. 주어진 문제에 대하여 다시 새롭게 접근을 시도한다: 다음 사항에 대하여 나는 무엇을 할 것인지를 생각해 본다.

생각(가정들)	사실	학습과제	실천계획
수정한다.	새로 얻은 지식을 활용하여 재종합한다.	(만일 필요하다면) 새로운 과제 규명과 분담을 한다.	앞서 세웠던 실천안에 대한 재설계

결과물 제시 및 발표

문제 결론과 해결 이후

1. 배운 지식의 추상화(일반화)와 경리작업(정의, 도표, 목록, 개념, 일반화, 원리들을 만든다)
2. 자아평가(그룹원으로부터의 견해를 들은 후에)
   - 문제에 대한 추론 능력
   - 적합한 학습자료를 사용하여 필요한 정보를 얻어 내었는지
   - 주어진 과제를 잘 수행함으로써 그룹원에게 협조적이었는지
   - 문제해결을 통해 새로운 지식습득이 이루어졌는지 혹은, 심화학습 되었는지

<표 1> Barrow와 Myers(1993)의 PBL 모형

2. PBL 문제 설계

'문제중심학습'이란 명칭이 의미하듯 문제중심학습의 핵심은 '문제'에 있다. 제시되는 문제는 해당 주제를 학습해야 하는 이유와 목표가 담겨 있어서 문제를 해결하는 과정에서 무엇을 학습할 수 있는지 기대하게 되고, 그것을 왜 배워야 하는지를 자연스럽게 익힐 수 있다. 그런데 문제중심학습을 시도하기 위해 문제를 개발하려면 장벽에 부딪힐 때가 있다. 문제중심학습의 '문제'와 일반적으로 말하는 '문제'와 구체적으로 어떻게 차이가 있는지 구분이 잘 안 될 때가 있기 때문이다.

문제중심학습의 문제는 크게 네 가지 특성을 가지고 있다.

첫째가 비구조화이다. 문제와 관련된 상황이나 요소가 분명히 정의되어 있지 않고, 문제해결에 필요한 정보가 충분히 포함되어 있지 않으며, 다양한 해답이나 해결 경로를 가지고 있다. 때문에 의사결정을 위한 논의가 필수적으로 이를 통해 의사결정이 명확하게 이루어질 수 있다. 한 가지 주의할 것은 비구조화로 인해 학생들이 수업 방향을 잃지 않도록 해야 한다는 것이다. 따라서 지나치게 비구조화될 경우 학생들이 무엇을 해야 할지 몰라 헤매게 되므로 학생들 수준에서 유추 가능한 힌트를 문제에 넣어주는 것이 좋다. 문제 예를 들자면, 시험문제나 과제 같은 경우에는 '지역사회문제를 해결하기 위한 Dunham의 6단계를 서술하고 예를 드시오'라고 출제할 수 있다면, 문제중심학습의 문제는 '시의원회의가 곧 열리는데 이때 지역 문제를 제시해야 합니다. 회의에서 발표할 의제를 만들어 발표하십시오'라고 출제할 수 있다. 앞의 시험문제는 Dunham의 6단계를 명확하게 써야 됨이 정해져 있고, 답이 하나라는 것을 알 수 있으며, 동료들과 문제가 무엇인지 논의하지 않아도 될 만큼 명확하게 제시되고 있다. 반면, 문제중심학습의 문제는 전체 문장을 다 읽고, 구체적으로 해결해야할 문제가 무엇인지 논의를 통해 재정리해야 한다. 즉, 모듬원들과 토론을 통해 '시의원회 회의에서 발표할 지역문제를 제시하는 것' 등과 같이 문제를 명료화해서 서로 공유해야만 한다. 또한 어느 지역의 어느 문제를 선택할지와 'Dunham의 이론'이나 'Perlman과 Gurin의 이론' 등 어떤 이론을 선택해서 적용할지 등에 따라 다양한 답을 만들어낼 수 있어서 모둠 간 해결 방안도 다양할 수 있다. 이를 비교하기 쉽게 표로 나타내면 다음 <표 2>와 같다.

시험문제	PBL 문제
지역사회문제를 해결하기 위한 Dunham의 6단계를 서술하고 예를 들어라	시의원회의가 곧 열리는데 이때 지역 문제를 제시해야 합니다. 회의에서 발표할 의제를 만들어 발표하십시오.

<표 2> 시험 문제와 PBL의 문제 비교

두 번째는 실제성이다. 교과와 관련된 실생활에서 일어날 수 있는 문제, 혹은 실세계의 진짜 문제를 활용한다. 그래야 자신이 가진 지식을 활용하고 부족한 지식을 추가하기 위해 관련 서적을 탐구하거나 자료를 찾아 조합하는 등의 학습활동이 일어나기 때문이다. 앞의 문제중심학습 문제는 '시의원회의가 곧 열리는데 이때 지역 문제를 제시해야 합니다. 회의에서 발표할 의제를 만들어 발표하십시오'라고 하였는데 이 문항에서 실제성은 시의원회로 실제 시의원회는 실시되고 있으며, 지역 문제 또한 현재 일어나고 있거나, 일어날 것 같은 일들을 상정할 수 있다는 점이다. 이를 간단히 표시하면 다음 [그림 3]과 같다. 밑줄로 표시한 것이 실제 생활에서 일어나는 일이다.

시의원회의가 곧 열리는데 이때 지역 문제를 제시해야 합니다. 회의에서 발표할 의제를 만들어 발표하십시오.

[그림 3] PBL 문제에 담긴 실제성

세 번째는 관련성이다. 사실 세상에는 수많은 사건과 문제들이 있지만 나와 직접적인 관련이 없을 경우에는 그것을 해결하고자 노력하기는 쉽지 않다. 즉, 앞에서 제시한 '시의원회의가 곧 열리는데 이때 지역 문제를 제시해야 합니다. 회의에서 발표할 의제를 만들어 발표하십시오'라는 문제는 좀 더 구체적으로 나와 어떻게 관련이 되는지가 포함되어야 한다. 관련성은 일종의 맥락성이라고 할 수 있어서 전공과 관련이 되거나, 교과와 관련이 되거나, 혹은 학생들이 체험했거나 해볼 수 있는 연결고리가 있어야 한다. 학생들에게 역할을 주어 관련성을 높이는 것도 한 방법이다. 특히 제출해야 될 과제가 발표인지, 레포트 제출인지를 명확히 하여 혼동을 줄여주어야 한다. 따라서 다음 [그림 4]와 같이 수정할 수 있다.

시의원회의가 곧 열리는데 이때 지역 문제를 제시해야 합니다. 회의에서 발표할 의제를 만들어 발표하십시오.	⇨	여러분이 살고 있는 대구에서 2018년 4월 시위원회가 개최됩니다. 여러분은 시의원회 청년대표로 지역문제를 제시해야 합니다. 단, 계명대학교를 중심으로 계명대학교와 지역사회가 함께 풀어갈 수 있는 지역문제를 선택하고 해결할 수 있는 의제를 제시해야 합니다. 회의에서 발표할 자료를 작성해서 발표하십시오.

[그림 4] 관련성이 담긴 PBL 문제

네 번째 복잡성이다. 현실의 문제는 단 하나의 원인으로 발생하기보다는 여러 가지 요인에 의해 서로 영향을 주고받으면서 발생하므로 문제자체가 복잡하고 서로 협동하지 않으면 해결책에 대한 예측도 어렵다. 때문에 문제중심학습의 문제는 단순히 자신의 역할만 지각해서는 안 되고, 모둠원 간에 문제의 명확성을 합의하는 토론과 다양한 해결책이 고안될 수 있어야 하며, 각각의 학습내용이 서로에게 영향을 줄 수 있어야 한다. 따라서 다음 [그림 5]와 같이 최종 문제를 제시할 수 있다.

PBL 문제

여러분이 살고 있는 대구에서 2018년 4월 시위원회가 개최됩니다. 여러분은 시의원회 청년대표로 지역문제를 제시해야 합니다. 단, 계명대학교를 중심으로 계명대학교와 지역사회가 함께 풀어갈 수 있는 지역문제를 선택하고 해결할 수 있는 의제를 제시해야 합니다. 해결방안은 특정 이론을 탐구하고 그 절차에 따라 결론을 도출해야만 설득력이 있습니다. 발표 시간은 15분이고, PPT 활용을 권장하며 의회 참가자들이 참고할 수 있게 A4 용지 4매 분량의 핸드아웃도 함께 준비하십시오.

[그림 5] PBL 문제 예

만약 자연계열에서 문제를 개발한다면 다음 [그림 6]과 같이 할 수 있다.

PBL 문제

열대 우림은 지구 표명의 약 3%만을 차지하지만 지구 광합성의 20% 이상을 담당하고있는 것으로 추측됩니다. 정글 잎이 무성하게 자라고 많은 양의 산소가 생성되고 지구 온난화가 감소 할 것으로 예상하는 것이 합리적입니다. 그러나 실제로 많은 전문가들은 열대 우림이 지구상의 산소 생산이나 지구 온난화의 감소에 거의 기여하지 않는다고 믿고 있습니다. 이 믿음의 근거가 무엇인지 설명하십시오.

[그림 6] Delaware 대학 교양화학 PBL 문제[53]

이렇게 문제의 특성을 파악했으면 다음과 같은 절차에 따라 문제를 수립한다. [그림 7]은 장경원(2014)[54]이 제안한 문제개발 절차를 정리한 표이다.

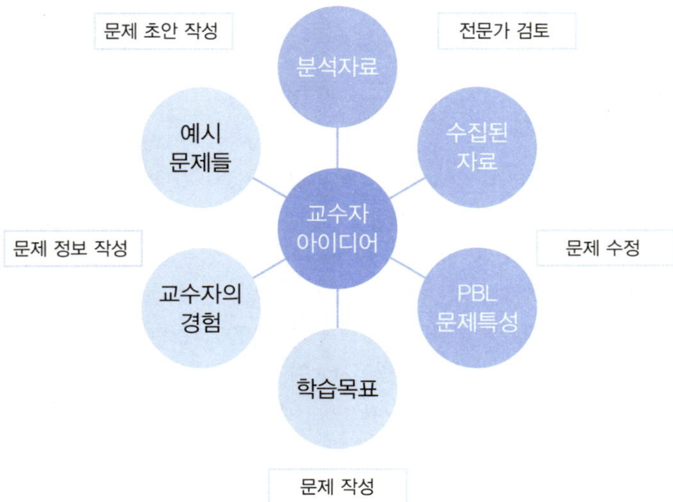

[그림 7] PBL 문제 개발 절차

즉, 교수자는 교재와 같은 분석 자료와 신문이나 인터넷에서 수집한 자료로 문제의 특성에 맞게 문제를 구성하고 문제가 학습목표에 적절한가를 확인한 다음 완성하게 된다. 이렇게 완성된 초안을 연배가 많은 같은 전공의 선배교원이나 문제중심학습 전문가에게 검토를 의뢰하여 확인하면 좀 더 정교해질 수 있다. 이를 통해 문제를 수정하고 학습자용의 문제 완성과 조력자용 문제 정보를 작성해서 문제를 완성할 수 있다.

문제개발 시 참고자료의 종류들은 장경원(2017)[55]이 제시한 다음 [그림 8]과 같이 정리할 수 있다.

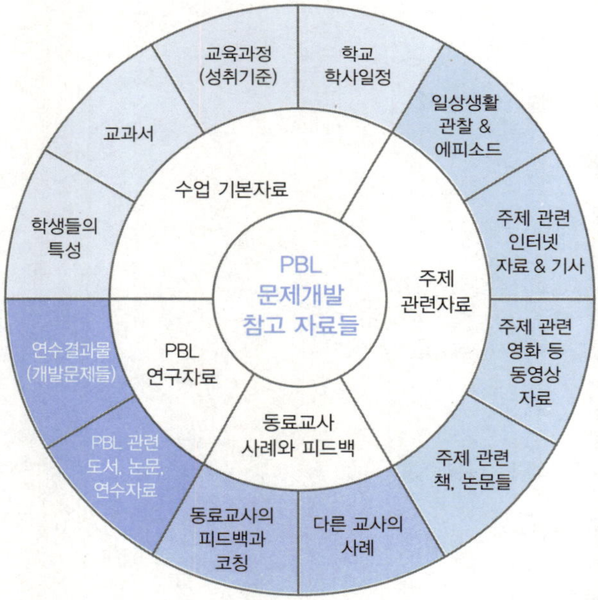

[그림 8] 문제개발 참고자료들

자신이 설계한 문제가 문제중심학습용으로 적합한지를 살펴보려면 타당성 점검이 필요하다. 최정임(2004)[56]이 제안한 문제진단 체크리스트는 문제가 반영해야하는 특성이 열거되어 있으며, 예/아니오로 평가 할 수 있다. 만약 아니오에 표시가 되는 요소가 있다면 그 부분을 집중적으로 수정하면 된다. 최정임(2004)[57]의 체크리스트는 다음 <표 3>과 같다.

기준	응답	
	예	아니오
문제로부터 학습이 시작되는가?		
문제는 학습 목표와 관련된 개념과 원리를 다루고 있는가?		
학습에 필요한 지식과 기능을 충분히 포함할 정도로 포괄적인가?		
문제해결을 위해 문제를 분석하고, 정보를 찾고, 계획하는 과정이 필요한가?		
여러 가지 해결책이 존재하는가?		
문제 해결을 위한 탐색 방법이 다양한가?		
논쟁이나 토론의 여지가 있는가?		
실제로 가능한 사례인가?		
문제 해결에 활용되는 자료가 현실적인가?		
그 분야의 전문가나 실천가의 사고과정을 반영하는가?		
학습자의 수준에 적절한가?		
학습자가 경험했거나 경험할만한 사례인가?		
현실과 같이 복잡한 문제인가?		
협동이 필요한 문제인가?		

<표 3> 문제 진단 체크리스트

이렇게 문제를 잘 구성하고 제시할 때 교수가 문제를 설명하면서 학습할 질문을 대신 해준다거나, PPT 제작 과정에서 단원을 붙이듯이 문제에 교재의 제목을 붙

여 특정 주제임을 단박에 알 수 있게 하는 경우가 있는데, 이는 지양해야 한다. 모둠마다 다양한 해석이 가능하여 모둠원들끼리 충분히 논의될 수 있도록 문제 제시도 제작만큼 심여를 기우려야 한다. 다음 [그림 9]는 Delaware 대학의 문제개발 사례다. Delaware 대학은 문제중심학습을 적극 권장하는 대학 중의 하나로 대학 홈페이지를 통해 다양한 문제 사례들을 제공하고 이를 바탕으로 각 전공에서 문제중심학습을 수행하도록 권장하고 있다.

Saving for a Rainy Day

Problem Statement

You have been invited to spend the weekend at your cousin's new cabin in the Poconos. She and her husband, having decided to "live simply", have constructed their home far from the beaten path, with an eye to being as energy efficient as possible. They have installed solar cells and collectors for generating electricity and heating their home, but are still trying to decide on the best way to trap and store energy for use at night and on cloudy days. They had planned to construct a tank containing some substance that can absorb the energy of sunlight, and then use that energy to provide heat for their home. They have found some plans for how to distribute the heat from such a storage reservoir throughout the house, but are still unsure about what materials to use for the tank and that substance. They had originally thought of having a copper tank full of water, since they have a friend who is willing to give them a half-dozen 3' x 3' x 1" copper sheets left from one of his art projects. Now, though, they are intrigued by a magazine article that discussed the use of "phase-change materials" to store energy.

They show you some tables that appeared in the article. (See Tables 1 and 2).

The problem here is that neither your cousin nor her spouse have much of a background in science, and they do not know what to make of the data in these tables, and so cannot proceed with their decision making. They are hoping that you might be able to interpret this, and give them some advice about choosing a heat storage system (both the tank material and the substance to be kept in it) that will enable them to store as much heat as possible, within a reasonable physical space. They would like to be able to store enough energy for three days' use; the article gives an estimate of about 480,000 BTU as the thermal energy needed to heat a house similar to theirs for a day. What advice would you give?

Questions to consider:

1. Consider the data supplied in these tables; what information can you get from these?
2. Will your cousin's original idea work; *i.e.*, will they be able to store enough energy to meet their requirements? Indicate any assumptions you might need to make here.
3. Suppose that instead of using water in the tank above, they decide to try one of the phase-change materials. Which would be best from an energy-storage standpoint, and why?
4. What advice will you give?

[그림 9] Delaware 대학 화학과 문제 사례[58]

이외에 문제중심학습의 역사를 함께 해온 캐나다 McMaster 대학도 PBL 관련 문제 사례들을 제공하여 쉽게 이해하고 활용할 수 있도록 학과별로 안내하고 있고,[59] Québec 대학에서도 문제중심학습에서 문제개발이 가장 어려운 과제임을 인정하고 관련 문제들을 별도로 관리하여 참고할 수 있도록 안내하고 있다.[60] 호주 Newcastle 대학에서는 문제중심학습을 Modules로 적용하여 교육과정 운영부터 차이를 두고 있다.[61]

3. PBL 수업 계획

어느 수업이나 학생들과 조율하여 운영할 경우 학생들이 좀 더 적극적으로 임하는 것을 볼 수 있듯이 문제중심학습도 학생들과 조율하는 과정이 필요하다. 전언한 바와 같이 문제중심학습을 한 학기 전체에 배치할 것인지, 부분적으로 배치할 것인지는 온전히 교수 재량이다. 물론 학자에 따라서는 이렇게 부분적으로 도입하는 것을 문제중심학습이 아니라고 보기도 하지만 처음 문제중심학습을 시도하는 교수는 실패하지 않기 위해서라도 분할해서 적용하는 것이 나을 것이다. 그리고 학생들과 문제제시, 문제해결과정을 다른 단원에서 조금씩 시도한 다음, 본격적으로 모둠을 어떻게 구성할 것인지, 자료는 어떤 방식으로 공유할 것이며, 결과물은 무엇인지, 발표의 순서와 방식은 어떻게 할 것인지, 어떤 항목들이 평가대상이 되는지, 최종점수는 어떻게 주어지는지 등 일련의 운영절차와 규칙에 대해 합의하고 결정하며 운영한다.

구분	역할
문제 해결자	정확한 문제 분석 필요한 정보 검색 및 정보의 타당성 판단 관련 정보 종합, 결과 예측 및 점검

자기주도적 학습자	내재적 동기를 가지고 학습 학습자 스스로 자신에 대한 긍정적인 자아개념 형성 학습 기회에 대한 개방성 학습에 대해 솔선수범, 독립적 자신의 학습에 책임 지속적으로 관심 있는 주제에 대하여 탐색 및 학습 계획
협력적 학습자	긍정적 상호작용 효과적인 협력학습 정보 공유 다양한 관점 공유 그룹원의 학습 부담 감소

<표 4> PBL을 활용한 수업에서 학생의 역할

문제중심학습에서는 학생들에게 많은 권한이 주어지는데 장경원과 최정임 (2015)[62]은 다음 <표 4>와 같이 학생의 역할을 정의했다.

학생들에게 역할을 알려주게 되면 자신이 문제중심학습 수업이 진행되는 동안 어떤 활동을 하게 되며 어떤 책임과 의무가 있는지 숙지하고 수업에 임하게 되어 긍정적 효과를 유도할 수 있다. 이러한 역할 안내는 모둠을 조직할 때 서로에게 긍정적 기대감을 조성할 수 있어 편리하다.

모둠 구축은 정확하게 몇 명이 합당하다고 제안할 수는 없다. 과제의 난이도나 학생들의 경험, 학급 규모, 모둠 구성원의 학습 수준 등 여러 요인들에 의해 영향을 받으므로 4~6명을 기준으로 조절한다. 모둠 구성 시 가장 많이 고려하는 것이 선수학습정도다. 즉, 학생들의 사전 지식과 경험, 학습 스타일, 학습태도 등을 살핀 다음 다양하게 고려하여 서로 시너지효과가 나도록 해야 한다. 모둠이 구성되면 모둠원들의 역할을 정의하고 역할에 따른 활동 내용을 정의한 다음, 규칙을 정하도록 하여 스스로 규칙을 지키고 맡은 바 임무를 완수할 수 있도록 한다.

문제중심학습 수업이 준비되면 그 다음 해야 할 일이 수업 자료 준비다. 문제중심학습은 모둠일지, 문제지, 활동지, 평가지 등 개발해야 될 수업 자료가 매우 많다. 각 단계별로 필요한 수업 자료는 다음 <표 5>와 같다. 이러한 자료들은 수업 전에 미리 준비가 되어 있어야 한다. 모둠 활동 운영방법이 매우 다양하여 어떤 방법을 도입하느냐에 따라 활동지 구성이 달라지고, 자료들도 달라지므로 사전 준비는 필수다.

활동명	수업 자료
수업전개	PBL 소개 PPT 또는 동영상 자료, 모둠 활동지, 모둠 활동 시 필요한 포스트잇, A3 용지 등
문제제시	PPT로 제작된 문제 또는 핸드 아웃으로 준비된 문제지
문제후속단계	모둠 활동지, 개별 활동지 등 문제해결 시 활용할 수 있는 활동지
결과물 발표	모둠 발표 평가지, 자기 평가지 등 평가와 관련된 활동지
문제 결론과 해결 이후	수업내용을 정리한 PPT, 성찰 일지 등 수업을 마무리 하는데 필요한 자료들

<표 5> 각 활동별 수업 자료

각 단계에서 활용할 수 있는 활동지들은 다음 <표 6>에서 <표 15>까지의 자료와 같다. 이 외에도 다양하게 개발하여 활용할 수 있으므로 어떤 활동지를 배포할 것인가를 사전에 계획하고 미리 제작해 두는 것이 좋다.

단계	점검사항	구체적 내용
1	문제 상황 제시방법	

2	모둠 만들기	
3	모둠 규칙과 문제 도출 유도하기	
4	모둠 활동 촉진하기	
5	모둠 활동 점검과 발표준비	
6	발표하기와 평가하기	
7	수업내용 요약과 정리	

<표 6> 수업계획 점검 예 - 교수용(출처: 계명대학교 P교수 수업 자료)

문제		
모둠명		
모둠원	(이름)	
역할분담	(이름)	(역할 수행 내용)

학습계획	일자	과제 수행 내용	역할

IDEAS 가설 / 해결 방안	FACTS 이미 알고 있는 사실	ISSUES 더 알아야 할 것

<표 7> 학습계획서 활동지 예 - 학생용(출처: 정주영, 홍광표, 이정아, 2012)[63]

모둠명		날짜	년 월 일
참석자			
회의목표			

학습목표	수정된 학습목표

생각	사실	학습과제	실천계획

<표 8> 모둠 활동 일지 예(출처: 최정임, 장경원, 2015)[64]

<table>
<tr><td rowspan="3">미팅개요</td><td>일시</td><td>년　　월　　일</td><td>문제해결과정</td><td></td></tr>
<tr><td>참석자</td><td colspan="3"></td></tr>
<tr><td>본 주차의
주요 활동</td><td colspan="3"></td></tr>
<tr><td rowspan="3">진행사항</td><td>구분</td><td>활동내용 및 의견</td><td>성취도</td><td>향후 조치사항</td></tr>
<tr><td>이번 주차에
한 일</td><td></td><td>/ 100%
/ 100%
/ 100%</td><td></td></tr>
<tr><td>논의 사항</td><td colspan="3"></td></tr>
<tr><td rowspan="3">추후계획</td><td>구분</td><td>활동내용 및 의견</td><td>역할분담</td><td>추진일정</td></tr>
<tr><td>다음 주차에
할 일</td><td></td><td></td><td></td></tr>
<tr><td>기타</td><td colspan="3"></td></tr>
<tr><td>피드백</td><td>교수자
피드백 사항</td><td colspan="3"></td></tr>
</table>

<표 9> 모둠 성찰 일지 예(출처: 정주영, 홍광표, 이정아, 2012)[65]

1. 이번 학습을 통해 무엇을 배웠나요?
2. 수업에서 어려웠던 활동은 무엇이었나요?
3. 앞으로 내가 더 알고 싶은 내용은 무엇인가요?
4. 학습한 내용을 적용할 수 있는 것은 무엇인가요?
5. 이 수업에서 나의 부족한 부분은 무엇인가요?
6. 이 수업의 학습 과정을 통해 무엇을 느꼈나요?
7. 기타 느낀 점을 자유롭게 기술하세요.

<표 10> 개인 성찰 일지 예(출처: 한양대학교 PBL센터)[66]

구분	내용	평가척도				
		1	2	3	4	5
1	I feel that I can apply the general principles I learned to other (your discipline) problems.					
2	I am comfortable working in groups.					
3	I feel comfortable asking for help from others in my group.					
4	I feel that my group members listen to me when I present information.					
5	I feel that my group members show respect for me and my learning style.					
6	I feel comfortable sharing information with others.					
7	As a result of this class, my ability to find, read and analyze information has improved					
8	Evaluating the individual efforts of myself and my group members helped our group function well.					
9	I benefit from the whole class wrap - up sessions after each problem.					
10	I think that the grading scheme in this class fairly reflects the objectives of the course.					

<표 11> 학생 자기 점검 활동지 예(출처: Delaware University PBL 평가지)[67]

〈문제중심학습 평가 내용 점검표〉

평가 항목
1. 학생들에게 평가 기준을 제시할 수 있는가?
2. 학생들과 평가 방법에 대해 논의했는가?
3. 교과 내용 이외에 평가할 기준이 있는가?
(분석기술, 문제해결 기술, 정보활용능력, 토론 능력 등)
4. 이 교과의 새로운 지식을 습득하는 기법과 방법을 측정할 수 있는가?
(교과의 가치, 사회속의 교과역할 등)
5. 동료들과 생산적으로 일할 수 있는 능력을 평가하고 있는가?
(협동성, 인내심, 리더쉽 등)
6. 자신의 행동에 대한 책임감을 평가하는가?
(성실성, 적극성, 성찰 등)
7. 학생 개인적 성장을 평가하고 있는가?
(활동을 통한 교과적 지식, 통합적 사고력, 학습기술 등)
총평

<표 12> 교수 평가점검표 예(출처: 계명대학교 P교수 자료)

<table>
<tr><th colspan="2">소통능력</th></tr>
<tr><td></td><td>Conveyed information accurately using correct terminology, pronunciation, and spelling.</td></tr>
<tr><td></td><td>Initiated and contributed relevant information to discussions.</td></tr>
<tr><td></td><td>Sought clarification and verification of ideas and information from the group by asking questions.</td></tr>
<tr><td></td><td>Shared the responsibility of teaching peers in a manner that facilitated understanding.</td></tr>
<tr><td></td><td>Presented information in an organized and understandable manner using a variety of delivery methods and media.</td></tr>
<tr><th colspan="2">기본지식</th></tr>
<tr><td></td><td>Arrived prepared for PBL.</td></tr>
<tr><td></td><td>Explored knowledge base; asked or answered questions that clarified information.</td></tr>
<tr><td></td><td>Recognized limits of knowledge to develop learning issues.</td></tr>
<tr><td></td><td>Identified and integrated all perspectives from the case.</td></tr>
<tr><td></td><td>Integrated information from lecture, research, and group discussion.</td></tr>
<tr><th colspan="2">추론과정</th></tr>
<tr><td></td><td>Generated and modified hypotheses based on the patient's information and knowledge obtained.</td></tr>
<tr><td></td><td>Formulated and refined learning issues.</td></tr>
<tr><td></td><td>Stimulated the group's learning and / or critical thinking.</td></tr>
<tr><td></td><td>Utilized valid and appropriate resources to advance understanding.</td></tr>
<tr><td></td><td>Used evidence to support reasoning and conclusions.</td></tr>
<tr><td></td><td>Summarized issues and discussions in order to verify understanding.</td></tr>
<tr><td></td><td>Assimilated and integrated information to understand the concepts in the case.</td></tr>
<tr><th colspan="2">전문성</th></tr>
<tr><td></td><td>Arrived punctually and prepared to participate.</td></tr>
<tr><td></td><td>Promoted healthy group dynamics by behaving in a courteous and respectful manner.</td></tr>
<tr><td></td><td>Accepted responsibility for individual obligations to the group.</td></tr>
<tr><td></td><td>Adhered to the IUSD Code of Professional Conduct and HIPAA regulations.</td></tr>
<tr><td></td><td>Represented him / herself as a dental professional in appearance, speech, and behavior.</td></tr>
<tr><th colspan="2">평가기술</th></tr>
<tr><td></td><td>Offered constructive self, peer, and group critiques using specific examples.</td></tr>
<tr><td></td><td>Openly accepted constructive feedback.</td></tr>
<tr><td></td><td>Modified behavior based on self - assessment and feedback received.</td></tr>
<tr><td></td><td>Accurately self - assessed own strengths and weaknesses.</td></tr>
</table>

<표 13> 학생 평가표 예(출처: Indiana University PBL 루브릭)[68]

	수행수준			
	4	3	2	1
발표 내용	발표내용은 모두 주제와 관련있고(100%), 발표주제에 대해 잘 이해하고 있다.	발표내용은 대부분 주제와 관련이 있고(70%), 발표 주제에 대해 이해하고 있다.	발표내용이 어느 정도(50%) 주제와 관련이 있고, 발표 주제에 대해 부분적으로 이해하고 있다.	발표내용을 보아서는 주제가 무엇인지 구별하기 힘들고, 발표 주제에 대해 이해하지 못하고 있다.
발표 자세	청중과 눈마주침이 있고, 노트는 거의 보지 않으며, 똑바른 자세로 자신감 있어 보인다.	대체적으로 눈맞춤을 유지하지만 종종 노트를 본다. 똑바른 자세를 유지한다.	가끔 눈맞춤을 하지만, 대부분은 노트를 보고 읽는다. 가끔 똑바로 서 있다.	준비한 노트를 보면서 모두 읽고 눈맞춤을 하지 않는다. 고개를 숙이고 발표하는 동안 사람들을 쳐다보지 않는다.
발표 성량	모든 청중이 발표자의 목소리를 들을 수 있을 정도로 크고, 용어의 정확한 발음으로 청중은 잘 알아들을 수 있다.	모든 청중들이 적어도 발표내용의 90%는 잘 알아들을 수 있게 충분히 크게 말한다. 대부분 정확한 발음을 한다. 청중 대부분이 발표를 잘 알아듣는다.	모든 청중들이 적어도 발표내용의 80%는 잘 알아들을 수 있게 충분히 크다. 용어에 대한 부정확한 발음이 있다. 청중들 중에는 프레젠테이션을 알아듣기 힘든 사람도 있다.	목소리가 너무 작아서 교실 뒤까지 들리지 않는다. 중얼거리거나, 용어를 부정확하게 발음한다.
발표 열정	얼굴표정과 신체 언어를 통해 다른 청중들에게 주제에 대한 강한 관심과 열정을 나타낸다.	얼굴표정과 신체언어를 통해 어느 정도 주제에 대한 관심과 열정을 나타낸다.	얼굴표정과 신체언어를 통해 주제에 대한 열정을 나타내지만 때때로 다소 꾸미는 것 같아 보인다.	거의 얼굴표정이나 신체언어를 사용하지 않는다. 발표하는 주제에 대한 관심도 없어 보인다.
의사 전달 방법	자신만의 방식으로 예를 들고 정교화를 통해 모든 발표내용을 충분히 연구하였고, 청중들이 잘 이해할 수 있게 논리적이면서 흥미있는 순서로 정보를 제시한다.	자신만의 예를 들거나 정교화하지는 못했지만, 청중들이 잘 이해할 수 있게 논리적인 순서로 정보를 제시한다.	자신만의 예를 들지 않고 단순히 내용만 전달한다. 발표내용을 건너뛰어 청중들은 발표내용을 이해하기 어렵다.	자신이 발표내용을 이해하지 못하고, 질문에 답하지 못한다. 발표내용이 순서적으로 제시되지 않아 청중들은 이해하기 어렵다.

<표 14> 발표 평가표 예(출처: 연세대학교 공학교육혁신센터)[69]

• 문제명: • 평가일:

• 이　름:

• 각각의 준거에 따라 해당 점수를 기입하시오.

• 매우 우수함 = 5, 우수함 = 4, 보통임 = 3, 부족함 = 2, 매우 부족함 = 1

내용	구성원 이름				
모둠 활동에 적극적으로 참여하였다.					
문제의 해결안을 성공적으로 개발하는데 공헌하였다.					
다른 사람의 의견을 경청하였다.					
질문을 제기하고 다른 사람의 질문에 대답하였다.					
과제를 지속적으로 수행하였다.					
유용한 정보를 찾아 제공하였다.					
다른 구성원들과 협력하였다.					
긍정적인 의견을 제시하였다.					
리더쉽을 발휘하였다.					
다른 구성원을 칭찬하고 격려하였다.					
계					

<표 15> 모둠 활동 동료 평가표 예(출처: 최정임, 장경원, 2015)[70]

이상과 같이 소개한 다양한 활동지들은 활용도에 따라 명칭이나 문항 등을 수정하여 사용할 수 있다. 거듭 강조하지만 각 교과마다 강조점이 다를 수 있고, 교수마다 중요하게 다루고자 하는 점이 다를 수 있으므로 제시된 활동지를 그대로 활용하기보다는 응용해서 활용하는 것이 적절하므로 사전 준비가 필수다.

4. PBL 조력자(Tutor)

문제중심학습에서 조력자(tutor)는 교수와 학생 사이에서 학생의 학습을 도와주고 모둠원들이 어떤 문제에 부딪혔을 때 이를 상담해주고 해결할 수 있도록 조언해주는 역할을 한다. 한마디로 조력자는 모둠의 학습과 학생들의 자율학습이 원활하게 이루어지도록 촉진 하는 사람이다.[71] 조력자는 교수의 역할 중 학습 과정을 촉진하는 측면이 강조된 역할이라고 정의할 수 있다.[72] 문제중심학습을 도입했을 때 학생들이 모두 익숙하고 원활하게 활동에 임하기는 어려울 수 있으므로 이를 위해 조력자를 두는 것이 좋다.

Grave와 그의 동료들은(1999)[73] 조력자는 정교화 촉진, 지식통합촉진, 학습 과정 감독, 상호작용 촉진 등의 역할을 한다고 보고 이를 분류하였다. 정교화 촉진은 학생이 알고 있다고 생각하는 것이 실제로 알고 있는 것인지 스스로 확인할 수 있게 왜 그렇게 생각하는지, 지금 한 말이 무슨 의미인지, 그게 맞다는 판단을 어떤 근거로 하게 되었는지 등을 질문하여 탐구내용들을 연결하고 체계를 세울 수 있게 하는 것이다. 또한 지금 탐구하고 있는 내용을 기존 지식과 연결할 수 있도록 만약 다른 상황에서 이것을 활용할 경우에도 같은 결과가 나올 수 있는지, 만약 이것에서 이 부분을 업그레이드 한다면 등의 질문을 해주는 것이다. 탐구 내용을 사전 지식이나 다른 분야의 지식과 연결하여 보다 폭넓은 사고를 할 수 있도록 유도하는 것이다. 그렇다고 학생 활동에 바로 개입하여 방향을 조절하려고 해서는 안 된다. 즉, 학습 과정을 감독하면서 난항을 겪고 있거나 진도를 나가지 못하고 제자리 걸음을 반복할 때, 도움을 요청할 시 적절하게 접근하는 것이다. 학생들의 활동이 학습 과정 중 어떤 한 단계도 누락되거나 간과되지 않고 순서대로 진행되고 있는 지를 살피면서 난항이 구체화되고 학습이 되고 있지 않다고 판단될 때 개입하는 것이다. 그래서 조력자는 학습 과정을 감독하는 역할도 하는 것이다. 마지막으로 조력자는 토론을 독점하거나 무임승차와 같은 일이 일어나지 않도록 모둠원들의 고른 참여를 독려해야 한다. 이러한 조력자의 역할 중 인지적 부분만을 정리하면 다음 <표 16>과 같다.

역할	내용
정교화를 촉진하는 역할	• 정교화 이론: 수업의 전체적 윤곽에 대한 제시를 시작으로 차츰 그 내용을 구체화, 세분화 시키면서 앞서 제시된 내용을 보다 정교화 시켜나가는 것을 의미한다. • 조력자는 학습자가 가지고 있는 지식의 정교화를 촉진시키기 위해 "왜?"라는 질문을 시작으로 학습자의 가설에 이의를 제기하고 도전적 질문을 지속적으로 던져야 한다. • 조력자는 학습자가 발표한 의견에 대한 명확성을 요구함과 동시에 문제 간의 관계성을 자극하여 보다 심층적인 아이디어를 발전시켜 갈 수 있도록 유도해야 한다.
학습 과정을 감독하는 역할	• PBL에서 가장 많이 요구되는 조력자의 역할 • 조력자는 학습자가 현재 보유한 정보의 정확성과 충분성을 파악하여 학습 과정이 지속되도록 안내하거나 감독할 것이 요구된다(강명희 외, 2008). • 조력자는 학습주제가 진행되는 동안 학생들의 배경지식 차이에 주의를 기울여 학습 주제에 적합한 자원을 알아내고, 문제해결 과정에서 다음 단계로 넘어가려고 할 때 학습자들이 충분한 협동을 거쳐 다양한 정보를 가지고 문제에 대해 설명할 수 있는지를 확인하여야 한다. • 조력자는 각 단계별로 학습 과정에서 얻어진 정보를 자극하되 그 지식이 충분한 깊이와 범위를 갖도록 하며, 이전 단계에서의 선수 지식을 이용하거나 활용할 수 있도록 촉진시켜야 한다.
지식의 통합을 촉진하는 역할	• 학습자에게 지식의 통합을 자극해야 하는 필요성은 문제중심학습에서 제공되는 문제들이 단편적으로 문제 원인을 찾아보고 한 가지의 해결책으로 제시될 수 있는 것이 아니라 여러 가지 문제 사태가 통합되어 있기 때문이다. • 조력자는 학습자에게 지식을 다양하게 변화하는 것으로 파악하게 하고 이러한 변화를 끊임없이 수용하고 통합할 수 있게 도움을 줘야 한다.

<표 16> 조력자의 인지적 역할

조력자의 인지적 자극 역할은 질문을 통해 구체화 될 수 있다. 심희아, 송해덕 (2011)[74]은 역할 유형에 따른 발문을 <표 17>과 같이 제시했다.

역할	내용
정교화 촉진 역할을 위한 발문	• 학습자가 모르는 개념이나, 오해할 수 있는 개념에 대해 반드시 인지하고, 새로운 지식으로 습득할 수 있도록 발문을 제공
학습 과정 감독을 위한 발문	• 집단의 모든 구성원이 토론에 참여하도록 독려하고, 특정 학습자가 토론을 독점하거나 소외되는 것을 막고, 집단 내 문제가 발생할 경우 집단 전체 또는 해당하는 학습자에게 "집단의 문제"를 인식하도록 유도하는 발문을 제공 • 문제해결 과정의 지속에 초점을 두어 각 단계에서 꼭 탐색해야 할 지식과 정보를 확인하고 학습자의 문제해결을 위한 집단의 학습수준과 속도를 고려하고 다음 단계로 넘어갈 수 있도록 지원
지식통합 촉진을 위한 발문	• 사전에 알고 있는 지식과 정보, 그리고 알아야 할 지식과 정보를 언어, 표, 그림 등으로 표현하도록 하고 그 연관성에 대해서도 설명할 수 있도록 유도하며, 지식을 가시화 할 수 있도록 독려 • 학습자에게 통합한 지식의 재구조화를 통해 새로운 문제 생황에 활용하고, 학습의 결과물을 차츰 확장시키도록 지원

<표 17> 인지적 역할 유형에 따른 발문

조력자 역할 수행을 위한 원칙은 다음과 같다.[75]

첫 번째, 조력자와 학습자의 상호작용은 항상 상위인지 수준에서 이루어져야 한다. 단, 문제중심학습 과정이 유지되기 위해 필요한 활동과 관련된 시간, 모임 장소, 오리엔테이션 활동 등의 안내는 보다 적극적이고 상세하게 이루어져야한다.

두 번째, 조력자는 학습자들이 문제해결의 모든 과정을 충분히 그리고 반드시 거칠 수 있도록 해야 한다. 문제중심학습은 문제에 대한 협동적 추론과정과 자기주도학습(개별학습)과정 등을 번갈아 거치게 되는데 이때 다음 단계로 넘어가기 전에 학습자가 그 단계에서 거쳐야 하는 과정을 반드시 거칠 수 있도록 해야 한다.

세 번째, 조력자는 학습자들이 깊이 있게 이해할 수 있도록 추진해야 한다. 이러한 행동은 상위인지 수준의 질문을 제시하는 것으로, 이때 학습자들의 의견과 진술 등이 정확한 것인지를 검증해 볼 수 있도록 유도해야 한다.

네 번째, 조력자는 학습자들의 의견이나 그룹에서의 어떠한 역할에 대해서도 자신의 의견을 표현해서는 안된다.

다섯 번째, 조력자는 학습자들에게 정보제공을 하지 않는다. 학습자들이 이용할 수 있는 정보원은 문헌, 전문가 조언, 인터넷 자료, 모델, 견본, 현장 경험 등이다.

여섯 번째, 학생들이 그들의 논의과정에서 서로의 아이디어나 지식에 대해 서로 비판하고 의견을 주고받을 수 있도록 한다.

일곱 번째, 모든 논의는 모둠 활동 과정이며 모둠원들의 동의가 있어야 한다. 이때 조력자는 모든 학생들이 그룹의 활동에 공헌할 수 있도록 해야 한다. 모든 학생들이 자신의 생각을 표현하고 다른 사람의 생각에 대해 의견을 제시할 수 있는 기회가 주어지고 그렇게 할 수 있도록 해야 한다.

여덟 번째, 조력자와 학생 간의 논의가 이루어져서는 안 된다. 조력자는 학생들이 이야기하고, 논의할 수 있도록 해야 한다.

아홉 번째, 학생들에게 도전감을 갖게 해야 한다. 학생들의 생각이나 의견의 옳고 그름, 맞고 틀리고와 상관없이 '당신이 맞다고 확신합니까?', '이 결정에 만족합니까?' 등의 질문으로 학생 스스로 판단할 수 있게 자극해야 한다.

열 번째, 학생들이 불필요한 학습과제에 지나치게 열중하는 것을 조절해야 한다.

열한 번째, 조력자는 학생 개개인의 학습의 진척 정도의 질과 상위인지전략의 사용을 모니터링해야 한다.

열두 번째, 조력자는 그룹 과정에서 나타나는 잠재적 대인문제들을 인식해야 한다.

조력자가 할 수 있는 상황에 맞는 질문 예는 다음 <표 18>[76]과 같다.

단계	질문
팀 구성 후 팀빌딩이 이루어져야 할 때	• 어려움에 부딪혀도 우리에게 에너지와 용기를 주는 것은 무엇일까요? • 우리의 강점은 무엇인가요? • 우리의 역량을 강화시킬 수 있는 방법은 무엇인가요? • 팀을 하나로 만들려면 무엇을 해야 할까요?
문제에 대한 이해를 촉진시키고자 할 때	• 지금 문제에서 문제해결 주인공이 해결해야 하는 것은 무엇인가요? • 문제에서 현재 상황이 가지고 있는 중요한 특성은 무엇인가요? • 문제해결의 주인공은 어떤 역할을 해야 하죠? • 우리가 다루어야 할 또 다른 측면이 있다면 무엇일까요?

과제해결 수행계획을 수립할 때	• 문제를 해결하기 위해 무엇을 알아야 할까요? • 문제를 해결하기 위해 어떤 자료를 찾아보면 좋을까요? • 지금까지 이야기한 것 이외에 무엇을 더 알아보면 좋을까요? • 문제 시나리오에 제시된 내용 중 문제해결을 위해 꼭 기억해야하는 내용은 무엇일까요? • Idea에 정리된 내용 중 여러분이 이미 알고 있는 것은 무엇인가요? 그것에 대해 설명해 주세요. • 또 무엇을 알고 있나요? • 문제해결에 도움이 되는 지식이나 경험이 있다면 이야기해주세요. • 왜 이것(이 과정)이 중요한가요? • 우리가 정말 공부해야 하는 것은 무엇일까요? • 왜 그렇게 생각하세요? • 이러한 내용(자료)을 어떻게 얻을 수 있을까요? • 그 자료를 얻기 위해서 무엇을 해야 할까요? • 그 내용을 학습하는 게 문제해결을 위해 어떤 도움이 되나요?
탐색이나 분석을 촉진할 때	• 이러한 현상이 발생하는 원인이 무엇일까요? • ~라고 말했는데, 그 이유가 뭐라고 생각하나요? • 이것은 결국 어떤 영향을 미칠까요? • 그렇게 한다면 어떤 결과가 발생할까요? • 그들이 (진정) 원하는 것이 무엇이라고 생각하나요? • ~를 위해 우리가 살펴보아야 할 사항들은 무엇이죠? • 그 대안의 장단점은 무엇인가요? • 그것을 실행한다면 어떤 장애요인(어려움)을 예상할 수 있을까요? • 그 장애요인을 어떻게 극복할 수 있을까요? • 그러한 결론이 기초로 하는 가정은 무엇이죠? • 그 가정이 옳다는 것을 어떻게 알죠(검증하죠)? • 어떤 결론을 이끌어 낼 수 있을까요? • 그 사실은 무엇을 시사(의미)하나요?
학습을 유도할 때	• 우리가 알아야 할 것이 무엇인가요? • 그것을 뒷받침할 수 있는 이론적 근거는 무엇이지요? • 그것을 확인하기 위해 무엇을 학습해야 할까요?

새로운 시각을 촉진할 때	• 왜 그렇게 생각하나요? • 그 문제를 다른 관점에서 볼 수 있나요? • 만일 ~한다면 어떻게 될까요? • 그것을 다른 방식으로도 할 수 있을까요? • 우리가 생각할 수 있는 다른 대안은 무엇일까요?
과제 마무리 이후의 성찰	• 과제를 수행하면서 무엇을 배웠나요? • (그러한 경험을 통해) 우리가 배울 점은 무엇인가요? • 어떤 성과를 얻었다고 생각하나요? • 그 대안이 어떤 점에서 실질적으로 도움이 될 것이라고 생각합니까? • 이 과제에 당신은 어떻게 기여했나요? • 이 과제를 다시 시작한다면 바꾸고 싶은 점은 없나요? • 과제 목표를 충분히 달성했다고 생각하나요? (예 / 아니오) 어떤 점에서 그렇죠? • 그 문제를 해결하기 위해 (결과물을 얻기 위해) 살펴본 점은 무엇이죠? • 과제 수행과정이나 결과물에서 잘 했던 것이 무엇인가요? • 문제해결안이 질적으로 어떻다고 생각합니까? • 과제가 우리의 학습에 도움이 된 것은 무엇입니까? (가장 가치 있는 학습은 무엇이었나요?) • 팀에 대해 무엇을 배웠나요? • 과제를 통해 배운 학습을 어디에 적용할 수 있을까요? • 내가 질문해야 하는데 하지 않은 질문이 있나요?

<표 18> 상황에 맞는 질문 예(출처: 장경원, 2014)

5. PBL 수업 환경

문제중심학습으로 수업을 구성하였는데 배정받은 강의실이 계단식이거나, 고정된 책상과 이동이 불가능할 정도로 인원이 꽉 차는 강의실이라면 대단히 어려운 환경이라고 할 수 있다. 만약 문제중심학습으로 교과를 구성했는데 강의실이 활동하기에 불편한 구조라면 대학 행정실을 통해 이동을 고려해 볼 수 있고, 40명 가량의 정원이라면 Active Learning 강의실을 대여하여 활용하는 방법도 있다.

Active Learning 강의실은 [그림 10]의 국내 KAIST의 사례와 같이 교수와 학생들의 활동을 돕고 서로 교류할 수 있도록 구성되어 있다.

[그림 10] KAIST Active Learning 강의실(출처: 카이스트 홈페이지)

온라인과 병행해서 실시할 예정이라면 각 대학 시스템인 LMS나 클라스넷 등과 연동하는 것도 좋다. LMS에는 모둠 활동 과정이나 토의 내용을 교수가 점검할 수 있고, 관련 자료를 저장할 수 있어 편리하다. 그러나 LMS는 즉각적인 피드백이 어렵고 사적인 의견 수렴이 잘 안 된다는 단점이 있으므로 어떤 용도로 LMS를 활용할 것인지 잘 숙지하여 활용해야 할 것이다.

일례로 계명대학교에서는 LMS를 통해 어떤 기준으로 모둠을 만들 것인가를 설정하면 입력값에 따라 모둠이 구성되는 서비스 기능을 갖추고 있어, 이를 편리하게 활용할 수 있다. 만약 LMS로 자동 모둠 만들기 기능이 제공되지 않는다면 다음과 같은 방법으로 모둠을 설정하고 활용할 수 있다.

먼저 Buzz Groups 활동이다. 강좌의 규모에 구애받지 않고 활용할 수 있는 방법으로 바로 옆자리에 앉은 동료와 짝이 되어 토론하는 것이다.[77] 때문에 Active Learning 강의실이 아니어도 실행할 수 있고, 대규모 계단식 강의실에서도 실행할 수 있다. 일반적으로 4명 이상이 되어야만 모둠 활동이 가능하다고 볼 수 있으나 단 두 명이 토론을 이끌어가기 때문에 좀 더 심도 있는 의견 교환이 이루어질 수 있다. 그러나 그날 앉은 자리에 따라 파트너가 결정되므로 만약 파트너가 불성실할 경우에는 학습이 안 될 수도 있다는 단점이 있다. Buzz Groups 활동은 주로 도입 부분에서 개념을 명료화하거나, 상황을 정확하게 이해했는가를 점검하거나, 추론할 때 활용할 수 있다.

다음은 Snowball Groups 활동이다. 눈을 굴려 점차 크게 만들듯 모둠원 수가 점차 확대된다는 점에서, 처음부터 여러 명을 한 모둠으로 만들어야 한다는 부담이 적다.[78] 대체로 개별 활동 후 둘, 넷, 여덟의 순으로 모둠 인원을 늘려 가는데, 앞의 Buzz Groups 활동 후 앞뒤로 짝을 지어 네 명이 한 모둠이 되게 하고, 다시 옆 모둠과 한 모둠이 되게 할 수도 있다. 계단식 강의실이라면 앞의 두 명이 뒤로 돌아 의자에 기대서 토론하게 할 수 있다. 그리고 옆 모둠과 다시 합치게 되므로 계단식의 고정 좌석도 크게 영향 받지 않을 수 있다. 다만 점차 토론이 확대된다는 점에서 많은 시간이 소요된다는 단점이 있다.

마지막으로 가장 많이 알려져 있는 방법으로 동일한 번호가 기입된 쪽지들을 상자에 넣은 후, 학생들이 자유롭게 쪽지를 꺼내게 한 후, 동일한 번호끼리 한 모둠이 되게 하는 방법도 있고, 그날 입은 옷 색깔로 구분한다든가, 과일 이름을 부르고 좋아하는 사람 손을 들으라고 하여 모둠을 짓는 방법도 있다. 중요한 것은 어떤 방법으로 모둠을 구성하여도 무방하나, 학업성취가 높은 학생들끼리 한 모둠에 배치되지 않도록 해야 한다는 점이다. 학업성취가 높은 학생들끼리 한 모둠이 될 경우, 상대적으로 학업성취가 낮은 학생들만 모인 모둠이 나타나게 되어 활동이 원활하게 이루어지지 않을 수 있고, 성취도가 높은 모둠은 다른 모둠보다 일찍 과제를 마침으로 여유시간을 낭비하는 경우도 발생할 수 있기 때문이다.

6. PBL 평가도구

문제중심학습의 평가는 구성주의 교육철학을 따르기 때문에 결과로서 지식이나 행동이 아닌 지식의 활용 및 발견, 인지전략과 같은 고등정신능력이 평가의 대상이 된다. 문제중심학습이 지식뿐만 아니라 문제해결 능력, 협동학습 능력, 비판적 사고력 등과 같은 여러 고등사고능력과 기술을 활용하므로 이를 함께 평가할 수 있어야 한다는 것이다.[79]

문제중심학습에서 평가는 일반 학습에서 진행되는 평가와 크게 두 가지 측면에서 차이가 있다. 첫째는 평가 주체가 다양하다는 점이다. 교수는 물론이고 학생 자신과 동료, 때로는 조력자까지 평가에 참여할 수 있다. 이는 평가의 관점을 다양화하는 것도 있지만, 평가의 목적이 학생들의 결과에 있는 것이 아니라 평가를 통해서도 학습이 일어날 수 있게 하고, 적절한 시기에 피드백을 할 수 있게 하기 위함이다. 두 번째는 평가 방법의 다양성이다. 지필고사와 같은 시험형태가 아니라 관찰도 되고, 질문도 가능하며, 특정 루브릭을 활용하여 평가하는 방법도 있다. 또한 평가 시기도 조절 가능하여 문제중심학습 시작부터 종료까지 지속적으로 이루어질 수 있다. 이러한 평가에서는 과정지향평가와 결과지향평가로 나눌 수 있다.

과정지향평가(progress oriented assessment)는 학습 행동을 개선할 목적으로 학습 과정 중에 실시하는 평가로 조력자 평가, 자기 평가, 동료 평가가 있다. 조력자 평가는 모둠원들의 문제해결과정을 잘 이해하고 있는 조력자가 학생개인과 모둠을 평가하는 것을 말한다. 이때, 보다 객관적인 평가를 위해 교수가 제공하는 체크리스트나 평정척도 등을 이용하는 것이 좋다. 자기 평가는 학생들이 교수학습과정, 문제해결과정 등에서 자신이 학습한 결과에 대해 스스로 성찰하고 평가하는 것을 말한다. 성찰 위주의 자기평가를 통해 학생들은 학습 과정에서 무엇을 알게 되었는지, 학습하기 전과 후 어떤 변화가 있었는지, 스스로 돌이켜 보는 기회를 갖는다. 동료 평가란 학생들이 서로를 평가하는 것을 말한다. 동료 평가는 모둠 활동에서 무임승차를 방지하기 위해 하는 경우가 많다. 그러나 모둠 특성에 따라 전원이 정적 · 부적으로 치

중된 평가를 하거나 특정 학습자에 대한 개인적 감정 등이 개입될 가능성이 커서 모둠의 분위기를 파악하는 정도로만 활용하고 반영비율은 낮추는 것이 바람직하다.

결과지향평가(outcome oriented assessment)는 학습 목표에 대한 성취도를 최종적으로 판정하기 위한 평가를 의미한다. 기존 강의식 수업에서 결과지향평가로 지필시험이나 과제물 등을 평가하는 것과 같이 문제중심학습에서도 각 모둠의 문제해결 결과물을 평가하게 된다. 모둠 활동에 대해서는 모둠 공통점수와 모둠원의 개별점수를 각각 산정하여 최종점수를 부여하는 게 일반적이다. 즉, 시험을 본다거나 퀴즈와 같은 형식이 아니라 특정 평가 준거를 개발하여 관찰 방법을 사용한다.

문제중심학습에 실시할 수 있는 평가 방법은 장경원(2014)[80]이 제시한 내용을 수정하여 다음 <표 19>로 정리할 수 있다.

	내용
평가시기	문제 해결 전 과정
평가주체	자기평가, 동료평가, 교수평가, 조력자평가
평가대상	• 과제수행 계획서, 문제 해결안, 개념지도, 성찰일지 • 모둠원간의 활동내용, 발표 태도, 보고서 등 • 참여 태도, 반응 • 포트폴리오 • 자기주도적 학습능력, 협동학습능력, 문제해결능력
평가 방법	• 평가 준거 및 평가표 활용 • 관찰을 통한 서술 • 질문을 통한 확인
평가점수비율	• 학생들과 도입단계에서 결정 • 가이드라인을 정하여 융통성 있게 합의

<표 19> 문제중심학습 평가 설계

문제중심학습에서 평가는 여러 각도에서 조망되고 다양하게 실시해야 한다는 것 때문에 부담을 가질 수 있다. 따라서 최정임과 장경원(2015)[81]이 제안하는 평가표를 제시하니 각 교과의 특성에 맞게 수정해서 활용하기를 바란다. 다음 <표20>부터 <표 26>은 학생들이 제출한 모둠 활동지나 결과보고서 등을 평가할 수 있는 틀이다. 미리 제작해야 했던 활동지처럼 평가표도 미리 작성해두는 것이 좋고, 학생들과 문항이나 배점을 조율하면 편리할 것이다.

* 학생들이 제출한 성찰일지를 평가할 때 사용할 수 있는 평가 기준이다.

Evaluation for:	Rate: 1~20 piont
문제를 통해 학습해야 할 주요 개념, 원리 및 절차에 대해 정확하게 이해하고 있다.	
주요 학습내용과 관련하여 자신의 생각이나 느낀 점을 잘 진술하였다.	
학습 과정에서의 자신의 경험이 잘 드러나도록 진술하였다.	
학습내용에 자신의 현재 및 미래의 일을 잘 연결지어 진술하였다.	
모둠 활동의 기여 정도는 학생들이 서로에게 부여한 점수를 반영하였다.	

<표 20> 성찰일지 평가표 예(출처: 최정임, 장경원, 2015)[82]

9 - 10	• 주요 개념들을 충분히 잘 이해하고 있다. • 기 적절한 방식으로 모둠에 공헌하였다. • 할당된 문제를 최소한 혹은 그 이상을 수행하였다. • 글을 분명하고 논리적으로 작성하였다.

7-8	• 주요 개념들을 대체로 정확히 이해하고 있다. • 시기 적절한 방식으로 모둠에 공헌하였다. • 할당된 문제를 최소한 수행하였다. • 글을 대체로 분명하고 논리적으로 작성하였다.
5-6	• 주요 개념들에 대해 제한적으로 이해하고 있다. • 불규칙하게 모둠 활동에 공헌하였다. • 할당된 과제를 건성으로 수행하였다. • 글을 성의없이 산만하게 작성하였다.
1-4	• 거의 참여하지 않았다. • 성의 없이 엉뚱한 글을 작성하였다.

<표 21> 온라인 토의 평가 기준 예(출처: 최정임, 장경원, 2015)[83]

* 문제중심학습으로 진행한 단원의 포트폴리오를 실행했을 경우 활용한다.

점수	내용	
9-10	• 내용 조직이 매우 우수 • 사려 깊은 성찰 • 학습 결과물의 양 충분, 매력적인 제시	• 모든 영역을 충분히 포함함 • 매우 많은 노력을 기울임
7-8	• 내용 조직 우수 • 적정수준의 성찰 • 학습 결과물의 양 보통, 비교적 매력적인 제시	• 대체로 모든 영역을 포함 • 대체로 노력함
5-6	• 내용 조직화 부족 • 제한된 성찰 • 학습 결과물의 양 부족, 창의성이 결여된 제시	• 모든 영역을 포함하지 않음 • 대체로 노력함
1-4	어떤 조건에도 부합되지 않음	

<표 22> 포트폴리오 평가 기준 예(출처: Anderson & Puckett, 2003)[84]

항목	내용	우수	보통	부족
토론참여도	• 토론에 적극적 • 진행에 도움이 되는 발언 / 태도			
의사소통기술	• 공감, 경청, 예의, 발표능력			
문제에 대한 논리적 접근능력	• 문제의 다각적 분석 • 가설의 논리적 도출 • 창의적인 사고			
정보수집 / 활용능력	• 학습 결과 게시물의 충실도, 시간 준수 • 다양한 정보 수집과 활용			
LMS참여도	• 온라인 상에서 활발한 상호작용			

<표 23> 조력자 관찰 평가 기준 예(출처: 최정임, 장경원, 2015)[85]

Evaluation for:	Rate: 1~5 piont
개념 수(Number of relevant concept)가 적절한가?	
유효 연결 수(Number of valid proposition)가 적절한가?	
가지치기(Branching)가 의미 있게 이루어졌는가?	
교차결합(Cross - links)이 의미 있게 이루어졌는가?	
사례 수(Number of examples of specific concepts)가 충분히 제시되었는가?	

<표 24> Concept Map 평가 기준 예(출처: 최정임, 장경원, 2015)[86]

과제명:

모둠 이름: 학번: 이름:

모둠 이름	칭찬하고 싶은 점	개선 및 추가가 필요한 내용	점수

<표 25> 모둠 발표 서술식 평가표 예(출처: 최정임, 장경원, 2015)[87]

III. PBL 수업 실행

1. PBL 강의 계획

기존에 진행하였던 일반 강의를 문제중심학습으로 전환하려면 먼저 고려해봐야 할 것이 있다. 즉, 내가 맡은 교과의 성격과 목적, 가르치게 될 학생들의 특성과 수업환경, 그리고 수업 자료들이 적절한가 등이다. 이는 단지 대학에서 유행하는 교수법이기 때문에 문제중심학습을 해야하는 것이 아니라, 담당교과의 특성이나 수업 목표가 문제중심학습으로 진행하였을 때 적합하다는 판단이 되었을 때 실시하는 것이 바람직하기 때문이다. 문제중심학습을 실행하기에 적절하다 판단되면 제일 먼저 해야 할 것이 수업 계획이다. 전언한 바와 같이 문제중심학습은 Barrow와 Myers(1993)[88]의 PBL 모형에 따라 총 5단계로 진행되는데, 정주영과 그의 동료들(2012)[89]은 이를 교수자와 학습자의 활동으로 나누어 다음과 같이 재정리하였다.

① 문제 제시하기

- 단계 설명: 학습자가 해결해야 하는 문제가 제시되는 단계이다.
- 교수자 활동: 학습자가 학습할 문제를 미리 준비하여 수업시간에 제시한다. 문제 제시 방법은 텍스트, PPT, 프레지(prezi), 동영상 등 다양한 방법으로 제시할 수 있다.
- 학습자 활동: 교수자가 제시하는 문제를 제공받고 내용을 파악한다.

② 문제 파악하기

- 단계 설명: 제시된 문제를 보고 학습자는 자신이 해결해야 할 문제가 무엇인지 파악하고, 문제의 근본 원인 및 해결안을 모색한다.
- 교수자 활동: 학생이 문제를 파악할 수 있도록 팀 활동을 촉진한다.

- 학습자 활동: 제시된 문제 상황 내의 사실과 학습자가 이미 알고 있는 사실을 확인한다. 또한 문제의 근본 원인이 무엇인지, 가능한 해결책을 도출하기 위한 가설을 설정하고 검토한다.

③ 학습계획서 작성하기

- 단계 설명: 학습자가 문제를 해결하기 위해 해야 할 일과 방법 등에 대해 구체적으로 계획을 수립한다.
- 교수자 활동: 문제를 해결하기 위한 방법에는 무엇이 있는지 묻고 이를 정리할 수 있도록 돕는다.
- 학습자 활동: 문제를 해결하기 위해 역할을 분담하고 자료검색 방법, 시간 계획 등 실제로 실천 가능한 과제해결 방법을 계획한다.

④ 자기주도적 학습 및 팀 활동하기

- 단계 설명: 자료를 수집하고 해결안을 도출한다.
- 교수자 활동: 학습자의 학습 과정을 살펴보고 참고자료의 적절성, 학습 과정의 적절성 등에 대해 피드백을 한다. 또한 자기주도 학습이 부족한 학습자에게는 조력자와 안내자 역할을 한다.
- 학습자 활동: 학습자는 각자 개별적으로 문제를 해결하기 위한 자료 수집 등의 학습 활동을 한다.

⑤ 해결책 완성 및 점검하기

- 단계 설명: 학습자가 개별학습의 결과를 팀 활동을 통해 발표하고 의견을 종합하여 해결책을 완성하는 단계이다. 제시된 문제를 중심으로 해결책을 점검하여 최적의 해결책을 도출한다.
- 교수자 활동: 학습내용을 점검하는 판단 기준이나 방법을 제공한다.
- 학습자 활동: 개별학습을 통해 자료를 수집하고 해결책을 도출한다. 팀활동을 통해 각자 학습한 내용을 공유한다.

⑥ 발표하기

- 단계 설명: 문제 해결안 작성 후, 팀별로 문제 해결안을 발표한다.
- 교수자 활동: 학습자가 해결안을 발표할 수 있도록 공간적 · 시간적 지원을 제공한다. 발표활동은 오프라인 활동뿐만 아니라 온라인 활동도 가능하도록 지원한다.
- 학습자 활동: 학습자는 문제 해결안을 PPT, 프레지, 동영상, 전시, 시연 등 다양한 방법으로 발표한다.

⑦ 평가하기

- 단계 설명: 학습자가 성찰일지 작성을 통해 학습활동 과정과 결과를 되돌아보는 총체적 성찰의 시간을 갖는다. 본인, 팀, 동료, 교수자 평가 등 다양한 평가활동을 통해 학습내용과 학습 과정에 대해 평가한다.
- 교수자 활동: 학습자에게 성찰일지를 제공하여 성찰활동을 수행할 수 있도록 한다. 평가 방법과 평가 도구를 제공하여 평가활동을 하도록 한다.
- 학습자 활동: 학습 결과 및 학습 과정에 대해 전반적으로 성찰활동을 한다. 활동 전반에 대해 자기평가, 팀 활동에 대한 평가를 실시한다.

이를 염두에 두고 강의계획서를 작성해보자. 문제중심학습용 강의계획서 포맷이 정해져 있는 것은 아니지만 위의 일곱 단계를 반영한 강의계획서는 학회나 전문 서적에서 안내하는 것을 따를 수 있으므로 각 대학의 강의계획서부터 작성해보자. 액션러닝에서 언급한 바와 같이 가장 먼저 해야 할일은 교과 교육목표를 작성하는 것이다. 만약 각 대학에서 핵심역량을 강조하여 교육목표를 설정하도록 한다면 이를 반영하여 작성하면 된다. 그리고 문제중심학습을 통해 어떤 효과를 얻을 수 있는지를 함께 작성하는 것이다. 아래 <표 26>은 교육목표 작성 사례로, 매학기 수정할 수 있으므로 학생핵심역량과 교과목의 목표와 문제중심학습을 조화롭게 기입하도록 한다.

■ 교육목표

1. 학습 과정을 이해하고 자신의 학습스타일을 찾아 활용하면서 문제해결능력이 향상될 수 있다.
2. 자신에게 맞는 보다 실용적이고 효율적인 학습전략을 수립하면서 도전정신과 환경적응력을 기를 수 있다.
3. 긴 안목에서 자기주도적인 삶을 구성해 볼 수 있으므로 종합적 전문지식을 쌓을 수 있는 소양과 환경적응력을 향상시킬 수 있다.

<표 26> 계명대학교 P교수 교육목표 사례

그리고 다음 [그림 11]처럼 교수법에서 '문제중심학습'을 선택한다.

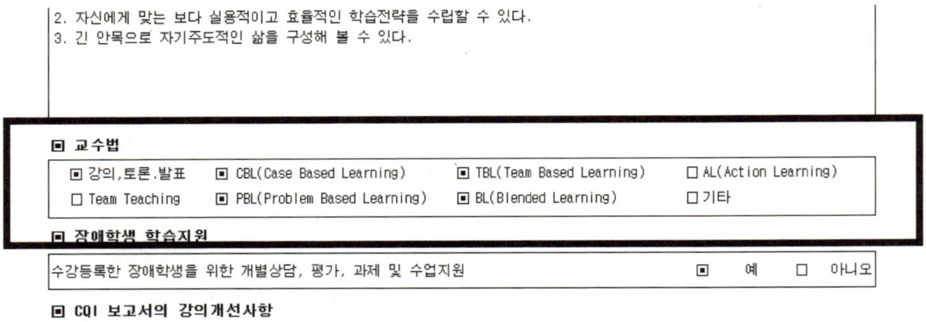

2. 자신에게 맞는 보다 실용적이고 효율적인 학습전략을 수립할 수 있다.
3. 긴 안목으로 자기주도적인 삶을 구성해 볼 수 있다.

▣ 교수법

▣ 강의,토론.발표	▣ CBL(Case Based Learning)	▣ TBL(Team Based Learning)	□ AL(Action Learning)
□ Team Teaching	▣ PBL(Problem Based Learning)	▣ BL(Blended Learning)	□ 기타

▣ 장애학생 학습지원

수강등록한 장애학생을 위한 개별상담, 평가, 과제 및 수업지원	▣ 예	□ 아니오

▣ CQI 보고서의 강의개선사항

[그림 11] 강의계획서 교수법 선택

다음은 강의계획서의 학습 평가 비율이다. 비율은 교수자가 배점한 기준에 의해 자유롭게 기입하면 된다. 아래 <표 27>은 계명대학교 강의계획서의 배점 항목이다. 공란에 PBL을 기입하고 배점 비율을 기록한다.

■ 학습평가

항목	출석	정기시험 (기말시험)	중간시험 (수시)	과제	PBL			합계
평가점수 (만점)								
반영비율 (%)								

<표 27> 강의계획서 학습평가 비율

그리고 <표 27>의 문제중심 학습 배점에 대한 세부 계획은 별도로 구성해 두어야 한다. 즉, 학교에서 제시한 강의계획서에는 문제중심학습만을 위한 영역이 마련되어 있지 않으므로 세부 평가계획을 별도로 마련해두는 것이다. 이는 다음 <표 28>과 같다. 평가자료 내용은 교수가 준비한 것을 명시하면 되므로 응용해서 활용할 수 있다. 사실 세부 배점 계획은 일종의 계획안으로 이것을 토대로 실제 수업에서 학생들과 의논하여 포함할 것과 포함하지 않을 것을 결정하고, 배점도 수정하면 보다 바람직할 것이다. 단 배점 총점은 강의계획서의 배점과 동일해야 한다.

평가자료	평가시기	배점	비고
과제수행계획서			
마인드맵평가			
활동관찰 체크리스트			
모둠활동평가표			
자기평가표			
발표 교수평가표			
발표 동료평가표			
과제수행결과보고서			
성찰일지			

포트폴리오			
(추가 항목)			
총			

<표 28> 문제중심학습 세부 배점 계획표

다시 강의계획서의 다음 항목을 보자. <표 29>와 같이 학습평가 추가 설명과 필요 사항 및 교과목 활용 영역이 있다면 이를 활용해서 문제중심학습을 안내하도록 한다.

학습평가 추가 설명
필요사항 / 선수과목
교과목활용

<표 29> 평가 추가 설명 및 교과목 활용

<표 29>와 같은 영역이 없다면 기타부분을 활용하면 된다. 문제중심학습과 관련된 정보를 넣어주고 본 강의 방법이 학생들에게 어떤 도움을 줄 수 있는지 실제 활용 면과 긍정적인 면을 안내해 주면 학생들에게 유익한 사전 정보가 될 것이다. 만약 전체 수업이 문제중심학습이 아니고 일부분만 문제중심학습으로 운영한다고 해서 이 부분을 소홀히 하면 안 된다. 의대나 실습위주의 학과들에서는 이미 교육과정으로 문제중심학습을 권장하고 운영하는 사례가 많아 학생들이 익숙하겠지만 일반

대의 경우나 교양교과에서는 문제중심학습을 낯설어 할 수 있기 때문이다. 자신이 수업에 참여함으로 어떤 활동을 하게 되는지 기대할 수 있게 긍정적인 결과를 함께 제시하면 보다 효과적일 것이다.

이제 주차별 강의계획을 입력해 보자. 거듭 강조하지만 문제중심학습을 처음 시도하는 경우는 2주 4회 정도의 매우 간단한 문제를 다루어보는 것이 실패할 확률을 줄이는 방법이 될 것이다. 처음부터 4주, 8주 수업을 기획할 경우 문제의 난이도와 수업 전개에 담아야할 학생들의 활동을 예측해서 각종 활동지와 점검 사항들을 마련하려면 부담이 많이 될 것이다. 만약 여러 번 시행해본 경험이 있다면 전체 16주를 2등분이나 3등분 하여 문제중심학습을 적용할 수 있다. 다음 [그림 12]는 두 개의 주차별 계획서다.

강의 주차별 계획서

1주. 오리엔테이션-수업개요 및 과제와 시험안내
2주. 디자인이란? - Brain Mapping
3주. 다양한 디자인 영역 - CPS
4주. 역사와 디자인- ASIT
5주. 경영과 디자인(라이프디자인)- SCAMPER
6주. 교육과 디자인- Synetics
7주. 다양한 디자인 사례- Team study
8주. 중간고사 - 내가 뽑은 최고의 디자인(A4 5매 내외)
9주. PBL <디자인과 창업- 세종시의 주요업종과 창업 디자인>
10주. 실험1 - 농민주에 숨어있는 화학
11주. 실험2- 문학에 나타나는 전통주 표현
12주. 실험3- 세종시 전통주 패키지 완성
13주. 디자인 경영 성공 창업 사례- 홉브루어, 전통주
14주. 결국, 생각이 중요하다-디자인적 마인드
15주. 기말고사

1주	오리엔테이션
2주	자본주의 개념 및 배경
3주	팀구성 및 PBL 개요
4주	1차 문제 제시와 과제 수행계획서 작성
5주	문제해결안 도출과 결과보고서 작성
6주	1차 발표 및 평가
7주	자본주의 특성 및 대표학자
8주	중간고사
9주	자본주의와 현대 경영
10주	2차 문제 제시
11주	과제 수행계획서 작성 및 수행
12주	결과보고서 작성 및 발표준비
13주	2차 발표 및 평가
14주	PBL 전체 평가 및 요약
15주	자본주의 비판
16주	기말고사

[그림 12] 문제중심학습을 적용한 주차별 계획

15주를 기준으로 작성한 오른쪽 주차별 계획서는 1/3에 해당하는 5주 분량에 문제중심학습을 적용한 사례이다. 9주에서 13주까지 주차별 제목을 임의로 정해놓

고 기획한 것이다. 반면 왼쪽의 16주 계획서는 문제중심학습모형의 5단계를 그대로 적용하여 작성한 것으로 전반부 5주와 후반부 4주가 문제중심학습으로 기획되어 있다. 교수 성향에 따라 주차별 계획에 명시하는 방법이 다를 수 있지만 공통적으로 문제중심학습을 표시하고 절차를 재량 것 나타냈다는 것이다. 따라서 주차별 계획서 작성은 각 교과에 맞게 응용하여 제시하면 될 것이다.

강의계획서의 주차별 강의계획 코너는 다음 [그림 13]처럼 일일 활동내용도 기입해야 하므로 주에 해당하는 주제와 일일 수업 내용의 주제를 기록해야 한다. 이때 문제중심학습 역시 큰 주제를 명시한다. 만약 일일 수업 주제를 통해 활동의 중요한 방향성이 노출되는 것이 우려된다면 앞의 [그림 12]의 왼쪽 사례처럼 문제중심학습 모형의 다섯 단계를 주차별로 기입하고 일일 세부 내용에는 각 단계의 설명을 나누어 기입하여도 된다.

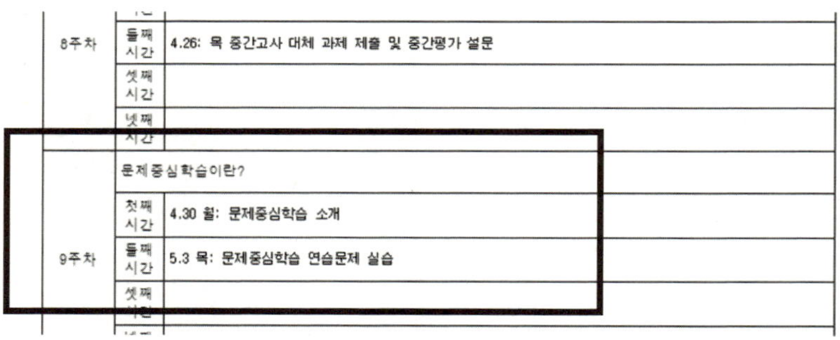

8주차	둘째 시간	4.26: 목 중간고사 대체 과제 제출 및 중간평가 설문
	셋째 시간	
	넷째 시간	
9주차	문제중심학습이란?	
	첫째 시간	4.30 월: 문제중심학습 소개
	둘째 시간	5.3 목: 문제중심학습 연습문제 실습
	셋째 시간	

[그림 13] 문제중심학습 적용 주차

이렇게 15주의 주차별 강의계획서가 완성되면 전체적으로 학생들에게 부담이 되지 않는 적절한 난이도와 진행인가를 점검해야 한다. 먼저 학습목표는 학생들이 수행행동 중심으로 기술되어 있어서 이해하기 쉽고, 학생들이 성취할 것이 무엇인지가 제시되었나를 살펴봐야 한다. 그리고 문제중심학습이 적용되는 주차는 문제중심학습으로 진행된다는 것이 잘 나타나 있는지 살펴본다. 마지막으로 평가 방법에 대한 안내가 자세한가를 점검한다. 계명대학교에서 입력해야 하는 강의계획서는 16주 주차별 강의계획을 작성하면 완료 되므로, 이를 토대로 문제중심학습이 진행되는 주차의 수업에 대한 계획서를 별도로 준비한다. 일반 강의계획서와 다르게 문제중심학습만 별도로 정리하는 이유는 각 차시마다 준비해야 하는 것과 진행 상황 등에 대해 일목요연하게 확인할 수 있기 때문이다. 또한 강의 첫날 배포하여 학생들을 독려할 수도 있고, 문제중심학습을 시작하는 주에 배포하여 향후 활동이 어떻게 전개되는지 이해하는데 활용해도 무방하다. 다음 <표 30>은 문제중심학습이 진행되는 주차에 대한 계획서다.

구분	PBL	진행주차수	5주 10회	
문제	S시 특화상품 개발			
진행주차	수행단계	주요활동	학습자료	교수준비물
9주 1일차	수업전개	문제중심학습소개 평가 기준 합의	LMS공유	PPT, 평가표
2일차		모둠구성 예비문제 문제 수행		모둠구성지 예비문제지 성찰일지
10주 1일차	문제제시	문제제시 학습문제 확인 및 목표수립	LMS공유	PPT
2일차		모둠별 과제 수행 공유 과제수행계획서 작성	LMS공유	활동지
11주 1일차	문제후속단계	과제수행을 위한 개별학습	도서관 멀티미디어실	
2일차		문제해결을 위한 토론 결과 도출 및 수정		활동지
12주 1일차	결과물 제시 및 발표	결과자료 개발	LMS공유	모둠별준비
2일차		모둠별 결과물 공유 및 수정		모둠별준비

13주 1일차	문제 결론과 그 이후	발표 및 질의응답 피드백	LMS공유	평가지
2일차		문제중심학습 총정리		평가지

<표 30> 문제중심학습 적용 주차 계획서 예

다음은 학생들을 독려할 스캐폴딩(scaffolding. 비계)을 기획하는 것이다. 스캐폴딩이란 일종의 도움단기로 Vygotsky의 근접발달영역과 함께 소개된 개념이다. 전희정(2007)[90]은 문제중심학습에서 교수가 실행할 수 있는 스캐폴딩 방법을 다음 <표 31>과 같이 제시하였다.

단계	내용
문제 표상 단계	• 문제에 대한 학생들의 해석이 이루어지는 단계 • 학생들은 문제의 초기 상태를 정교화하고 문제가 포함하고 있는 제한점을 확인해야 함 • 학생에게 해당 내용영역에 대한 지식과 구조적지식은 중요한 역할을 함 • 문제의 목표가 명확히 정의되어 있지 않기 때문에 다양한 문제 표상을 할 수 있음 • 적절한 문제 공간(problem space)을 결정해야 함 • 선행지식의 활성화가 매우 중요함 • 과제지향적 스캐폴딩을 제공해야 함
해결안 탐색 단계	• 학생들이 문제해결에 필요한 선행지식과 스키마를 찾는 단계임 • 다양한 요인들을 동시에 고려하면서 해결 방향을 탐색하고 해결안의 잠정적인 추측이 이루어짐 • 문제와 관련된 상황이나 요소가 잘 정의되어 있지 않음 • 문제 상황이나 문제 진술에 문제 해결에 필요한 정보가 충분히 포함되어 있지 않음

해결안 선정 및 정당화 단계	• 문제해결에 필요한 지식을 이용해 해결안 선정을 위한 의사결정을 하는 단계 • 여러 대안들 중에 최적의 해결안을 선택해야 함 • 설득력 있는 근거를 확보해야 함
점검 및 평가 단계	• 비구조적인 문제해결에서 학생들이 선정한 해결안을 점검하고 대안적인 해결안을 평가하는 단계 • 점검과 평가는 해결안을 정당화하기 위해 행해지는 것임 • 최적의 해결안과 다른 대안들을 평가하고 비교함으로써 점검과 평가과정을 진행하게 됨

<표 31> 문제중심학습 단계별 스캐폴딩

스캐폴딩은 처음 문제를 접한 초보자가 혼자 힘으로 문제를 해결하고 과제를 수행하며 목표를 성취할 때, 전문가가 제공하는 도움을 의미한다. 이러한 도움은 간섭이나 지시가 아니라 학생들이 활동에서 더 많은 책임을 갖도록 자극하는 것을 의미한다. 그리고 점차 도움을 줄여 결국 학생 스스로 목표를 해낼 수 있게 하는 방법이다. 학생들이 문제중심학습을 경험해보았다 하더라도 교수마다 사용하는 방법에 차이가 있고, 때로는 사전 지식이 없거나 저성취 학생들도 참여하게 되므로 스캐폴딩 계획은 중요하다. 잊지말아야 할 것은 스캐폴딩은 도와주는 것이 아니라 방향을 안내하는 것으로, 자신이 기획한 수업에서 어떤 단계에서 어려움이 발생할지 예측하고 예상 안내 질문들을 모색해두었다가 활용한다.

문제중심학습으로 수업을 운영하다보면 학생들이 교수가 가르치지 않고 방임한다 생각하는 경우가 있다. 왜냐면 학생들은 모둠 활동을 열심히 하고 있는데 교수는 그 주위를 맴돌 뿐, 아무것도 하지 않는 것처럼 보이기 때문이다. 또한 강의만이 교육이라고 여기는 경우도 많아서 교수가 직접적으로 설명하고 있지 않으면 학생들은 교수가 자신의 직분에 충실하지 않다고 보기도 한다. 따라서 문제중심학습을 운영하는 동안에는 그러한 수업을 하기 위해 교수가 얼마나 많은 시간과 노력을 하고 있는지를 간접적으로 설명해줄 필요가 있다. 또한 학생들과 지속적인 대화를 통해 지금 수업이 어떻게 운영되고 있고, 무엇을 학습하는 중이며, 왜 그런 활동을 하고 있는지를 수시로 상기시켜주어야 한다.

간혹 완성된 결과물이 교수가 원하는 수준의 것이 아니었을 때 학생들에게 면박을 주기도 하는데 열린 태도와 낙관적인 자세로 지금은 수준미달이어도 그것을 통해 학생들이 발전할 것이라는 믿음을 보여주어야 한다. 입시로 외우기에 급급하고 강의식에 길들여진 학생들에게 열린 형태의 수업을 하려면 적잖은 마찰도 있을 수 있으므로 항상 자신감을 갖고 융통성 있게 운영해야 할 것이다.

2. PBL 수업 운영

① 수업 전개

문제중심학습을 도입하는 첫째 날 수업에는 문제중심학습을 소개하고 모둠을 구성하게 된다. 또한 평가를 어떻게 할 것인지 학생들과 논의하게 된다. 즉, 1일차에 진행될 내용은 문제중심학습 모형의 제 1단계인 "수업 전개"를 진행하는 것이다. 문제중심학습에 대한 대략적인 안내를 PPT를 활용하여 강의식으로 할지, 문제중심학습이 무엇인지 학생들이 스스로 탐구할 수 있도록 예비문제를 활용해서 진행할지는 교수 선택에 달려있다. 향후 모둠 활동이 지속적으로 진행될 것이기 때문에 강의식으로 도입을 시도하는 것도 부담이 적을 수 있다. 중요한 것은 학생들이 수행해야하는 학습목적에 공감대가 형성될 수 있어야 하므로 흥미유발 전략을 활용하여 문제중심학습으로 수업하는 것의 필요성과 효과 등을 충분히 설명해야 한다. 다음 [그림 14]는 PPT로 문제중심학습의 효과를 안내하기 위해 제작된 그림이다.

■실제적 문제 사용 →흥미 유발, 이해력 향상 ■학습과정(그룹 활동) →학습과 기억 촉진	**지식습득 촉진**	**문제 해결력 향상**	■문제 해결 과정 → 다양한 해결책 탐색 → 논리적 사고력, 문제해결력 향상
■학습과제 스스로 결정 ■관련 정보 및 중요정보 결정 ■스스로 자신의 학습 주도 및 책임	**자기주도적 학습능력 향상**	**협동학습 능력 향상**	■그룹활동 → 학습목표 성취 → 인지, 타협, 중재, 협동능력 개발 기회 제공 → 대인관계 기술 개발

[그림 14] 문제중심학습 안내 PPT 예

다음으로 진행할 것은 모둠 구성이다. 물론 문제를 먼저 제시해도 된다. 그러나 모둠 구성을 먼저 하게 되면 서로의 관심사와 교과 수강 이유 및 향후 희망 등에 대해 어느 정도 공유하고 유대가 형성될 수 있어서 공동의 미션으로 문제를 받게 되었을 때 부담을 덜 느낄 수 있다. 모둠이 구성되면 다음 <표 32>와 같은 모둠 구성 활동지로 모둠 활동을 시작한다.

<table>
<tr><th colspan="5">모둠 구성</th></tr>
<tr><td colspan="5">모둠 인원: 명</td></tr>
<tr><td colspan="5">모둠 이름:</td></tr>
<tr><td>모둠원 이름</td><td>전공 / 학년</td><td>연락처</td><td>e - mail</td><td>역할</td></tr>
<tr><td></td><td></td><td></td><td></td><td></td></tr>
<tr><td></td><td></td><td></td><td></td><td></td></tr>
<tr><td></td><td></td><td></td><td></td><td></td></tr>
<tr><td></td><td></td><td></td><td></td><td></td></tr>
<tr><td></td><td></td><td></td><td></td><td></td></tr>
</table>

모둠 규칙	
1	
2	
3	
4	
5	
기타 (활동 중 필요한 준비물)	

<표 32> 모둠 구성 활동지

모둠 활동에서 중요한 것은 침묵을 깨는 것이다. 강의식 수업에서는 교수가 질문하는 순간 침묵하게 되고, 자신의 이름이 호명되지 않기를 바랄만큼 자신의 앎에 대해 자신이 없고, 모르고 있다는 사실이 드러나지 않기를 바란다. 때문에 모둠 활동에서도 여전히 말을 먼저 꺼내는 학생들이 적고, 혹시 자신의 발언이 잘못된 것일까봐 더욱 말을 하지 않는다. 따라서 학생들 스스로 자신이 모른다는 사실을 인정할 때 공부하고자 하는 동기가 생기게 된다는 점을 부각시키고 자유롭게 발언할 수 있도록 규칙을 만들게 한다. 즉, 서로의 의견과 반론에 대해 존중하기, 누구든지 다른 사람이 발언할 때는 경청하기, 설사 틀린 발언을 해도 함께 해결책을 찾게 되는 실마리가 되므로 가치 있게 여기기, 침묵하면 동의한 것으로 간주하기 등을 규칙화 하는 것이다. 일종의 '일인 일문일답'의 규칙을 만들게 하여 무임승차도 방지하고 타인의 말을 존중하고 듣는 연습도 할 수 있게 하는 것이다. 앞의 <표 15>의 '모둠 활동 동료 평가표'와 같은 활동지가 이러한 활동을 촉진하는 역할을 할 수 있다.

모둠 활동이 끝나면 모둠간에 공유가 일어나도록 전체 발표의 기회를 준다. A3 복사지에 모둠 이름과 구성원 및 향후 다짐, 역할 등을 코믹하게 표현해서 강의실 벽면에 부착하고 서로 돌아가며 볼 수 있게 하는 것도 한 방법이다. 다음 [그림 15]는 모둠 구성 단계에서 서로의 역할을 정하고 있는 장면이다.

[그림 15] 모둠구성

만약 모둠 활동 시 원활한 운영에 방해되는 학생이 있을 경우, 다음 [그림 16]과 같은 대처를 할 수 있다. 학생들이 모둠 활동을 통해서 겪게 되는 다양한 문제 상황도 학습의 일환이므로 인간관계를 어떻게 맺어가고, 타인과 의견이 맞지 않을 때 어떻게 절충하며 관계를 유지하는 지도 학습할 수 있는 좋은 기회이므로 이를 적극 강조할 필요가 있다. 다음 [그림 16] 자료는 숙명여대 'PBL 수업전략'[91]에서 가져왔다.

행동	대처방법
다른 생각/ 무관심한 학생	· 그 학생을 지적해서 쉬운 질문을 던진다. · 그 학생을 지적한 뒤, 방금 논의된 문제를 다시 정리해서 들려준 뒤 그 사람의 생각을 들어본다. · 당사자 곁으로 자연스럽게 접근하여 잠시 서 있는다. (노골적이지 않게)
너무 잘못된 견해를 제시할 때	· 절대로 당사자를 당황시키지 않게 조심스럽게 접근 · '잘 알겠어요. 그럼 그것을 어떻게 현재의 문제해결과 연결될 수 있게 할까요?' · 문제해결의 초점을 다른 말로 풀어서 제시한다.
교사의 개입을 요청할 경우	· 교수자가 직접 문제를 풀어주는 것을 자연스럽게 회피하고 대신 팀 스스로 해결안을 도출할 수 있도록 도와준다. · 절대로 어느 쪽 한편에 서지 않는다. · 팀의 한 사람을 선택하여 대신 대답하도록 요청한다. · '제 생각도 있지만, 일단을 여러분께서 결정하신 뒤 제 생각을 알려드리겠습니다.'라고 한 뒤에 그들의 결정과 유사한 방향으로 조율해서 교수자의 생각을 말한다.
지나치게 말이 많은 학생 (많이 알고, 열정적, 토론 독점)	· 절대 비판하지 않는다. (다양한 아이디어 그 가운데에서 중요한 생각을 끌어낼 수 있음) · 좀 더 도전적이고 어려운 질문을 제시한다. · '참 좋은 생각 같습니다. 그럼, 다른 학생은 어떻게 생각하는지 물어볼까요?'
논쟁적이면서 불만을 말할 경우	· 같이 논쟁적이지 않게 노력하면서 생각을 정리하도록 한다. · 다른 학생들의 생각을 물으면서 다음 과정으로 진행한다. · 휴식시간 동안에 개별적 면담을 통해 문제점이 무엇인지 묻고 협조를 당부한다.
개인의 견해만을 고집하는 경우	· 다른 학생들에게 당사자의 견해를 어떻게 생각하는지 물어본다. · 해당 논점을 나중에 깊게 논의할 것을 제안한다. · 당사자에게 그 시점에서는 팀의 생각을 받아들여 주길 요청한다.
견해차로 인한 불협화음 시	· 이견이 어디서 이루어지고 있는지 파악하고 그 차이를 최소화하도록 노력한다. · 논의되고 있는 이슈와 내용이 무엇인지 정리해보도록 유도한다. · 그 팀의 'ground rule'을 물어서 상기시킨다.
갈팡질팡/ 횡설수설하는 학생	· 공손한 태도로 좋은 견해라고 지적하면서 다음 논점으로 진행시킨다. · 당사자에게 주어진 시간의 제한점을 상기시키고 다음 논점으로 진행을 유도한다. · '제가 한번 당신의 생각을 정리해볼까요?'라고 좀 더 쉬운 말로 풀어준다.
무관심, 우울감 등을 표명 시	· 당사자의 생각을 물어서 그의 관심을 유도한다. · 당사자가 의견을 표명할 때 진지하게 그의 생각을 칭찬한다.

[그림 16] 모둠 활동 활성화 방안

1일차에 예비문제를 풀어보는 것도 문제중심학습을 성공적으로 수행할 수 있는 방법이다. 모둠 구성 시간이 많이 소요되지 않으므로 다음 <표 33>과 같은 예비 문제를 풀어봄으로써 문제중심학습 진행 방법을 익히게 한다. 연습문제 자료는 최정임과 장경원(2015)[92]의 자료이다.

여러분은 지역신문의 기자입니다. 새 편집장은 여러분에게 토요일 신문의 1면에 실을 기사를 준비하고, 그 기사를 독자에게 더욱 호소력 있게 만들라고 지시하였습니다. 편집장은 가장 중요한 기사가 1면을 차지해야 한다고 말했고, 그 기사들은 자신의 승인을 받아야 한다고 말했습니다. 여러분은 어떤 기사를 써야 할까요? 2,000자 분량의 원고를 작성하세요.

생각	사실	학습과제	실천계획

<표 33> 문제중심학습 연습문제

<표 33>을 학생들에게 나눠주고, 교수는 칠판에 동일한 포맷을 띄운 다음 학생들과 함께 칸을 채워간다. 교수가 각 칸에 무엇을 적어야 할지 설명하며 학생들에게 질문하고 학생들이 답을 하면 받아 적는 것이다. 학생들도 교수가 칠판에 판서할 때 같이 받아 적으면서 설명을 추가 기록할 것이다. '생각'에는 문제를 받고 떠오르는 생각들을 적는다. 중요하게 고려해야 하는 것, 문제가 요구하는 사항, 예상 결과물들을 적는다. '사실'에는 문제해결을 위해 꼭 고려해야 하는 것을 적는다. 주로 학생들이 이미 알고 있는 사실에 대해 적게 될 것이다. '학습과제'에는 생각과 사실을 통해 우리가 꼭 알아야할 학습내용을 적는 것이다. 마지막으로 '실천계획'에는 학습과제에서 거론된 내용들을 누가 어떻게 학습해 와서 공유할 것인지를 결정하는 것이다. 학생들은 이 과정을 통해 향후 문제중심학습이 어떻게 진행될지를 대략적으로 이해할 수 있고, 교수도 이 과정에서 충분한 경험과 관련지식을 제공할 수 있어서 편리할 것이다.

첫날 반드시 해야 할 것은 평가에 대한 합의다. 문제중심학습에 배정된 점수가

얼마인지를 안내하고 이 점수의 세부 배점은 어떻게 되는지 학생들에게 알려줌으로써 활동에서 반드시 챙겨야할 것이 무엇인지를 알 수 있게 한다. 앞서 제시한 <표 27>과 같이 세부 활동의 배점에 대해서 학생들이 이의를 제기하거나 조절을 요청할 수 있으므로 어느 선까지 허용이 될 수 있는지도 사전에 안내하여야 한다. 평가에 자신들의 의견이 들어간다는 것을 인식하게 되면 책임감이 높아져 활동에 더욱 충실해 질 수 있다.

② 문제제시

본격적으로 문제중심학습이 시작되는 날이다. 학생들은 자신들이 받게 될 문제에 대해 사전 지식이나 준비 없이 수업 시작과 동시에 문제를 받게 된다. 문제에 대한 사전 정보를 제공하지 않는 이유는 학생들이 문제를 받고서 문제와 관련해 자신이 이미 알고 있는 부분이 무엇인지, 이 문제를 해결하기 위해 배우고 이해해야 할 부분이 무엇인지를 정리하게 하기 위함이다. 그리고 이러한 과정이 실제 세계에서 업무를 받거나, 문제에 부딪혔을 때 해결하는 메카니즘과 유사함을 알게 될 것이다. 학생들에게 문제를 제시하면 학생들은 앞의 <표 33>과 같은 활동지를 통해 문제를 정교화할 수 있다. 이를 위해 마인드맵과 같은 이미지로 구체화하거나 포스트잇을 활용해서 활동을 시도해도 된다. 아래 [그림 17]은 학생들이 문제 정교화를 위해 시도한 활동 자료의 예이다.

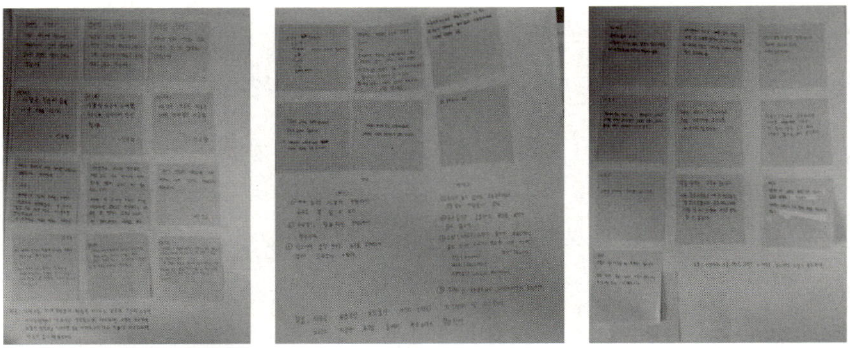

[그림 17] 문제 정교화 활동 사례

학생들은 문제를 정교화하고 나면 어떻게 수행할 것인지 과제수행계획서를 작성하게 된다. 학습계획서라고도 하는데 과제수행계획서는 특정 양식이 있는 것이 아니므로 모둠에서 자율적으로 작성하게 하여도 되고 교수가 특정 양식을 개발해서 활용해도 된다. <표 8>의 학습계획서와 <표 9>의 모둠 활동 일지를 활용해도 된다. 단, 수업 시간에 완성 못할 경우 온라인에 탑재하도록 하여 교수가 피드백 할 수 있는 기회를 확보한다. 과제수행계획서가 중요한 이유는 이를 통해 3일째 활동이 진행되기 때문이다. 학생들이 모둠별로 제작한 과제수행계획서 사례는 다음 [그림 18]과 같다.

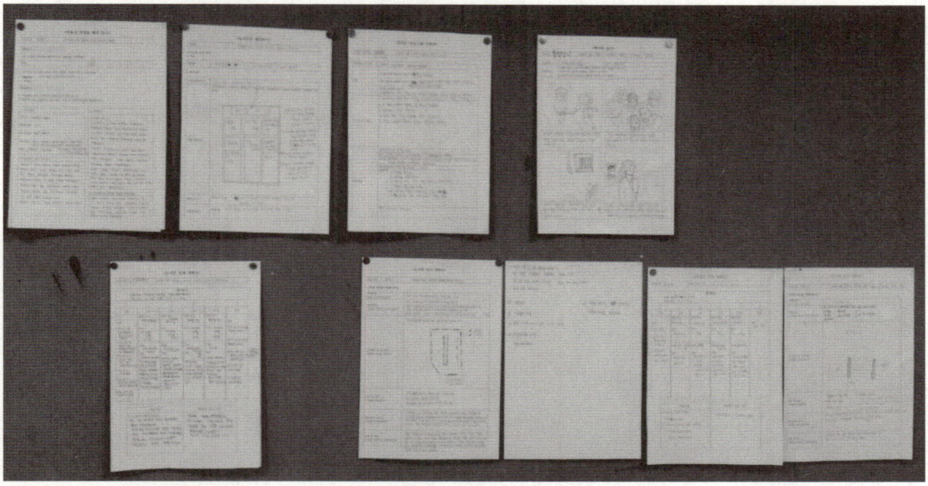

[그림 18] 과제수행계획서 제작 사례

이 과정에서 학생들이 문제에 대해 불명확해 하거나, 혼란스러워하거나, 혹은 의견일치를 보지 못할 때, 또는 배경지식이 너무 미약하여 학습과제를 도출해내지 못할 때 조력자나 교수가 학생들의 생각이 활성화될 수 있도록 질문을 해서 도움을 줄 수 있다. 사실 강의계획에서 준비했던 스캐폴딩을 적용하는 단계이기도 하다. 모둠에 따라 진행이 잘되기도 하고 잘 되지 못하기도 하여 조력자와 교수는 모둠 사이사이를 다니면서 이를 파악하고 적절한 질문으로 학습이 일어나도록 자극해 주어야 한다. 물론 교수가 조력자 역할을 수행할 경우에는 교수 단독으로 이를 수행해야 하므로 모둠별로 고른 시간 안배를 해야 할 것이다.

교수나 조력자가 할 수 있는 질문은 크게 세 가지로 구분된다. 첫째는 개방형 질문이다. 개방형 질문은 답이 하나가 아니다. 또한 짧고 간단하게 끝나지 않는다. 예를 들면, '문제가 잘 풀리나요?'라는 질문은 예, 아니오로 끝날 수 있다. 그러나 '문제가 요구하는 게 무엇이라고 생각하세요?'라고 물으면 다양한 답이 나올 수 있다. 그리고 이러한 대답을 하는 과정에서 생각이 정리되어 문제가 요구하는 핵심에 좀 더 가까이 갈 수 있다.

두 번째는 중립적인 질문이다. 대부분의 교수나 조력자의 질문이 유도형에 가깝다고 할 수 있는데, 유도형 질문은 둘 중의 하나가 답이라는 생각을 쉽게 할 수 있고, 어느 쪽인가를 선택하면 되기 때문에 깊은 사고를 할 수 없다. 즉, '이쪽보다 저쪽이 크지 않을까?'라고 묻는 것이 유도형이라면 '넌 크다의 기준이 무엇이니?'라고 묻는 것이 중립적인 질문이다.

마지막으로 탐색형 질문이다. 학생들은 사지선다 문항과 교사나 학부모의 보호 속에서 성장하다가 대학 입학과 동시에 모든 것을 스스로 선택한다는 것이 부담이 될 수 있다. 교수나 조력자 입장에서는 대학생인데 왜 이 정도도 모를까 하는 생각이 들 수도 있지만 인내심을 가지고 '음, 여기에 무엇을 좀 더 보완하면 좋을까?'하고 탐구심을 열어주는 것이 '안 됐지만 틀렸어'라고 말하는 것보다 학생들에게 유익할 것이다.

③ 문제 후속 단계

문제중심학습 모형의 3단계인 문제 후속 단계에서는 학생들이 준비한 과제수행 계획서에 따라 활동을 시작한다. 이 단계는 강의실보다는 멀티미디어실을 대여하여 학생들이 자유롭게 인터넷을 활용하고, 도서를 탐독하며, 관련 논문이나 기사 등을 읽고 수집할 수 있게 해야 한다. 스마트 폰을 활용할 수 있기 때문에 강의실에서 수행하는 경우도 있는데, 학생들이 자료들을 찾아서 읽고, 정리하여 모둠원들과 공유할 수 있는 자료로 제작하려면 액티브러닝 강의실이 학생들 입장에서 좀 더 편리할 것이다. 다음 <표 34>는 학생들의 문서관련 자료정리 양식이다. 학생들에게 EndNote

활용법을 안내하여 자료들을 효과적으로 관리할 수도록 할 수도 있으나 별도의 사용법 안내에 시간을 많이 할애해야 하므로 간단한 정리표를 만들어 안내해주는 것이 효율적일 것이다. 이러한 과정은 자신의 배경지식을 확인하는 중요한 수단으로 출처의 명확성을 활용하고 이를 통해 저작권을 이해하는데 도움이 될 것이다.

종류	제목	주요내용	시사점
책, 논문	(저자, 날짜, 책제목, 출처(쪽번호)순)		
인터넷	(제목, 날짜, 주제, 인터넷 주소 순)		
기타			

<표 34> 문서자료 정리표 예

만약 관계자 인터뷰나 현장 방문 등이 계획되었다면 반드시 사전에 교수와 합의하도록 한다. 학생들의 출결문제가 성적과 관련되고, 안전사고와 관련하여 조력자나 교수가 동반해야 하는 학내규칙이 있을 수 있기 때문이다. 현장 답사나 인터뷰는 가기 전에 철저한 준비가 있어야 한다. 현장답사는 일정표가 준비되어야 하며, 인터뷰는 어떤 질문들을 할 것인지 예상 질문지가 준비되어야 한다. 다음 <표 35>와 <표 36>

은 현장활동 계획표와 인터뷰 사전 질문지 사례이다. 인터뷰와 현장 활동은 사진을 반드시 첨부하여 조사내용과 함께 제출하거나 온라인에 탑재하도록 하여 결과물 관리에 좀 더 신경 쓰도록 한다.

시간 [소요시간(분)]		내용	장소	비고
~ 13:00		모이기		
13:00 - 13:05	(5)	현장 소장님 인사말		
13:05 - 14:00	(55)	현장 답사		
14:00 - 14:10	(10)	휴식		
14:10 - 14:40	(30)	질의응답		
14:40 ~		귀가		

<표 35> 현장답사 일정계획표 예

	예상 질문
인사	
관계형성	
문제관련	
정리	

<표 36> 인터뷰 예상 질문 목록 표 예

문제 후속 단계는 교수와의 활동보다는 학생들의 개별적인 활동이 주가 되므로 언제든지 교수와 조력자와 연결될 수 있고, 수업의 연장이란 느낌을 가질 수 있

게 해야 한다. LMS의 그룹게시판이나 토론방을 활용하여 수시로 서로의 의견을 교류할 수 있게 하고, 피드백을 답글로 달아준다면 학생들이 보다 열심히 활동에 임할 수 있을 것이다. 다음 <표 37>은 탐방보고서 형식이다. 발표와 결과 보고서 제출이 있기 때문에 탐방보고서에 넣어야 될 양이 많아질 경우 학습효과가 떨어질 수 있어서 간략하게 제작하였는데, 탐방시간이 길거나, 학습내용이 어려울 경우에는 분량을 조절하여 늘려 제공할 수 있다.

모둠명		날짜	
참가자			
탐방장소			
탐방목적			
탐방내용	사진		
	(내용)		
시사점			

<표 37> 탐방보고서 예

④ 결과물 제시 및 발표

그동안 모둠 활동이나 개별 활동을 통해 축적해온 지식들을 모아서 하나의 결과물로 완성하고 발표할 자료를 만들어 발표하는 문제중심학습 모형 네 번째 단계이다. 학생들의 의견이 가장 치열하게 오가기도 하고, 자신이 준비한 자료를 관철시키기 위해 설득하는 기술이 다양하게 펼쳐지기도 하여 매우 역동적인 시간이 될 수 있다. 안타깝게도 이 단계에서 다시 문제 시작점으로 돌아가야 하는 모둠이 생기기도 하고, 쉽게 결론이 나서 해결안에 합의가 이루어지기도 하는 등 모둠 간의 편차가 나타난다. 따라서 네 번째 단계는 다른 단계와 다르게 기간이 길게 소요될 수 있어 여유 있게 편성하는 것이 좋고, 기간을 맞추어야 한다면 문제의 난이도를 좀 낮추어서 접근하는 것이 좋다.

학생들 간의 마찰을 줄이려면 학습내용을 점검하는 방법이나 기준을 제시해주어야 한다. 평소 교수와 조력자가 학생의 수준보다 한 단계 높은 질문을 하므로 학생스스로 판단할 수 있게 하듯이, 학생들도 자신의 자료가 타당한 것인지, 적절한 것인지, 신뢰할 수 있는 것인지 등에 대해 스스로 판단할 수 있는 시간을 주는 것도 한 방법이다. 다음 [그림 19]는 토론과 결과물 사례다.

[그림 19] 토론과 결과물 예

이렇게 토론을 통해 문제 해결책이 완성되면 이를 발표 가능한 결과물로 만들어야 한다. 발표를 역할극으로 할 수도 있고, 프레젠테이션으로 할 수도 있으며, 모둠원들이 촬영한 동영상으로도 할 수 있다. 장기간의 문제중심학습이었다면, 전시도 권할 수 있다. 조형 관련 전공이라면, 한 학기 문제중심학습이 가능하여 결과물 전시와 포트폴리오 제작을 함께 진행할 수도 있다. 그런데 이렇게 다양한 결과물 발표 방법이 있다하여 발표 방법에 다양성을 줄 경우 평가에서 어떻게 공정성을 확보하느냐의 문제가 있어서 교과의 주제에 따라 발표방법을 미리 정하는 것이 좋다. 만약 평가 기준에 발표방법에 따른 평가 기준을 합의할 수 있어서 포함한다면 모둠별로 창의적이게 발표하는 것이 가능할 것이다. 발표에는 결과보고서가 함께 제출되는데 교수에 따라서는 PPT 제작과 보고서를 별도로 작성하게 하는 경우도 있고, PPT를 보고서용으로 인쇄하여 제출하게 하는 경우도 있어서 반드시 사전 합의로 발표와 자료제출을 진행한다. 다음 [그림 20]은 '건전지 없이 움직이는 자동차' 개발이란 문제를 받고 각 모둠에서 개발한 자동차를 실제 움직여보는 장면이다. 즉, 프레젠테이션과 같은 단계로 볼 수 있다. 결과물 보고서는 자동차 제작방법과 설계도 및 완성된 자동차의 디자인이 첨부된다. 이렇게 결과물을 시현할 경우 학생들은 문제해결의 실제 적용이란 점을 자연스럽게 경험하게 되고 동료들과 자동차 경주 시합을 통해 성능도 확인하면서 자신들의 결과물의 장단점을 스스로 진단할 수 있다.

[그림 20] 결과물 발표 사례

그리고 학생들이 발표를 들으면서 동료 평가를 할 수 있게 진행하면 집중도를 높일 수 있다. 앞의 모둠이 발표하면 그 동안 자신들이 발표할 것에 대해 준비하느라 다른 모둠의 발표 내용에 귀를 기울이지 않는다. 또한 발표가 끝나면 자신이 발표한 것을 돌아보느라 다음 발표 내용에 집중하지 않는다. 때로는 스마트 폰을 활용하여 발표에 대해 옥신각신 서로의 의견을 주고받느라, 집중하지 않는 경우도 발생한다. 따라서 이러한 문제점들을 사전에 차단하려면 발표자의 내용을 들으며 바로 평가하게 하는 것이 좋다. 모두 진지하게 평가를 해야 하므로 집중할 수밖에 없을 것이다. 이때 간과해서는 안 될 것이 다른 모둠에 상대적으로 낮은 점수를 주어 자신들의 점수를 보존하려는 단합이 있을 수 있다는 것이다. 따라서 학생들이 평가한 동료 평가지를 교수가 다시, 재평가하여 반영한다고 안내하면 좀 더 신중하게 평가할 수 있을 것이다.

또 다른 방법은 다음 [그림 21]과 같이 '소크라티브(socrative)'라는 설문 툴을 이용하여 즉석에서 평가하고 결과를 알게 하는 것이다.

[그림 21] socrative 홈페이지와 활용 예

<표 13>과 <표 14>, 또는 <표 22>에서 <표 25>로 제시한 평가지들 중에서 필요한 평가 항목들을 '소크라티브'에 탑재하고 적절하게 활용하는 것이다. 학생들 각자가 채점한 내용이 교수 화면에 상세하게 제시지만 통계도 함께 볼 수 있어서 전체적으로 합당한 점수가 배정되었는지를 바로 알 수 있다. 즉, 한 모둠의 발표가 끝나면 모두 소

크라티브 교수방에 입실하여 교수가 탑재해둔 문항들을 완성한다. 그러면 교수는 프레젠이션을 통해 결과화면을 보여주고 모두가 공감할 정도로 수준이 낮은 발표였는지, 발표가 훌륭했음에도 낮은 점수인지를 함께 확인하는 것이다. 응답과 동시에 결과를 알 수 있다는 점에서 학생들은 더욱 신중해진다. 교수가 판단하기에도 문제가 되는 평가 결과는 바로 재평가를 시도할 수 있어서 편리하다.

⑤ 문제 결론과 해결 이후

문제중심학습 5단계다. 학생들 발표 후 문제에서 중요하게 다루고자 하였던 부분이 무엇인지 전체적인 정리 시간이 필요하다. 학생들이 문제중심학습을 통해 어떤 개념과 원리, 절차, 이론 등을 습득했는지 확인할 시간을 갖는 것이다. 그러나 시험과 같은 방법이 아닌 성찰일지를 기록한다거나 학습 과정과 결과에 대해 논의하는 방법을 사용한다. 강의식 수업에서도 학생들이 교수가 이끄는 방향이나 지식, 내용에 대해 습득했는지를 확인하는 질문과정이 있듯이 문제중심학습에서도 확인이 반드시 필요하다. 특히 문제중심학습은 학생들 개개인이 자신의 지식을 다양하게 구성하도록 운영하기 때문에 전체적인 정리가 없으면 전혀 다른 방향으로 지식이 구성되었을 수도 있기 때문이다. 이것은 한 수업에서 학생 각자가 기본으로 가져가야할 지식을 챙겼는가의 문제라고 할 수 있다.

교수가 본 수업을 통해 학생들이 습득했어야 될 개념이 무엇이고, 이를 이해하기 위해 사용한 사전 지식들은 무엇이 있으며, 해결안이 실제 활용될 수 있었는지, 그렇게 해서 새롭게 구성된 지식은 무엇인지를 짚어줌으로써 학생들은 자신이 무엇을 알고 무엇이 변화되었으며, 새롭게 얻은 지식이 무엇인지를 체계적으로 정리하게 된다. 따라서 이 시간에는 학생들에게 성찰일지를 쓰게 하고, 서로의 소감을 공유한 후 판서와 프레젠테이션을 활용하여 정리한다. 그리고 LMS를 활용하여 각자 제출한 성찰일지에 피드백을 달아서 격려와 지지를 보여준다. 또한 이후 수업은 어떤 것을 진행하게 되는지 다음 수업주제도 안내한다.

마지막 단계가 평가이기는 하나, 이 단계에서 실행되는 평가는 성찰일지를 통한 자기평가와 문제중심수업을 통해 지식을 습득하는 것이 일반적인 수업에서 지식을 습득하는 것보다 더 이해하기 쉽고 오래 기억될 수 있는지 등을 알아볼 수 있는 수업 평가라고 할 수 있다.

3. PBL 수업 평가

문제중심학습 평가도구에서 다양하게 소개한 평가도구들을 어떻게 활용하는가는 교수가 학생에게 기대하는 수업성과에 따라 결정된다. 즉, 문제중심학습은 수행 중심의 평가로 참평가(authentic assessment)를 활용한다. 참평가는 학생이 주어진 문제의 정답을 선택하게 하는 것이 아니라 스스로 정답을 구성하거나 행동으로 나타내도록 하는 평가방식이다. 따라서 교육의 결과뿐만 아니라 교육의 과정도 함께 중시하게 된다.[93] 문제중심학습은 학생들이 성찰일지를 작성하고 활동지를 완성하며, 모둠의 포트폴리오나 조사 및 학습저널을 제작하기 때문에 이를 평가할 수 있다. 또한 토론이나 발표를 통해 자신들의 수행을 검증하므로 이를 평가할 수 있다. 참평가는 바로 이런 평가도구들이 정확하게 평가할 것을 평가하고 있는가의 문제이며, 활용한 평가 도구들의 평가 결과를 어떤 기준으로 배점할 것인가의 문제라고 할 수 있다. 결국 수업 설계 단계부터 평가를 염두에 두지 않을 수 없다는 것이다.

또한, 진정한 참평가는 루브릭을 활용하는 것이다. 루부릭은 일종의 채점기준이라고 할 수 있는데, 모든 경우에 활용할 수 있는 루브릭이란 없으며 수업의 수준과 목적에 따라 달라진다.[94] 루브릭 개발절차는 다음 [그림 22]와 같다.

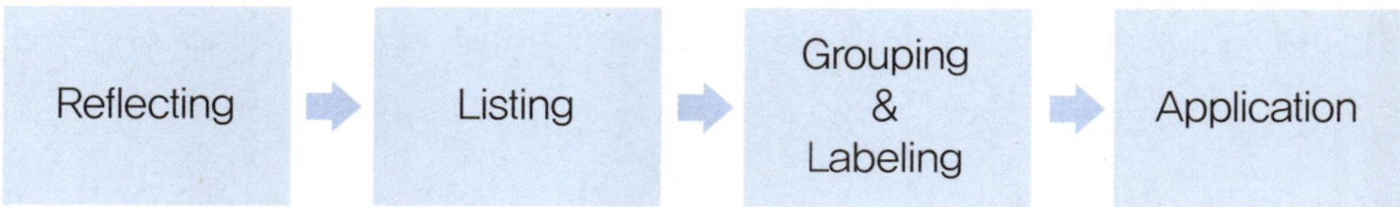

[그림 22] 루브릭 개발절차

먼저 성찰단계에서는 교수가 학생들에게 무엇을 원하는지, 학생들로부터 어떤 결과를 기대하는지를 곰곰히 생각하는 것이다. 그 다음 기대한 결과들을 차례대로 정리 한다. 그리고 유사한 것들을 묶어 명칭을 부여한다. 마지막 적용은 3에서 5수준의 형식에 이러한 리스트를 맞추어 재정리하는 것이다. 5 수준은 '매우 그렇다', '그렇다', '보통이다', '아니다', '매우 아니다' 등과 같고, 3 수준은 상, 중, 하와 같다고 보면 된다. 즉, 숫자가 올라갈수록 점수가 좋은 것을 의미하고 각 숫자에는 해당 내용이 들어있다. Bharuthram과 Patel(2017)[95]는 다음 [그림 23]과 같이 6 수준 까지 제작하기도 했다.

ASSESSMENT CRITERIA	1	2	3	4	5	6
INTRODUCTION	introduction missing and/or not developed; no attempt to engage reader; background details unclear & random collection of information; problem not stated; no point of view presented; no essay outline	introduction exists but unclear; unfocused background information; states argument but not very focused; own view not stated; does attempt to outline essay for reader	introduction exists but not well developed; background information unclear; does not attempt to create interest; states argument but unclear; own view unclear; vague outline of essay	introduction exists but does not adequately explain the background of the problem; attempts to create interest; states argument but unclear; states own view but not very clear; some attempt to outline essay for reader	a satisfactory introduction; contains some background information; creates some interest; develops a clearly stated position using sufficient details; attempts to outline essay for reader	introduction well developed & engages the reader; contains detailed background information & both sides of the argument; own position clearly presented; outlines essay for reader
ARGUMENT	doesn't say what argument or claim is / or little to no control of reasoning & overall argument	main claim may not be clear; sub-claims unclear, confused or unfocused; poor reasoning; very limited control of argument	main claim clear but sub-claims under-developed, unclear, confused or unfocused; some faulty reasoning & loss of control of argument	main claim clear but some sub-claims under-developed unclear, confused or unfocused; generally well-reasoned	main claim & sub-claims clear; well-reasoned and persuasive; good control of overall argument	main claim clearly stated & 2 or 3 relevant linked sub-claims; fully-developed argument, expressed with clarity, precision and impact; faultless and insightful reasoning; full control of overall argument

[그림 23] 루브릭 사례

한양대 PBL센터에서 제공하는 평가 루브릭 중 팀워크 평가 기준표 루브릭은 다음 [그림 24]와 같다. 역시 점수가 높아질수록 긍정적이다.

	4	3	2	1
건설적인 팀 분위기를 촉진한다	다음 모든 행동을 함으로써 건설적인 팀 분위기를 뒷받침한다.	다음 중 세 가지 행동을 함으로써 건설적인 팀 분위기를 뒷받침한다.	다음 중 두 가지 행동을 함으로써 건설적인 팀 분위기를 뒷받침한다.	다음 중 한 가지 행동을 함으로써 건설적인 팀 분위기를 뒷받침한다.
	- 의사 소통에서 예의 바르고 건설적인 태도를 보임으로써 팀 구성원들을 정중하게 대우한다. - 팀과 팀의 작업에 대하여 긍정적인 태도를 전달하기 위하여 긍정적인 어조 또는 논조, 얼굴 표정, 그리고/혹은 몸짓(body language)을 사용한다. - 과업의 중요성과 그것을 성취하기 위한 팀의 능력에 대한 확신을 드러냄으로써 동료들에게 동기를 부여한다. - 동료들에게 도움과 그리고/혹은 격려를 제공한다.			
충돌에 대처한다	유해한 충돌을 직접적, 건설적으로 다루고, 전체적인 팀의 단결과 미래의 효율을 강화시키는 방향으로 충돌을 관리/해결하는 것을 돕는다.	충돌을 규명하고 인정하며 그것과 연관된 채로 머문다.	공동의 문제를 향하여, 지금의 과제를 향해(충돌로부터 멀리) 초점을 다시 설정한다.	수동적으로 대체적인(alternate) 관점/생각/의견을 받아들인다.

[그림 24] 한양대 PBL센터 평가 루브릭 예[96]

루브릭 제작 시 참고할 것은, 문제중심학습에서 최종 평가는 결국 이 수업을 통해 학생들의 문제해결능력이 향상되고, 비판적 사고가 형성되며, 협동심 등이 강화되었는가를 봐야 한다는 사실이다. 왜냐면 문제중심학습의 목표가 문제해결능력과 비판적 사고, 협동심, 자기주도성 등의 향상이기 때문이다. 루브릭에 관련 사항을 첨부하여 함께 평가하는 방법도 있지만 별도로 구분하여 평가하는 것이 결과를 명확하게 알 수 있어서 편리할 것이다. 다음 [그림 25]는 NCS에서 제공하는 문제해결능력 평가표다. 사전검사용으로 활용되는 문항지인데 몇몇 단어를 바꾸어 활용할 수 있다.

문제해결능력 평가리스트	상	중	하
1. 나는 과제를 수행하는 동안 발생한 문제의 핵심을 파악한다.	5	3	1
2. 나는 과제를 수행하는 동안 발생한 문제의 해결방법을 알고 있다.	5	3	1
3. 나는 향후에 발생할지도 모르는 문제를 미리 예견하여 대비책을 세운다.	5	3	1
4. 나는 현재 당면한 문제를 세부적으로 분석하여 해결방법을 찾는다.	5	3	1
5. 나는 문제가 발생했을 때, 새로운 관점에서 해결책을 찾는다.	5	3	1
6. 나는 문제를 해결하는데 장애가 되는 요소들을 사전에 제거한다.	5	3	1
7. 나는 문제를 해결하기 위한 다양한 아이디어를 많이 생각해 낸다.	5	3	1
8. 나는 문제를 해결하기 위한 독창적인 아이디어를 많이 제시한다.	5	3	1
9. 나는 문제를 해결하기 위해서 다듬어지지 않은 아이디어를 분석하고 종합한다.	5	3	1
10. 나는 상대의 논리를 구조화하여 개선점을 찾는다.	5	3	1
11. 나는 선배의 지시를 무조건적으로 수용하지 않고 비판적으로 생각한다.	5	3	1
12. 나는 제시된 아이디어를 평가하는데 자신의 의견을 적극적으로 표현한다.	5	3	1
13. 나는 문제가 발생하였을 때 문제의 결과를 미리 예측한다.	5	3	1
14. 나는 문제가 발생하였을 때 주변 환경을 잘 분석한다.	5	3	1
15. 나는 발생한 문제 중에서 우선순위를 잘 고려해서 먼저 해결해야 하는 문제를 잘 찾아낸다.	5	3	1
16. 나는 문제 해결을 위해 제시된 대안을 논리적으로 검토한다.	5	3	1
17. 나는 문제를 해결하기 위한 대안이 실제로 실현가능한지를 고려한다.	5	3	1
18. 나는 문제해결을 위한 방법을 실천하고, 그 결과를 평가한다.	5	3	1

[그림 25] 문제해결능력 평가 리스트 - NCS[97]

다음 [그림 26]은 정미경(2005)[98]이 개발한 대학생용 자기조절학습 검사도구의 일부분이다. 자기조절의 하위영역을 동기조절, 인지조절, 행동조절로 구분하고, 총 88개의 문항으로 구성된 검사지로 약 20분 가량이 소요된다. 이외에도 학술논문을 찾아보면 자기주도학습과 관련된 측정도구들이 다양하게 개발되고 있어, 출처를 밝히고 본인 교과에 적합한 것을 선택하여 활용하면 된다. 이를 활용하여 문제중심학습 적용 전과, 후를 각각 측정한다면, 문제중심학습의 결과로 자기주도적인 학습능력이 어떻게 변화되었는지를 파악할 수 있을 것이다.

동기 조절 문항

1. 나는 우리 과 다른 학생들에 비해 공부를 잘 한다.
2. 나는 학교에서 배운 내용을 이해한다.
3. 나는 노력한 만큼 좋은 학점을 받는다.
4. 나는 우리 과의 다른 학생들에 비해 우수한 학생이다.
5. 나는 앞으로도 좋은 학점을 받을 수 있다.
6. 나는 우리 과의 다른 학생들에 비해 공부 방법이 우수하다.
7. 나는 강의 내용을 공부할 수 있는 능력이 있다.
8. 나는 앞으로도 공부를 잘 할 것이다.
9. 나는 교수님께서 시키시는 일을 잘 해낸다.
10. 나는 교수님으로부터 인정을 받는다.
11. 나는 어려운 과제라도 노력하면 할 수 있다.
12. 공부는 내 인생의 중요한 목표이다.
13. 나는 많은 노력이 들더라도 무엇인가를 배울 수 있는 학습 내용을 좋아한다.
14. 나는 공부하는 내용이 내게 중요하기 때문에 공부한다.
15. 나는 공부하는 내용이 흥미 있기 때문에 공부한다.
16. 나는 학교에서 배운 내용을 이해하는 것이 중요하다고 생각한다.
17. 나는 대학 생활이 내가 성장하는데 중요한 역할을 할 것이라고 생각한다.
18. 나는 대학에서 배우는 내용이 살아가는데 유용할 것이라고 생각한다.
19. 나는 학교공부를 중요하게 생각한다.
20. 나는 교수님의 말씀을 중요시한다.
21. 나는 교수님의 말씀이 어려워도 알려고 노력한다.
22. 나는 시험지를 보면 알 던 것도 생각이 안 난다.
23. 나는 시험 볼 때 허둥댄다.
24. 나는 시험 볼 때 긴장해서 답을 못 쓸 때가 있다.
25. 나는 시험 볼 때 잘 못 볼까봐 걱정한다.
26. 나는 시험지를 받으면 몸이 굳어진다.
27. 나는 공부를 열심히 해도 시험 때면 걱정된다.
28. 나는 다른 학생들보다 공부 잘하는 것이 중요하다.
29. 나는 다른 학생들보다 내가 더 우수 하다는 것을 교수님께 보여 드리고 싶다.
30. 나는 교수님의 질문에 나 혼자만 대답하면 기쁘다.
31. 나는 가능한 다른 친구들 보다 좋은 학점을 받고 싶다.
32. 나는 학점이 무엇보다 중요하다고 생각한다.

[그림 26] 자기조절학습 검사도구

CHAPTER 02

미주

1. Jonassen, D. H. & Hung, W. (2008) All problems are not equal: Implications for PBL. Interdisciplinary Journal of Problem-Based Learning, 2 (2), 6-28.
2. Barrows, H. S. (1996). Problem-based learning in medicine and beyond: A brief overview. In W. H. Gijselaers (Ed.), New directions for teaching and learning (pp. 3-11). San Francisco: Jossey-Bass.
3. Norman, G. R., & Schmidt, H. G. (1992). The psychological basis of problem-based learning: A review of the evidence. Academic Medicine, 67, 557-565.
4. Gijbels, D., Dochy, F. Van den Bossche, P., & Segers, M. (2005). Effects of problem based learning: a meta-analysis from the angle of assessment. Review of Educational Research, 75, 27-61.
5. Dochy, F., Segers, M., Van den Bossche, P., & Gijbels, D. (2003). Effects of problem based learning: a meta-analysis. Learning and Instruction, 13, 533-568.
6. Barrows, H. S. (1985). How to design a problem-based curriculum for preclinical years. New York: Springer.
7. Smilovitz, R. (1996). If not now when?: Education not schooling. Morris Publishing. Kearney, Nebraska, U.S.A
8. White, H. B. (2004). Problem-based learning and undergraduate research. Biochemistry and molecular biology education, 32(1), 49-49.
9. Marra, R. M., Jonassen, D. H., Palmer, B., & Luft, S. (2014). Why Problem-Based Learning Works: Theoretical Foundations. Journal on Excellence in College Teaching, 25(3&4), 221-238.
10. Jonassen, D. H. (2004). Learning to solve problems: An instructional design guide (Vol. 6). John Wiley & Sons.
11. 6과 동일.
12. 6과 동일.
13. Levin, B. B. (Ed.). (2001). Energizing teacher education and professional development with problem-based learning. Alexandria, VA: Association for Supervision and Curriculum Development.

14. 조연순(2006). 문제중심학습의 이론과 실제. 서울: 학지사.

15. Barrows, H. S., & Myers, A. C. (1993). Problem-based learning in secondary schools. Unpublished monograph. Springfield, IL: Problem-Based Learning Institute, Lanphier High School and Southern Illinois University Medical School.

16. Weisberg, R. W. (2006). Creativity: understanding innovation in problem solving, science, invention, and arts. Hoboken, NJ: John Wiley & Sons, Inc.

17. Simon, H. A. (1978). Information-processing theory of human problem solving. In W. K. Estes (Ed.), Handbook of learning and cognitive processes: Vol. 5. Human information processing (pp. 271-295). Hillsdale, NJ: Lawrence Erlbaum Associates.

18. Finkelman, A. W. (2001). Problem-solving, decision-making, and critical thinking : how do they mix and why bother?. Home Care Academic Society Nursing, 6(6), 194-199.

19. Woods, D. R. (1994). Problem-based learning: How to gain the most from PBL. Hamilton, Ontario, Canada: Donald R. Woods Publisher.

20. 6과 동일

21. Loyens, S. M. M., Rikers, R. M. J. P., & Schmidt, H. G. (2007). Students' conceptions of distinct constructivist assumptions. European Journal of Psychology of Education, 12, 179-199.

22. Williams, B. (2004). Self direction in a problem based learning program. Nurse Education Today, 24(4), 277-285.

23. Graves, W. H. (2001). Transforming traditional faculty roles. Educause leadership strategies, 5, 35-43.

24. Kaufman, D. M., & Holmes, D. B. (1996). Tutoring in problem-based learning: perceptions of teachers and students. Medical Education, 30(5), 371-377.

25. Bormanaki, H. B., & Khoshhal, Y. (2017). The Role of Equilibration in Piaget's Theory of Cognitive Development and Its Implication for Receptive Skills: A Theoretical Study. Journal of Language Teaching and Research, 8(5), 996-1005.

26. Brown, G., & Desforges, C. (2007). Piaget's theory: A psychological critique. Routledge.

27. Ennis, R. H. (1987). A taxonomy of crotical thinking disposition ans abilities. In J. Baron & R. J. Sternberg(Eds), Teaching thinking skills: Theory and practice. N.Y: Freeman.

28. 안은경(2017). 간호과정 수업에서 문제중심학습적용사례: 간호대학생의 비판적 사고성향에 미치는 영향을 중심으로, 학습자중심교과교육연구, 17(24), 789-803.

29. Tosun, C., & Taskesenligil, Y. (2013). The effect of problem-based learning on undergraduate students' learning about solutions and their physical properties and scientific processing skills. Chemistry Education Research and Practice, 14(1), 36-50.

30. Bashith, A., & Amin, S. (2017). The effect of problem based learning on EFL students' critical thinking skill and learning outcome. Al-Ta'lim Journal, 24(2), 93-102.

31. 김소영(2017). 문제중심학습연계 시뮬레이션 교육이 간호대학생의 자기주도적 학습능력, 문제해결능력 및 교육만족도에 미치는 효과, 학습자중심교과교육연구, 17(10), 313-330.

32. 박미화, 김정은(2016). 문제중심학습방법이 대학생들의 학습자 상호작용 및 자기주도학습능력에 미치는 영향:사회연결망 분석을 중심으로, 간호학의 지평, 13(1), 29-35.

33. Leatemia, L. D., Susilo, A. P., & van Berkel, H. (2016). Self-directed learning readiness of Asian students: students perspective on a hybrid problem based learning curriculum. International journal of medical education, 7, 385-392.

34. 박성희(2015). 문제중심학습을 통한 한국대학생들의 창의성 함양, 아시아문화연구, 40, 31-54.

35. 신승훈, 권재일(2015). 문제중심학습이 메타인지, 비판적사고력, 문제해결과정에 미치는 영향, 관광연구, 30(7), 185-205.

36. Wynn Sr, C. T., & Okie, W. (2017). Problem-Based Learning and the Training of Secondary Social Studies Teachers: A Case Study of Candidate Perceptions during their Field Experience. International Journal for the Scholarship of Teaching and Learning, 11(2), Article 16, 1-16.

37. 조옥희, 황경혜(2016). 문제중심학습연계 시뮬레이션 기반 교육이 간호대학생의 학습동기, 학습전략 및 학업성취도에 미치는 효과, 한국콘텐츠학회논문지, 16(7), 640-650.

38. De Witte, K., & Rogge, N. (2016). Problem-based learning in secondary education: evaluation by an experiment. Education Economics, 24(1), 58-82.

39. Achilles, C. M., & Hoover, S. P. (1996). Problem-based learning (pbl) as a school-improvement vehicle. Paper presented at the 50th Annual Meeting of the National Council of Professors of Educational Administration, Corpus Christi, TX.

40. 이경희(2001). 기본 간호학의 문제중심학습 적용방안:대그룹에서 간호학생들의 인식 및 태도를 중심으로, 연구논문집, 28(1), 205-221.

41. 박민정(2010). 의학교육과정에서 PBL 수업의 적용 효과 연구. 교육과정연구, 28(2), 225-253.

42. 박지윤, 우애자(2017). 문제중심학습 (PBL) 을 적용한 수업효과에 대한 메타분석. 학습자중심교과교육연구, 17, 69-93.

43. Juskeviciene, A., & Kurilovas, E. (2017). On Linking Problem-Based Learning Activities and Students' Learning Styles in Personalised Learning. In European Conference on e-Learning (pp. 238-246). Academic Conferences International Limited.

44. 채수진, 이동순, 이윤성(2003). 통합교육에서 문제바탕학습시행의 문제점 및 그 원인과 개선방향, 한국의학교육학회, 15(1), 35-43.

45. 김수진, 강희경(2014). 문제중심학습에서 학습자가 평가한 튜터역할이 문제중심학습 만족도에 미치는 영향. 한국산학기술학회논문지, 15(8), 4942-4949.

46. Wright, S. L., Duncana, M. J., & Savin-Badenb, M. (2015). Student perceptions and experiences of problem-based learning in first year undergraduate sports therapy. Journal of Hospitality, Leisure, Sport & Tourism Education, 17, 39-49.

47. Veldman, F. J., De Wet, M. A., Ike Mokhele, N. E., & Bouwer, W. A. J. (2008). Can engineering education in South Africa afford to avoid problem-based learning as a didactic approach?. European Journal of Engineering Education, 33(5-6), 551-559.

48. McDonald, R. (2005) Assessment strategies for enquiry and problem based learning. In: Barrett, T, Mac Labhrainn, I, Fallon, H (eds) Handbook of Enquiry and Problem-based Learning. Galway; National University of Ireland.

49. Acar, B. S. (2004). Analysis of an assessment method for problem-based learning. European Journal of Engineering Education, 29(2), 231-240.

50. Reeves, T. C., & Laffey, J. M. (1999). Design, assessment, and evaluation of a problem-based learning environment in undergraduate engineering. Higher Education Research & Development, 18(2), 219-232.

51. 15와 동일.

52. 15와 동일.

53. http://www1.udel.edu/pbl.

54. 장경원(2014). 문제중심학습(PBL) 대학 교수법 과정. 한국대학교육협의회 부설 고등교육연수원 연수자료집, (2014-06-1200).

55. 장경원(2017). 계명대학교 교수법 특강 '문제중심학습' 2017-11. 비매품

56. 최정임(2004). 사례 분석을 통한 PBL 의 문제설계 원리에 대한 연구. 교육공학연구, 20(1), 37-61.

57. 56과 동일.

58. 53과 동일.

59. https://www.fhs.mcmaster.ca.

60. http://pbl.ccdmd.qc.ca.

61. https://www.newcastle.edu.au.

62. 최정임, 장경원(2015). PBL로 수업하기, 서울:학지사.

63. 정주영, 홍광표, 이정아(2012). 술술 풀리는 PBL 과 액션러닝. 서울: 학지사.

64. 62와 동일.

65. 63과 동일.

66. http://pbl.hanyang.ac.kr.

67. 53과 동일.

68. https://www.dentistry.iu.edu/files.

69. http://abeek.yonsei.ac.kr.

70. 62와 동일.

71. 박은경(2003). 의학교육에서의 문제중심학습에서 튜터의 역할에 관한 평가 연구. 석사학위논문, 서울대학교 대학원.

72. Markert, R. J. (2001). What makes a good teacher? Lessons from teaching medical students. Academic Medicine, 76(8), 809-810.

73. Grave, W. S., Dolmans, D. H., & Van Der Vleuten, C. P. (1999). Profiles of effective tutors in problem-based learning: Scaffolding student learning. Medical Education, 33, 901-906.

74. 심희아, 송해덕(2011). 문제중심학습에서 튜터의 인지적 역할 유형에 따른 발문제공이 문제해결과 만족도에 미치는 효과.

75. 62와 동일.

76. 54와 동일.

77. Johnson, D. W., Johnson, R., & Smith, K. (2006). Active learning: Cooperation in the university classroom (3rd ed.). Edina, MN: Interaction Book Company.

78. 정문성(2013). 토의-토론 수업방법. 서울: 교육과학사.

79. McLellan, H. (Eds.) (1996). Situated learning perspectives. Englewood Cliffs, N.J. : Educational Technology Publications.

80. 54와 동일.

81. 62와 동일.

82. 62와 동일.

83. 62와 동일.

84. Anderson, R. S., & Puckett, J. B. (2003). Assessing Students' Problem-Solving Assignments. New Directions for Teaching and Learning, 2003(95), 81-87.

85. 62와 동일.

86. 62와 동일.

87. 62와 동일.

88. 15와 동일.

89. 63과 동일.

90. 전희정(2007). 웹기반 문제중심학습(PBL)에서 메타인지와 스캐폴딩 유형이 성취에 미치는 영향. 박사학위논문, 전남대학교.

91. http://pbl.sookmyung.ac.kr.

92. 62와 동일.

93. Wiggins, G. P. (1998). Educative assessment: Designing assessments to inform and improve student performance. San Francisco: Jossey-Bass Publishers

94. Andrade, H. G. (2000). Using rubrics to promote thinking and learning. Educational leadership, 57(5), 13-19.

95. Bharuthram, S., & Patel, M. (2017). Co-constructing a rubric checklist with first year university students: A self-assessment tool. Apples: Journal of Applied Language Studies,

11(4), 35-55.

96. 66과 동일.

97. https://www.ncs.go.kr.

98. 정미경(2005). 대학생용 자기조절학습 검사도구 개발. 교육평가연구, 18, 155-181.

PART
03
Flipped Learning

Ⅰ. Flipped Learning 이란?

1. Flipped Learning 선택배경

'Flipped Classroom', 'Flipped Learning', 'Inverted Learning', 'Inverted Classroom' 등 2014년 우리나라 TV에 소개되며 꾸준히 확산되고 있는 교수법이 있다. '거꾸로 수업', '거꾸로 교실', '거꾸로 학습', '거꾸로 배움', '역진행 학습', '플립드 러닝' '플립 러닝' 등으로 명명되며 알려진 교수법이다. 이 교수법은 학습자가 집에서 먼저 학습내용을 배우고 수업 시간에 다른 학습자들과 협력적인 환경에서 과제를 수행하는 것으로 학습 모델, 교수법 이론, 접근법, 수업 방식 등 다양한 수식어가 붙어 활용되고 있다. 몇몇 대학에서는 이미 특화 프로그램으로 플립드 러닝을 실행하고 있을 정도로 이제는 익숙해진 교수법이다. 특히 e-러닝 활성화나 K-MOOC와 같은 검증된 온라인 콘텐츠들이 개발되면서 플립드 러닝의 인기는 더욱 높아지고 있다고 해도 과언이 아닐 것이다. 교육에 나타나는 신흥기술 활용에 대해 꾸준히 조사하고 발표해온 NMC의 Horizen Report에서는 2015년에 향후 1년 안에 플립드 러닝이 교육계에 도입될 전망이 크다고 예측했고, 그로부터 1년 뒤, 플립드 러닝 국제협회(flglobal.org)는 Talbert(2016)[2]의 연구를 통해 아래 [그림 1]과 같이 급속도로 확산되고 있는 결과를 보여주었다.

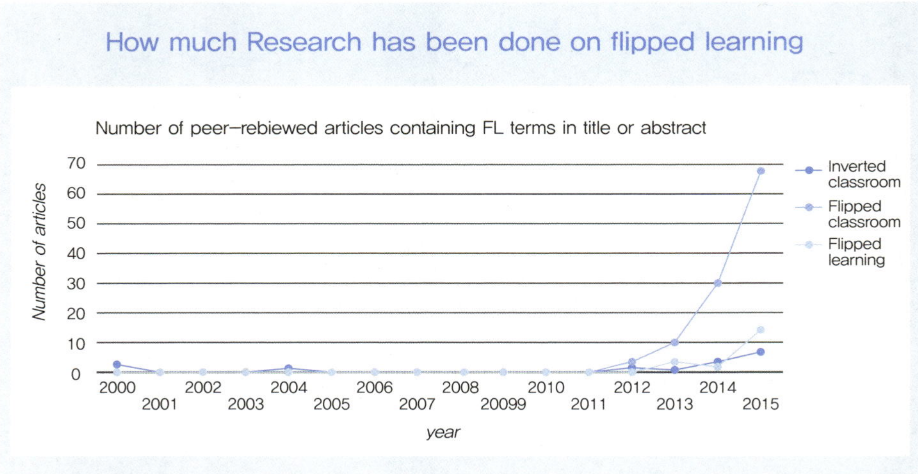

[그림 1] Fliped Learning 확산

하지만, Active Learning에서 플립드 러닝을 다루는 이유는 단지 최신의 교수법이기 때문이거나, 전 세계가 플립드 러닝에 관심을 갖기 때문만은 아니다. 그렇다면, 우리는 왜 플립드 러닝에 관심을 가져야 할까?

첫째, 플립드 러닝은 Active Learning에서 강조하고 있는 학생중심이란 화두가 전면에 등장하고 학교만이 아닌 가정도 학습장이 될 수 있음을 실현하고 있다는 점이다. 즉, 플립드 러닝은 단순히 강의실 안과 밖의 활동 순서가 바뀌는 것을 의미하지 않고, 학습자가 자신의 학습속도에 맞춰 사전에 학습할 수 있다는 것에 강점이 있다.[3] 때문에 학교 수업은 학생들이 선행학습을 수행한 후 구성한 지식을 언어로 표현하고, 글로 작성하는 등의 활동을 하면서 동료들과 지식을 체계화하고 조직화하여 진정한 배움이 일어나도록 구성된다.[4] 문제중심학습은 의대나 간호대 등의 자연계열에서 선호하는 경향이 있고, 액션러닝은 인문계열에서 선호하는 경향이 있지만, 플립드 러닝은 특정 전공이나 학과에 상관없이 보편적으로 적용 가능하다는 점도 가르치는 사람 입장에서는 편리할 것이다. 이렇게 플립드 러닝은 Active Learning의 패러다임을 실천하는 하나의 교수법이자, 교육 접근법 또는 교육을 새롭게 보는 관점 그 자체라고 할 수 있다.

둘째, 학습 환경의 변화다. 4차 산업혁명을 예고하는 테크롤로지의 발전은 학교의 각종 기자재에 변화를 주었고, 수업 자료들이 매우 혁신적으로 변화되어 출석확인도 스마트폰으로 할 정도로 최첨단화 되었다. 때문에 수업을 도와주는 각종 기자재를 활용하여 학습을 충분히 도울 수 있고, 유도할 수 있으며, 몰입하게 할 수 있다. 수업 중 지구 반대편에 거주하는 학자와도 실시간 화상 대화가 가능하기 때문에 플립드 러닝처럼 비디오나 동영상을 활용한 수업이 낯설지 않게 되었다. 최근에는 특별한 사정에 의해 결강하게 될 경우 보강을 온라인으로 할 수도 있는데, 출석확인은 물론 화면을 지속적으로 응시하고 있는지도 확인할 수 있는 기술이 개발된 덕분이라 할 수 있다. 물론 플립드 러닝이 무조건 동영상이나 비디오를 활용하도록 권장하지는 않는다. 그러나 분명한 것은 학생 각자의 가정에서 일정 시간에 교수와 실시간으로 만나 화상채팅은 물론 모둠원 전원이 함께 화상 토의를 할 수 있다는 점은 기존과는 확실히 달라진 환경의 덕분이라고 할 수 있을 것이다.

셋째, 사회가 요구하는 인재상의 변화다. 2015년, OECD에서 52개국을 대상으로 역량 평가를 하고 21세기 역량에 대해 논한 바가 있고,[5] UNESCO[6]도 역량교육과정 개발에 주력하는 등, 이제 세계는 지식보다 역량에 주목한다. OECD(2015)[7]가 제안한 21세기 역량은 비판적 사고력, 문제해결능력, 의사결정력, 협동 등이다. 기존에 주력했던 지식은 읽고, 쓰고, 외우는 것으로 육성될 수 있었다면 역량은 서로 협동하여 소통하고, 비판하며 보다 가치 있는 것을 창조하는 활동으로 육성될 수 있다고 본 것이다. Meier(2000)[8]는 지식은 학습자가 머릿속에 흡수하는 것이 아니라 창조하는 것이라고 하였듯이 이제 창조할 수 있는 역량에 주목한다. 플립드 러닝은 정형화된 틀을 제시하는 대신 교과에 맞게 학생수준별로 수업을 구성하도록 열려있다. 학생 스스로 자신이 탐구하고자 하는 주제를 선택하여 자신의 학습스타일에 따라 해결하면서 때로는 비판적 사고력을 동원하여 문제를 다른 시각으로 접근하여 해결책을 찾아보기도 하고, 때로는 동료들과 협업하여 문제를 해결하면서 의사소통력을 활용하는 등 다양한 활동이 전개된다. Active Learning으로 설명될 수 있는 많은 교수법들이 학생들의 활동을 강조하고 주도성을 강조하는데, 학교 안 밖에서 주도적인 학습을 해야 하는 플립드 러닝이 좀 더 강력하게 자기주도성을 강조한다고 할 수 있을 것이다.

결국 플립드 러닝은 교육 패러다임의 변화와 정보통신기술의 발달 및 미래인재 육성에 맞는 교수법으로 서서히 자리매김하고 있는 것이다. 플립드 러닝을 실천하느냐, 안 하느냐는 교수 개인의 선택이지만, 학생들이 진정으로 원하는 수업이 무엇인가를 고민한다면 한 단원쯤은 플립드 러닝으로 시도해 볼 수 있을 것이다. 단, 충분한 준비와 이해 없이 플립드 러닝을 실행하려고 한다면 학생들로부터의 불만은 물론, 많은 노력이 고스란히 낭비될 것이므로 수업준비부터 실행 및 평가까지 상세하게 탐구하고 연습한 후 도전하길 권한다.

2. Flipped Learning 정의

인터넷이 전 세계를 하나로 연결하면서 직접적으로 특정 주제를 조사하고 연구하는 것이 가능해졌다는 편리함이 있는 반면, 이전 자료들과 최신의 자료가 동시에 제시되고, 잘못 이해된 자료들도 함께 볼 수 있다 보니 올바른 정보의 취사 선택이 무엇보다 중요해졌다. 그런 면에서 'Flipped Classroom'과 'Flipped Learning'도 급속도로 성장하면서 많은 혼돈이 야기 되고 있었고, 이에 Flipped Learning Network(이하 FLN)[9]는 2013년 플립드 러닝에 대한 개념을 바로 정립하기 위해 공식적인 정의와 4가지 기본 요소를 제시하고 플립드 러닝이 되기 위한 11개의 체크리스트를 발표했다. 다음 [그림 2]처럼 전통적인 학습에서 'Flipped Classroom'이 탄생하고 다시 보완하여 'Flipped Learning'으로 성장하였다는 것은, 그동안 '거꾸로 교실'로 명명하던 것을 '거꾸로 학습' 또는 '플립드 러닝'으로 정리하는 것은 같은 맥락에서 지속적으로 성장하고 있다는 반영일 것이다.[10]

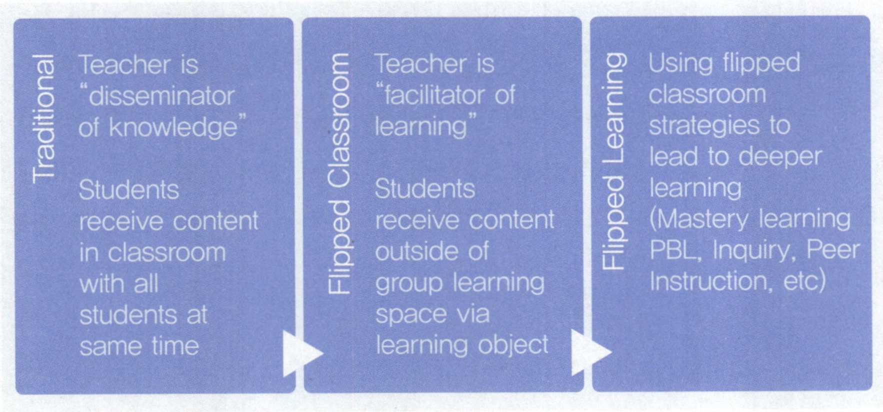

[그림 2] What is Flipped Learning

초기 모델인 'Flipped Classroom'은 단순한 반전으로 집에서의 학교생활과 학교에서의 가정생활을 강조했다.[11] 즉, 학교라는 그룹 공간에서 일어나는 1인 수업에 대한 정의와 집이라는 개인 공간에서 일어나는 과제가 재정의 되는 것이다. 다시 말해, 학교에서 수업을 듣고 집에서 과제하던 전통적인 수업 과정이, 집에서 교수가 제시한 내용을 탐구하거나 교수의 강의를 듣고 학교에서는 그와 관련된 활동을 하는 것으로 전환된다. 우리에겐 잘 알려지지 않은 'Flipped Class 101'이 바로 이 초기 모델에서 비롯됐다. 초기모델의 단점은 교수가 제안하는 동일한 과제를 가지고 모든 학생이 똑같이 활동하기 때문에 학생 개개인의 학습능력과 진도를 반영하지 못한다는 것이었다.[12] 때문에 스스로 한계를 인식하고 새로운 모델을 제시한 것이 'Flipped–mastery Classroom'이다. Bloom(1968)[13]과 Carroll(1989)[14]이 제안한 완전학습에서 힌트를 얻은 이 수업은 모든 학생이 자신의 학습능력과 진도에 맞추어 학습 목표를 설정하고 이에 도달할 수 있는 맞춤형 수업 자료로 오디오, 동영상, 교재, 문서, 워크시트 등을 다양하게 제공받을 수 있다. 교실에서는 수준별 활동이 진행되어 비동시적으로 수행하게 된다. 평가 또한 학생들의 수준에 맞게 제시된다. 하지만 학습 목표는 여전히 지식 습득에 머물러 있다는 것이 문제였다.[15]

학생들이 일상에서 정보를 활용하여 문제를 해결하고, 새로운 지식을 창출하도록 하려면 그러한 경험이 학습에서 일어나야 하므로, 학생들 스스로 주제를 선택하고 탐구하는 수행과정이 필요했다. 그래서 탄생한 것이 'Deep & Further Learning'을 목표로 한 'Flipped Learning'이다. 플립드 러닝에서는 자신이 탐구할 주제를 학생 스스로 결정하고 자신의 학습 능력과 진도에 맞게 활동들을 선택하여 해결해 나간다. 수행과정에서 조력자의 도움이 필요하면 언제든지 교수와 동료 또는 멘토에게 조언을 구할 수도 있다.[16]

즉, 'Flipped Classroom'에서는 학교에서 수업을 듣고 집에서 복습하는 구조를 집에서 예습하고 학교에서 확인하는 구조로 바꾸었다면, 'Flipped Learning'에서는 학습자 스스로 학습이 되도록, 구조뿐만 아니라 수업의 관점도 바꾼 것이라고 볼 수 있다. 이러한 플립드 러닝의 정의를 FLN(2013)[17]은 다음과 같이 제시했다.

"플립드 러닝은 교육적 접근법으로 강의식 지도는 집단 학습 공간에서 개인 학습 공간으로 옮기고, 그 결과로 남은 집단 학습 공간은 역동적인 상호작용 학습 환경으로 전환하여, 학습 주제에 창의적으로 참여하고 개념을 적용하도록 교수가 학생들을 안내하는 것이다."

사실 Talbert(2017)[18]가 강조하듯이 플립드 러닝은 전혀 새로운 것이 아니며, 단지 알려지지 않았을 뿐 이미 해왔던 방법일 수 있고 '예습'을 새롭게 접근하는 것일 수도 있다. Wang(2016)[19]에 의하면 테이어 접근법(Thayer Methods)이라는 19세기 미 육군사관학교에서 활용하던 수업 방법이 있는데, 교실 수업 전에 사전 학습을 하도록 하고 교실 수업에서는 이를 확인하는 일일 시험(daily quiz, exam)을 본 뒤, 사전 학습을 증명하는 브리핑이나 암송 등의 활동을 하였다고 한다. '플립드'라는 명칭을 사용하지는 않았지만 학습 방법이 유사함을 들어 19세기부터 존재했다고 보는 것이다. Vanderbilt 대학 CTL의 Brame(2013)[20]에 의하면, Walvoord와 Anderson(1998)[21]이 교실 수업 전에 배울 내용을 접하고(first - exposure), 교실 수업에서는 학습 과정으로 종합하기, 분석하기, 문제해결활동과 같은 활동을 시도하였다고 한다. 이후 Lage와 Platt, Treglia(2000)[22]가 경제학 개론에 이를 접목하여 시도하고 'Inverted Classroom'이라는 정식 명칭을 사용했다. Strayer(2007)[23]에 따르면 Baker는 수업 전에 학습자가 미리 학습해오는 형태의 수업이 교실 수업의 질을 향상시키고 학습자의 긍정적인 반응을 끌어낼 수 있음을 발견하고, 이를 학회에서 "The Classroom Flipped"[24]라고 소개하였다.

결국, Bergmann과 Sams이 2007년 개발한 것으로 알려진 플립드 러닝은 훨씬 오래전부터 있어왔고, 이들에 의해 확산되었다고 봐야할 것이다. 그리고 'Flipped Classroom'에서 시작해서 'Flipped learning'이 되기까지의 이론적 틀을 구축하며 좀 더 학습자의 입장에서 진정한 학습이 일어나도록 꾸준히 연구하며 진화하고 있는 중이라고 할 수 있다. 때문에 여전히 혼돈된 정의들이 존재하지만 플립드 러닝 협회[25]의 정의를 따르면 무난할 것으로 보인다.

3. Flipped Learning 요소

플립드 러닝을 제대로 이해하기 위해선 플립드 러닝이 되기 위한 기본 요소를 알아야 한다. 이를 위해 그동안 잘못 이해되었던 부분을 먼저 살펴보고자 한다. Talbert(2017)[26]은 Flipped Learning Global Initiative(이하 FLGI)에 플립드 러닝의 잘못된 이해 네 가지를 짚었다.

첫째, 플립드 러닝에는 비디오를 사전 학습용으로 사용한다고 가정하는 것이다. 사전 학습용으로 오디오나 동영상 사용은 철칙이 아니다. 따라서 인터넷, 신문, 잡지, 라디오, 연극, 게임 등 수업과 관련된 것이라면 사전학습용으로 얼마든지 사용 가능하다.

둘째, 플립드 러닝에는 강의가 필요하다고 보는 것이다. 물론 강의가 필요하지만 강의를 해야 하는 시점이 어디인가가 중요하다. 즉, 학생들이 모둠 활동을 하거나 개별 활동 및 보충학습이 필요할 때 주로 강의가 이루어지고, 또는 집에서 미리 학습하도록 녹화할 때 강의가 이루어지고 있다.

셋째, 플립드 러닝에는 면대면 만남이 필요하다고 보는 것이다. 즉, 오디오나 비디오로 학습하니까 면대면 학습이 이루어지고 있지 않다고 보는 것이다. 학생들이 사전 학습으로 각자의 공간에서 온라인 강의를 본다고 하여 면대면 수업을 하지 않는다고 생각하는 것은 플립드 러닝의 한쪽 면만 보고 말하거나, 온라인 수업에 대해 편견을 가지고 하는 말 일 수 있다.

넷째, 플립드 러닝을 최근의 교수법이라고 보는 것이다. 플립드 러닝은 몇 세기 전부터 존재했다가, 2000년대 초반 고등교육에 돌아왔고, 그 후 Jon Bergmann과 Aaron Sams가 가장 주목할 만한 성과를 내고 있는 것이다. 단지 최근의 교수법이기 때문에 이 개념에 주목할 필요는 없다.

이와 같이 Talbert(2017)[27]의 지적은 단지 인터넷 블로그와 논문들을 살펴보고 잘못 이해한 채 플립드 러닝을 실천하고 있는 것을 비평하는 것으로 시사하는 바가 크다. 이제 플립드 러닝을 제대로 하기 위해 FLN(2014)[28]이 제시한 플립드 러닝 요소 네 가지를 다음 [그림 3]과 함께 살펴보겠다.

[그림 3] Pillas of Flipped Learning

"F"는 'Flexible Environment'의 첫 글자다. 플립드 러닝에서는 학생들의 학습시간이나 학습공간에 대해 유연하고 탄력적인 환경인 것으로 이해하고 받아들여야 한다.

"L"은 'Learning Culture'의 첫 글자다. 플립드 러닝은 교수 주도의 수업에서 학생중심의 수업으로 수업에 대한 인식의 변화가 일어나고 학습 문화가 바뀌어야 됨을 의미한다.

"I"은'Intentional Content'의 첫 글자다. 플립드 러닝은 철저하게 계획된 체계 속에서 집에서 학생들이 어떠한 내용을 학습해 오게 하고 학교에서는 교수가 어떤 역할로 어떤 활동들을 전개할 것인지가 맥락화 되어야 한다.

"P"는 'Professional Educators'의 첫 글자다. 플립드 러닝에서 교수는 단순한 지식 전달자가 아니라 학생에게 학습이 일어나도록 다양한 학습활동을 기획하고 자료들을 제공해야하는 교육전문가 역할을 수행해야 한다.

국내 대학들이 플립드 러닝을 도입할 때 가장 기본이 되는 것이 이러한 요소라고 할 수 있는데 초창기에 도입한 몇몇 대학들도 완전 도입보다는 단계적으로 도입을 하고 있는 추세다. 서울대는 2014년 수학교육과의 도입을 시작으로 자연과학대 등으로 확대하고 있고, 고려대는 거꾸로 교실을 반영한 'SK 미래관'을 설립하였으며, KAIST대학은 카이스트 '에듀케이션 3.0'으로 시작하여 현재 '에듀케이션 4.0'을 운영 중이다. 다음 [그림 4]는 계명대학교 교수학습개발센터에서 플립드 러닝 네 요소에 계명대학교의 인재상을 연계하여 계명대학교 맞춤형 플립드 러닝 수업을 제안하는 사례다.

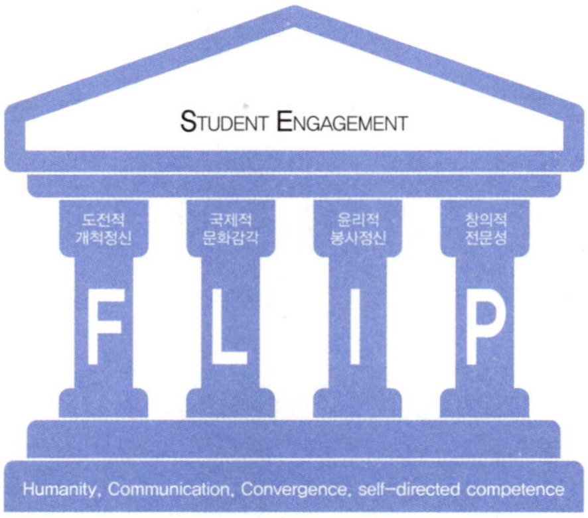

[그림 4] 계명대학교 FACE + Flipped Learning

계명대학교는 "Creative Global Citizen"을 인재상으로 4대 특성인 "FACE"를 도출하였다. 각각 도전적 개척정신(Frontiership)과 윤리적 봉사정신(Altruism), 국제적 문화감각(Culture), 창의적 전문성(Expertise)의 앞글자를 딴 것이다. 이를 플립드 러닝 4대요소와 매칭하여 "F"는 도전적 개척정신의 F와 매칭하고, "L"이 학습문화의 변화를 상징하므로 학생들의 글로벌한 문화감각을 익힐 수 있도록 C와 매칭, "I"는 'Intentional Content'의 첫 글자이면서 의도된 학습내용을 나타내듯이, 교수는 다양한 그룹 활동을 기획하여 타인에 대한 이해와 봉사를 익힐 기회를 안배하고, 학생들은 수업을 통해 이러한 스킬을 습득하고 실천하도록 A를 배치하였으며, "P"가 'Professional Educators'를 상징하듯 교수가 교육전문가가 된다는 것은 학생들도 자신의 전공 분야에서 창의적 전문성을 발휘할 수 있음을 의미하므로 E를 배치하였다. 물론 많은 교과가 플립드 러닝을 실천하고 있지는 않다. 매학기 다섯 과목에서 여섯 과목씩 새롭게 플립드 러닝을 실천하는 교원들이 늘어나고 있고, 2018학년도 현재 누적교과가 마흔여섯 과목으로 보고되고 있다.

이렇게 플립드 러닝을 각 대학에서 어떻게 활용할 것이냐는 대학의 상황에 따라 다르겠지만 교수 개인의 변화하고자 하는 노력에 일임하기보다는 대학에서 지원을 할 때 더 많은 변화가 일어날 수 있음을 시사하므로 중요할 것이다.

4. Flipped Learning 효과

그동안 열린 교육, 협동학습, PBL, Action Learning 등 많은 교수법들이 속속 등장하고 활용되고 있지만, 이러한 교수법이 학생 개인의 발전에 유익한 것은 분명하나 모든 학생들의 학업성취를 동시에 향상시킨다고 볼 수는 없을 것이다. 그것을 계획하고 실행하는 교수 변인에 따라 많은 차이가 있고, 개인차가 큰 학생들을 대상으로 한다는 점에서 일목요연하게 학생들의 학업성취를 보장하기는 어려울 것이다. 이런 점은 플립드 러닝도 마찬가지다. 먼저 장점부터 살펴보면, 우리나라에서 플립드 러닝을 실시하고 학업성취가 향상되었다는 사례가 매년 보고되고 있는데, 그 중 대학생을 대상으로 한 연구들은 주로 학생들의 학습력 향상이나 자존감 향상, 동기유발 효과, 비판적 사고력 향상 등을 보고하고 있다. 더불어 최신 연구들은 수업만족도의 긍정성 및 학생 학습태도의 긍정적 변화도 논의하고 있다.[29, 30, 31, 32, 33, 34]

HLWIKI(2017)[35]에서 소개한 플립드 러닝에서는 다음 <표 1>처럼 학생뿐만 아니라 교수에게도 이익이 있다고 안내한다. 해당 내용은 대학 실정에 맞게 의역한 것으로 해당 사이트의 원문을 참고하기 바란다.

학생	교수
학생들은 다양한 속도로 학습할 수 있다.	교수는 무대 위의 현자가 아닌 객석의 안내자가 된다.
학생들은 복습의 기회를 얻는다.	교수는 다양한 활동을 통해 학생들을 지원하는 데 더 많은 시간을 할애할 수 있다.
강의는 교실 활동을 위해 학생들에게 사전 안내 된다.	교수는 강의보다 학생 학습에 참여할 수 있다.
결석하거나 아픈 학생들을 위한 자료가 준비되어 있다.	교수는 학생 행동에 따른 학급 관리에 적은 시간을 할애하게 된다.

부모도 강의를 볼 수 있어서 학생을 보다 잘 도울 수 있다.	교수는 학생들과 1:1 또는 소그룹 활동을 지원할 수 있다.
학생들은 학습 방법을 잊어버려 과제를 못하는 어려움을 겪지 않는다.	교수는 수업내용을 이해하지 못한 학생들에게 재수강 대신 재설명할 수 있다.
학생들은 학습에 대한 소유권을 갖는다.	교수는 동료들과 함께 자료를 만드는데 협력할 수 있다.
학생들은 동료들과 능동적으로 작업한다.	교수는 학생들과 상호작용한다.

<표 1> 플립드 러닝 이익

이제 플립드 러닝의 단점에 대해 살펴보자. 교수의 입장에선 가정에서 학생들이 봐야 될 자료 준비와 교실에서 학생들이 활동할 자료들을 추가적으로 준비해야 되기 때문에 업무가 가중된다고 볼 수 있다.[36] 만약 학교에서 지원이 잘 안 되어 교수 개인이 콘텐츠나 기자재를 마련하게 될 경우에는 경제적인 부담까지 가중되어 플립드 러닝 실행 자체가 부담스러울 수도 있다. 학생입장에서는 디지털 격차라고 하여 가정 형편에 따라 정보 접근과 이용에 차별이 발생할 수 있어 모든 학생들에게 적용할 수 있는가의 문제가 여전히 남아 있다. 비록 성인에 해당하는 대학생이 되었다고 해서 모두가 자기주도적인 학습이 가능하다고 보기 어렵고, 컴퓨터 활용시간이 증가한다는 것을 문제로 보기도 한다.[37] 플립드 러닝에서는 학습자의 참여가 가장 중요한데, 학생들이 수업 전에 교수가 제시한 학습 자료를 보고 왔는지 안 보고 왔는지에 대한 신뢰 문제가 존재한다.

우리나라에서도 플립드 러닝을 적용하고 이를 학회에 보고하는 연구들이 늘어나고 있는데, 서미옥(2016)[38]은 모든 플립드 러닝 실행이 반드시 학습효과를 보장하지 않는다고 하였다. 그는 학계에 보고된 플립드 러닝 관련 연구논문들로 메타 분석한 결과, 플립드 러닝 학습 효과가 협동학습 효과에 비해 낮게 나타나는 것으로 보고 했다. 그러나 학습동기와 학습태도에는 다른 학습 방법에 비해 긍정적 영향을 미치는 것으로 분석했다.

어떤 교수법이 학생들에게 매우 효과적이라 해도 학생 모두의 성적을 동시에 향상시키거나 학습효과를 높이는 데는 한계가 있으므로 성공적인 수업이 되게 하려면 이러한 장단점을 잘 이해하고 있어야 할 것이다. 특히 전통적인 수업에 익숙한 학생들에게 새로운 수업 방법을 적용한다는 것은 학생들에게도 적응 시간이 필요하다는 의미로 이러한 장단점을 학생들과 함께 공유하며 보다 나은 수업을 기획하는 것도 의미가 있다. 플립드 러닝을 성공적으로 보고하는 교수들의 공통점은 다음과 같다.

첫째, 교수가 철저하게 수업을 설계해야 한다는 것이다. 플립드 러닝은 가정에서의 학습활동과 학교에서의 학습활동이 매우 치밀하게 연계되어 운영되어야 하므로 주도면밀한 계획성을 요구한다. 교수가 수업시간에 강의하지 않는다는 것은 그 시간에 학생들과 상호작용하고 있는 것으로, 강의를 다양한 방법으로 세분화하여 학생 스스로 학습이 되도록 수업을 구성하고 있다는 것이다. 때문에 교수는 교육 전문가가 되어야하고 학생의 입장에서 수업을 기획할 수 있어야 한다.

둘째, 학생들의 사전 학습 자료를 교수가 직접 제작하는 것이다. 멀티미디어 기자재들이 발달하면서 양질의 교재들이 제작되어 배포되고 있지만, 그것이 우리 학생들 수준에 맞고, 해당 수업의 내용과 100% 일치하기는 어렵다. 때문에 교수가 직접 자신의 강의를 녹화하여 배포할 경우 학생들에게 친근감을 유발할 수 있고, 학생 개개인의 학습 수준과 진도를 알기 때문에 보다 개별화된 수준의 과제를 부여할 수 있다. 물론 동영상 제작이 어렵거나 교재 개발이 어려울 경우, 동료와 협업하여 자료를 제작하거나 각 대학의 e-러닝 센터나 교수학습개발센터의 프로그램들을 활용하여 도움 받을 수 있다. 특히 각 대학의 교수학습개발센터 프로그램 중에는 기존 텍스트 자료, 또는 유·무료의 컨텐츠를 편집하는 멀티미디어 활용 방법을 안내하는 내용을 다루고 있어서 유용할 것이다.

셋째, 학생들을 서로 협업할 수 있도록 그룹 활동을 강화한다는 점이다. 전날 학습했다는 전제 하에 그룹활동이 진행되면 사전 지식으로 인해 발언권이 강화되어 보다 나은 토론이 가능해진다. 협업이나 토론은 지식을 구축하는데 유용할 뿐만 아니라 관계 형성을 학습하는데도 유용하다. 자신의 생각을 언어로 표현하는 과정을 통해 지식은 장기기억에 저장되어 수시로 인출 가능한 형태가 되고, 타인을 이해시키기 위해 타인의 수준에서 설명하고 타인의 설명을 받아들여 수정하는 과정을 통해 정교화 될 수 있다.

II. Flipped Learning 설계

1. 설계 원리 및 고려사항

플립드 러닝의 최근 형태는 게임 기반 플립드 러닝 완전학습(Flipped Mastery + Gamification), 플립드 러닝 동료 교수학습(Flipped Peer Instruction), 플립드 러닝 프로젝트 학습(Flipped Project Based Learning), Genius Hour 기반 플립드 러닝(Flipped + Genius Hour), 탐구 기술을 적용하는 탐색-플립-적용 학습(Explore - Flip - Apply An Inquiry Technique) 등등 교수자의 역량에 따라 다양하게 응용된다.[39] 그러나 모든 플립드 러닝 운영에는 가정에서의 학습과 학교에서의 학습이라는 두 축이 존재한다. 일부 학자들은 플립드 러닝이 가능했던 가장 큰 요인으로 멀티미디어의 발달을 꼽고, 이를 기반으로 On-Line 학습과 Off-Line 학습으로 이원화해서 보기도 한다. 그러나 사전학습이 반드시 On-Line 활용이어야 하는 블랜디드 러닝에 비해 플립드 러닝은 반드시 On-Line 활용일 필요는 없다. 단지 교육매체를 활용할 수 있는 시스템이 매우 잘 구축되어, 보다 편리하게 활용할 수 있어서 On-Line이 각광받고 있고 주로 활용되고 있는 것이다.

플립드 러닝은 학습자가 수업 전 제공되는 자료를 최대한 활용해야 하고, 수업에서는 학습자간 상호작용을 충분히 유도해야만 효과를 거둘 수 있다. 즉, 플립드 러닝을 자신의 교과에 맞추어 어떻게 설계하느냐가 최대의 관건이 되므로 학자들은 자신의 상황에 맞게 다음과 같은 설계 원리를 제안하고 있다.

Gilboy와 그의 동료들(2015)[40]은 플립드 러닝을 적용 한 수업 전, 중, 후의 활동마다 Bloom(1956)[41]의 교육목표 분류학 내용을 포함한 템플릿을 교수진에게 제공하여 플립드 러닝 적용을 위한 강좌를 재설계하도록 하였다. Albert와 Beatty(2014)[42]는 플립드 러닝 적용을 위한 핵심 설계 요소 6가지를 제안하였다. 각 단원의 학습 내용을 분절하여 제공하고, 강의계획서를 새롭게 계획하며, 학생 참여를 위한 가산점을 만들고, 학생들에게 플립드 러닝 이해를 제공, 헌신과 수행의 감각 만들기 및 교안과 지원 자료를 바꿀 수 있는 핵심 만들기 등이 그것이다. Kurup와 Hersey(2013)[43]은 플립드 러닝을 활용할 때의 제안점으로, 첫째, 온라인 강의와 오프라인 학습활동이 학습목표와 연계되어 설계되어야 한다. 둘째, 학습자들의 테크놀로지 접근성 및 친숙성을 고려하여 선수지식을 제공해야 한다. 셋째, 교실 안에서의 학습활동은 사전 학습의 내용을 적용하는 차원에서 이루어져야 하며 상호작용적인 활동으로 구성되어야 한다는 것을 강조하였다.

이외에 우리나라 학자들도 다양한 설계 원리를 논의하였는데, 박상준(2015)[44]은 우리나라 교육 제도와 환경에 적합한 플립드 러닝수정 모형을 제시하고 모형에 대한 효과를 분석, 보고하였다. 한형종과 그의 동료들(2015)[45]은 플립드 러닝 적용 시 온라인 학습과 오프라인 활동의 연계성에 주목하고 온-오프라인 연계 설계 전략을 제시하였다. 학습자 질문을 통한 연계, 성찰일지를 통한 학습의 종합, 다음 차시의 연계성 안내 등 다양한 전략들이 도출되었고, 대학 맥락에서 효과적인 플립러닝을 설계, 운영하기 위한 구체적인 전략들을 안내하였다.

어떤 학자의 이론을 따를 것인가는 자신이 담당하고 있는 교과 특성과 그 수업을 수강하고 있는 학생들의 특성을 종합하여 반영하는 것이 바람직하며, 역량이 된다면 새로운 모델을 개발하여 적용하는 것도 무방하다. 왜냐하면 플립드 러닝은 다양한 방법이 혼합되어 사용될 수 있어서 하나의 정해진 모델이 없고 다양한 형태로 나타날 수 있다[46]고 알려져 있기 때문이다. 중요한 것은 플립드 러닝을 설계할 때 다음 사항을 반드시 고려해야 한다는 것이다. 본 파트에서 소개하는 여섯 가지 사항은 실제 플립드 러닝을 운영하면서 경험했던 어려움을 정리하고, 이를 토대로 관련 연구들에서 언급된 내용과 일치되는 내용만을 선별하여 정리한 것이다.

① Technology

당연히 잘 될 것이라 믿고 있어도 가끔씩 수리나 정비로 인해 사용불가일 때가 있어서 사전 점검이 필요하다. 사용자가 많은 만큼 학교의 광대역 속도가 수업에서 액세스하기에 적합한지, 필요한 경우 IT 활용이 무료인지 등을 사전에 점검해 두어야 한다. 또한 학생들이 집에서 안정적인 광대역과 PC, 노트북, 태블릿, 스마트 폰 등 자신이 활용하고자 하는 기기에 접속이 자유로운지도 확인해두는 것이 필요하다.

② 과제(가정에서의 사전 학습)

플립드 러닝은 집에서 과제를 완료해야만 다음 날 학교에서의 학습이 원활하기 때문에, 과제로 제시한 집에서의 학습이 완료될 수 있도록 학생 참여를 이끄는 높은 수준의 제도적 보장과 학교 과제(사전 학습) 문화를 만들어 가야 한다. 일괄적인 제도는 현실적으로 불가능하기 때문에 이러한 과제(사전 학습) 문화를 어떻게 형성하고 보편화할 것인지와 학교에서 보내는 일과시간에 과제(사전 학습)을 해결할 수 있도록 하는 방안을 모두 고려해야 할 것이다.

③ 교수의 지도 방법

플립드 러닝이 자신의 교수 스타일과 접근 방식에 적합한지를 먼저 고려해야 한다. 열린 수업을 지향하고, 조력자의 역할을 받아들일 수 있다면 이는 플립드 러닝에서 최고의 지도 조건이라 할 수 있을 것이다.

④ 학생의 학습 방법

매학기 지도하는 학생들의 학습태도나 학습유형이 다양하고, 과목마다 수강하는 학생들의 학습 분위기 또한 다르기 때문에 플립드 러닝이 해당 학생들에게 적합한지를 먼저 고려해야 한다. 학생들이 선호하는 학습 방법이 있다면 새롭게 도입하는 플립드 러닝을 거부할 수도 있기 때문에, 학생들에게 플립드 러닝의 장단점과 수업 방법 및 규칙들을 상세히 안내하고 합의한다면, 보다 효과적인 수업이 가능할 것이다.

⑤ 수업 자료

플립드 러닝에서 활용할 수 있는 자료는 직접 제작하는 것이 가장 좋을 수 있으나 시간적 제약이라든가, 기술적인 면에서 어렵다면 다음과 같은 기준으로 수업 자료를 선택하면 유용할 것이다.

- 자신의 교과내용과 일치하고 해당 주제와 밀접하게 관련되어야 한다.
- 외국 자료를 활용해야 한다면 학생들이 이해할 수 있는 수준의 분량과 내용으로 이루어져야하고, 필요하다면 번역하여 사용한다.
- 자료들은 학생들의 수준에 맞게 구별되어 제시될 수 있어야 한다.
- 학생들의 후속학습이 가능한 비디오나 동영상등의 목록을 준비하고 있다가 학생의 상황을 보고 바로 제시하는 것도 필요하다.
- 학생들에게 피드백과 성취감을 제공할 수 있는 자료이어야 한다.
- 학생들이 자료 활용 후 질문할 수 있는 자료이어야 한다.

⑥ 조력자

과제와 활동 시 도움을 줄 수 있는 조력자를 둔다면 보다 효과적인 활동을 유도할 수 있다. 조력자는 활동 촉진자로서의 역할을 수행한다. 학생들이 나아가야할 큰 방향과 지식의 안내는 철저히 교수의 보이지 않는 도움 전략에 의해 이루어지기 때문에 조력자도 교수와 더불어 학생들의 학습을 독려하고 지지하고 방향을 잃지 않게 도움을 주는 역할을 하게 된다. 사실 이 부분은 교수가 직접 수행하는 경우가 많다.

이상의 내용을 토대로 플립드 러닝 설계 주안점을 살펴보면 다음과 같다.

첫째. 과제 설정 및 검토다.

학생들은 반드시 과제(사전 학습)를 수행하고 다음 수업에 참여해야 하므로 과제 내용이나 자료를 각 대학 시스템인 LMS나 클라스넷에 탑재하여 활용하면 좋을 것이다. 가능하다면 학생들이 몇 분동안 접속하여 해당 자료를 시청하는지, 진도는 어느 정도인지, 어떤 부분에서 어려움을 겪는지 등의 데이터를 수집할 수 있도록 하여, 이를 수업에 반영하는 것이 좋다. 이를 통해 학생들이 과제를 하고 오는지도 점검할 수 있어 유용할 것이다.

둘째, 수업 중 후속 조치가 있어야 한다.

수업 도입 부분에서 과제 내용을 검토하고 학생들과 요약하는 시간을 가져 학생들의 이해 정도를 확인해야 한다. 이 과정에서 어떤 개념은 이해하고 있고, 어떤 개념은 어려워하는지 파악이 되고 그와 관련된 활동으로 무엇을 제시할 수 있는지를 알 수 있다. 학생 각자의 수준에 맞는 활동들을 준비하고 제공하는 것이 중요한데, 더욱 관심을 가져야 하는 것이 저성취 학생들이다. 그래서 학생들이 과제를 완수하지 못했거나 이해하기 어려워할 때 이를 되돌려 완수 할 수 있는 전략도 필요하다. 교수는 학생들을 어떻게 도울 것인지 명확한 전략들을 준비하고, 그에 맞게 과제의 내용을 확장하는 활동, 질문, 토론, 협동학습, 개별학습, 그룹 활동 등 다양하게 운영해야 한다.

셋째, 동료학습 장려다.

교수에 따라 조교를 활용하거나 대학원생을 활용하여 학생들을 돕도록 하기도 한다. 그런데 학생들 중에는 자신감이 넘치고 이해력이 뛰어나 동료들을 도울 수 있는 학생들이 있다. 이들을 활용해 저성취 학생들과 매칭하여 활동하게 한다면 학생들의 어려움을 감소할 수 있을 것이다. 또한 가정에서의 학습이 개별로 진행되기 때문에 강의실에서의 학습은 동료와 함께 협업하며 학습하길 권장한다. 동료와 협업은 토론을 활용하는 경우가 많은데 토론은 학생들의 생각을 넓히고 다양한 각도에서 논제를 살펴보게 하므로 유용하다.

넷째, 개별학습 기술 장려다.

학생들이 각자 가정에서 자신만의 방법으로 과제 수행을 하도록 적극 권장해야 한다. 학생 수준에 맞는 과제를 제공해도 학생마다 학습하는 스타일이 달라 학습이 일어나지 않을 수 있어서 동영상을 시청하고 텍스트를 읽는 방법 등을 안내해줄 필요가 있다. 과제를 통해 자신이 배우고 있음을 스스로 확인할 수 있는 방법을 알려주고, 필요하다면 1학년이 아니더라도 LMS 사용법부터 지도해야 할 것이다. 또한 시간 관리나 학습 계획같은 학습전략을 통해 학생들이 스스로 학습할 수 있는 습관을 형성할 수 있도록 지도하는 것이 필요하다.

다섯째, 교수의 자기 점검이다.

기존의 수업 방식에서 새롭게 플립드 러닝을 적용하려면 수업에서 다룰 핵심주제를 정리하고 강의노트의 자료들을 검토한 후 플립드 러닝을 적용하기에 적절한 주제를 도출하여 플립드 러닝을 실행하게 된다. 그러나 매우 철저히 준비해도 학생들의 수준이나 성향, 경험들에 의해 진행이 순조롭게 될 수만은 없을 것이다. 따라서 플립드 러닝을 어떻게 운영하는 것이 좋은지 스스로 관찰하고 학생들로부터 피드백을 받아 조정하고 변경할 준비를 하는 것이 필요하다.

또한 플립드 러닝을 설계하고 운영하면서도 스스로 플립드 러닝을 제대로 실천하고 있는 것인지 반문이 생길 수 있다. 이때는 FLN(2014)[47]에서 제안하는 11개의 질문을 활용할 수 있다. 이는 다음 <표 2>와 같다.

체크리스트		
F	나는 학습자들이 상호작용하고 그들이 학습을 성찰할 수 있는 시간과 공간을 제공한다.	
	나는 학생들이 상황에 따라 적절하게 수정할 수 있도록 학생들을 지속적으로 관찰하며 모니터링한다.	
	나는 학생들에게 지식을 배우고 표현할 수 있는 다양한 방법을 제공한다.	
L	나는 교사중심에서 벗어나 학생들에게 의미 있는 활동참여 기회를 제공한다.	
	나는 차별화와 피드백을 통해 모든 학생들이 접근하기 쉽게 이 활동을 조력한다.	

	나는 학습자들이 자발적으로 접근할 수 있도록 직접 교수에서 사용하는 개념들을 우선적으로 처리한다.	
I	나는 학생들에게 필요한 관련 내용을 만들거나(일반적으로 비디오) 재구성한다.	
	나는 모든 학생들이 관련되도록 접근하기 쉬운 내용으로 만들어 차별화 한다.	
	나는 모든 학생들이 개별 활동, 소그룹, 학급 활동에서 실시간으로 피드백을 요구할 때 응할 수 있도록 나를 준비한다.	
P	나는 수업시간 동안 관찰을 통해 형성평가를 수행하고미래 학습 정보를 위한 데이터를 기록한다.	
	나는 다른 교수들과 협력하고 성찰하며, 나의 실천을 바꾸어 나가는데 책임감을 갖는다.	

<표 2> The Four Pillars of F-L-I-P™(출처: Flipped Learning Network(FLN), 2014, definition of flipped learning)

2. 수업 구조

플립드 러닝에서는 교수자의 강의를, 미디어 기술을 활용하거나 각종 자료로 제작하여 선수 학습 형태로 학습자에게 제시하여 수업 전에 학습하고 오도록 한다. 그리고 강의실에서는 전날 과제로 제시된 학습 내용과 관련하여 매우 다양한 활동이 전개되는데 예를 들어, 자신이 선택한 주제를 완성하기 위해 스스로 탐구 계획을 세우고 자신의 수준에 맞는 워크시트지를 선택하여 하나씩 완성해 나가거나, 동료와 협업하거나 때로는 자신이 탐구한 것을 논의에 상정하여 좀 더 발전시키거나 하는 등의 활동들을 할 수 있다. 수업에서 교수는 학생들의 학습이 제대로 이루어졌는지를 확인할 수 있는 퀴즈와 개별 면담, 시험 등을 제공한다. 즉, 강의는 미리 제공된 자료를 통해 이미 안내되었으므로, 교실에선 강의대신 학생들의 학습이 이루어지도록 간접적인 지도가 있는 것이다.

플립드 러닝의 이러한 전개는 Farmar(2015)[48]가 제시한 다음 [그림 5]로 설명될 수 있다. [그림 5]에서 수업은 학교 교실에서만 이루어지는 것을 의미하지 않고 수업 전 활동부터 수업 후 활동까지 연계되어 있다. 즉, 화살표가 의미하듯이 가정에서의 학습도 수업 연장선에 놓여 있는 것이다. 때문에 플립드 러닝의 수업 구조는 '수업 전(pre - class), 수업(in - class), 수업 후(after - class)'로 구성되어 있음을 알 수 있다.

무엇을?	지식 전이	지식 동화 적극적인 참여와 감각 만들기			
언제?	수업 전		수업	수업 후	
누가?	학생들은 구조화된 과제를 개별적으로 작업	학생들은 구조화된 과제를 개별적으로 작업 학생들은 그룹에서 협력 학생들은 동료들과 토론하고 토의 학생들은 대화와 논의에 참여, 그들의 튜터와 활동			학생들은 구조화된 과제를 개별적으로 작업
어떻게?	듣기, 읽기, 생각하기, 시청하기	논의, 검토 준비, 질문	분석, 발표, 발견, 실험, 설명, 악화, 논의, 요약	평가, 토론, 요약, 합성	통합, 평가, 계획, 반영

[그림 5] Farmar(2015)의 플립드 러닝 수업 구조

이러한 플립드 러닝을 전통적인 수업과 비교하면 다음 <표 3>과 같다.

구분	기존 수업	플립드 러닝 적용 수업
수업 전	다수의 학습자에게 읽어야 할 과제 배정하여 공급 교수는 강의를 준비	학습자는 제공된 모듈에 따라 학습을 하고 내용 관련 질문은 기록해 둠 교수는 여러 가지 학습활동을 준비

수업 도입	교수는 무엇이 도움이 될 것인지에 대한 동기 질문을 생각함 학습자들은 학습목표에 대한 제한된 정보를 가짐	학습자들은 (교수에게) 그들 학습을 안내해 줄 질문을 함 교수는 질문을 통해 학생들이 가장 도움을 필요로 하는 것을 예상함
수업 중	교수는 준비된 모든 학습 자료를 사용하려고 노력함 학습자들은 수업을 따라감	교수는 피드백과 사전 강의를 통해 학습자들의 과정을 안내함 학습자들은 배워야 할 기능(skills)을 실습함
수업 후	학습자들은 보통 지연된 피드백을 받으며 과제를 하려고 함 교수는 지난 과제를 평가함	학습자들은 교수의 피드백에 따라 그들의 지식과 기술을 계속 활용함 교수는 필요한 것은 어떠한 것이라도 추가적인 설명과 리소스를 제시하고 질 높은 작업에 대해 점수를 부여함
일과시간 중	학습자들은 학습한 것에 대한 확인을 원함 교수는 종종 수업시간에 있었던 일을 반복함	학생들은 그들이 필요로 하는 것이 어디에 있는지 도움을 구하기 위한 능력을 갖춤 교수는 학생들이 더 깊은 이해를 하도록 지속적으로 안내와 피드백 제공

<표 3> 기존 수업과 플립드 러닝 수업 구조 및 활동 내용 비교(출처: University of Texas at Austin Center for Teaching and Learning, n.d.: 이지연, 김영환, 김영배, 201449에서 재인용)

3. 수업 자료 개발

플립드 러닝으로 수업을 운영하려면 수업 자료 개발이 필수다. 사전학습용으로 제공되는 수업 자료는 교수가 어떻게 제작하느냐에 따라 다양한 형태가 될 수 있다. 교재의 일부를 제안하고, 요약본을 LMS에 탑재하게 해도 무방하고, 교과 관련 현장 탐방 영상을 탑재하고 수업 전까지 시청하고 코멘트 달기를 유도해도 된다. 온라인 공개 강의 콘텐츠 활용이나 동영상 수업 자료를 활용하고자 한다면 다음 내용을 참고할 수 있다.

① 동영상 수업 자료 제작

동영상 수업 자료 제작은 각 대학에 있는 교수학습개발센터(CTL: Center for Teaching & Learning) 또는 e-러닝개발센터를 이용할 수 있다. 사전에 해당 부서로 전화하여 날짜와 시간을 정하고 학생들의 집중도를 고려하여 15분 정도의 분량으로 제작한다. 이때 스토리보드를 준비하여 강의 내용을 어떻게 진행할 것인지를 구상한다. 주로 어느 장면에서 글자가 등장하고, 몇 분 쯤 도표가 보이게 하고, 언제 목소리만 들리게 할 것인가 등을 명시하여 담당자에게 요청하면 도움을 받을 수 있다. 물론 자연스럽게 강의를 녹화하는 것도 한 방법이고, 연구실에서 스마트폰이나 디지털 카메라, 웹캠 등을 설치하고 자신이 직접 녹화하여도 무방하다. 한 번에 완성하기보다는 실험 촬영 후 본 촬영을 하는 것이 좋다.

만약 자신의 모습을 직접 보는 것이 부담된다면 직접 출연하지 않고 PPT로 제작된 내용만 담아 녹화하는 방법도 있다. 파워포인트 2013 버전 이상이라면 자체에 Office Mix 프로그램이 설치되어 있어서 동영상 콘텐츠로 제작할 수 있고, 캠타시아(Camtasia), 안캠코더(Ancamcorder) 등의 컴퓨터 프로그램을 이용하면 컴퓨터 모니터에 나오는 화면을 그대로 녹화하여 영상으로 편집할 수 있다. 이렇게 컴퓨터 모니터의 화면을 녹화할 때에는 화면 녹화 프로그램을 실행한 후 강의 자료를 모니터에 띄우고 자신의 설명을 녹음하여 영상으로 제작할 수 있다.

또한 동영상으로 완성한 내용을 편집하고 싶을 때는 편집 프로그램을 이용하여 분절, 이음, 다른 내용 첨부 등이 가능하므로 직접 제작이 어려울 때는 언제든지 교수학습개발센터나 e-러닝개발센터를 이용하면 된다. Bergmann과 Sams(2012)[50]는 강의 동영상을 제작하여 수업에 활용할 때의 유의점을 다음의 다섯 가지로 제시하고 있다.

최대한 짧게 제작

최대한 짧게 제작하여야 한다. 주어진 학습 목표와 관련 없는 내용은 넣지 말고, 강의 동영상 한 편에는 한 가지 주제만 담아야 한다. 동영상의 시간은 15분을 넘지 않도록 하는 것이 좋다.

생기 있는 목소리

생기 있는 목소리로 녹화하여야 한다. 동영상에는 수업 슬라이드와 교수자의 필기, 교수자의 목소리뿐이다. 어조와 억양을 다양하게 하여 녹화해야 한다.

필기 첨가

컴퓨터 모니터 화면을 녹화할 때, 교수자가 직접 필기하는 것을 첨가할 수 있으면 더욱 좋다.

화면 확대와 축소

콜아웃(Call Out)과 확대, 축소 기능을 사용하면 좋다. 콜아웃은 비디오 상영 중에 생겼다 사라지는 말풍선, 텍스트 박스, 그림의 형태나 삽화를 말한다. 이러한 기능들은 내용의 진행 단계를 시각적으로 강조하거나 스크린에 생기를 불어넣고 이해를 쉽게 한다.

공동제작

다른 교수자와 함께 영상자료를 만드는 것이 좋다. 라디오 방송을 들을 때 한 사람이 이야기하는 것보다 여러 사람의 대화가 재미있는 것처럼 한 명의 교수자가 학습자 역할을 하고 다른 교수자는 전문가가 되어 연기하듯이 강의를 진행할 수 있다.

이제 각 대학에서 동영상 수업을 위해 제공하고 있는 다양한 제작 툴이 있는데 그중에 하나인 'ReadyStream Producer'라는 프로그램을 활용하여 동영상 콘텐츠를 제작해보자.

ReadyStream Producer를 활용해서 동영상을 제작하기 위해서는 각종 도구 점검을 먼저 해야 한다. 최신 노트북에는 카메라와 마이크가 내장되어 있어서 ReadyStream Producer를 사용하는 데 문제가 없지만, 만약 버전이 낮거나 데스크탑이라면 PC와 연결된 카메라와 마이크를 점검해두어야 한다. 그 다음 중요한 것이 교재다. PPT를 활용해서 설명하는 것이라면 PPT의 화면이 가독성있게 구성되어 있어야 한다. 교수 성향에 따라 준비되는 PPT가 상당한 차이를 보이는데, 학습자 입장에서 보기 편한 PPT가 가장 좋다. 또한 촬영 시 배경이 되는 벽이라든가, 책장 등을 정리하여 학생들의 시선이 분산되지 않게 할 필요가 있다. 간혹 녹음 중에 손님이 들어오는 경우가 있는데 녹음 중이라는 표시를 연구실 문에 부착해두고 시작하면 방해받지 않고 녹음할 수 있을 것이다.

촬영 준비가 되었으면 아래 [그림 6]과 같이 각 대학 홈페이지에서 제공되는 사이트에 접속한다. 본 사례로 활용하게 되는 계명대학교는 http://kcms.kmu.ac.kr/로 접속한다.

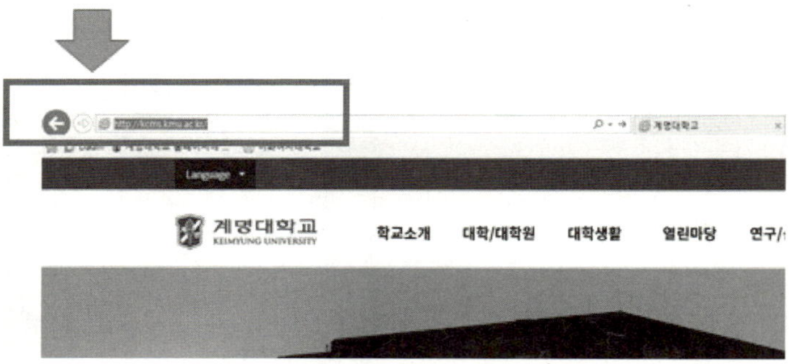

[그림 6] 홈페이지를 통한 ReadyStream Producer 접속하기

다음 [그림 7]과 같이 로그인 창이 뜨면 각자 대학 소속 아이디를 입력하고 입장한다. 대부분의 대학에서 통합 아이디를 쓰기 때문에 교원마다 아이디가 있으므로 로그인은 별도의 회원가입이 필요 없다. 로그인이 되면 다음 [그림 8]과 같은 화면이 뜬다. [그림 8]에 표시된 것처럼 1번은 교과를 담당하고 있는 교원의 프로필

이 나타난다. 사진 옆의 설정을 통해서 담당 교과나 프로필 사진 또는 교과목 안내 등을 입력할 수 있다. 다음 2번은 동영상이나 콘텐츠 올리기 및 제작 버튼이 들어있는 도구 목록이다. 3번은 본인이 교과별로 관리하고자 하는 폴더를 만들어 관리할 수 있는 폴더창으로 저장공간 사용량을 표시해준다.

[그림 7] ReadyStream Producer 로그인 화면

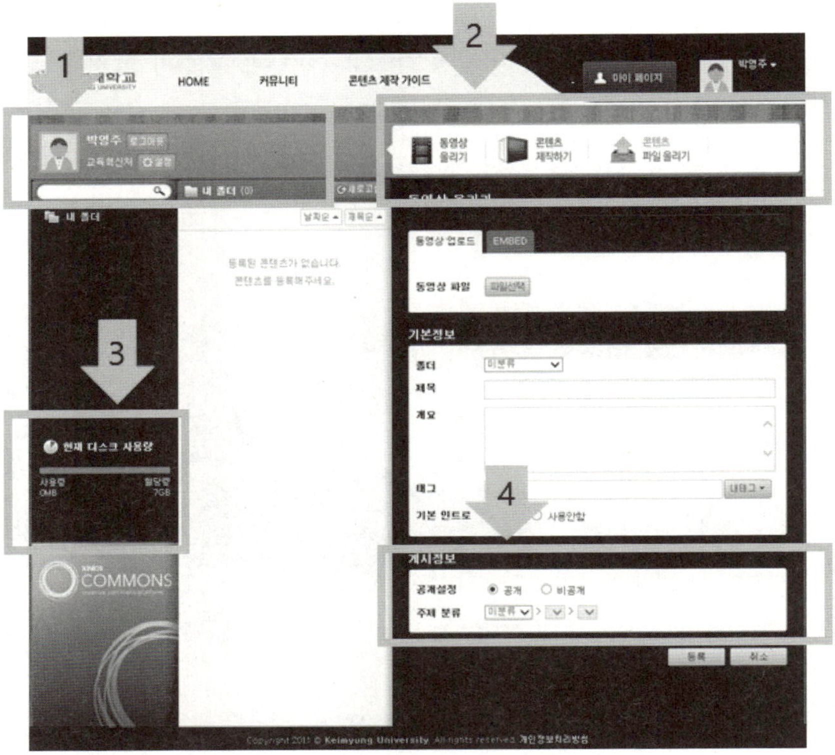

[그림 8]　ReadyStream Producer 메인 화면

4번은 제작된 콘텐츠의 정보 및 수정과 공유로 공개가 되면 등록된 콘텐츠의 URL이 제공되어 다른 사이트에도 배포가 될 수 있다. 2번의 메뉴에서 '동영상 올리기'를 선택하면 교수 개인이 소장한 다양한 동영상 파일을 업로드하여 학생들과 공유하는 것이 가능하고, ReadyStream Producer를 활용하여 촬영해둔 본인 동영상이 있는 경우에도 2번 메뉴에서 '콘텐츠 파일 올리기'를 선택하고 업로드 할 수 있다. 2번 메뉴의 콘텐츠 제작은 ReadyStream Producer를 활용하여 직접 콘텐츠를 제작하는 것이다. 해당 버튼을 클릭하면 다음 [그림 9]와 같은 창이 뜬다. 만약 콘텐츠 제작에 필요한 프로그램이 설치되어 있지 않다면 화면에서 안내하는 순서대로 설치하면 된다. [그림 9]의 2번 화살표에 있는 설치 버튼을 클릭하면 화면 아래에 [그림 10]과 같은 실행창이 뜬다. 이때 실행 버튼을 선택한다. 그리고 [그림 11]처럼 'Next'를 선택하면 프로그램이 설치되고 있는 것을 알 수 있다.

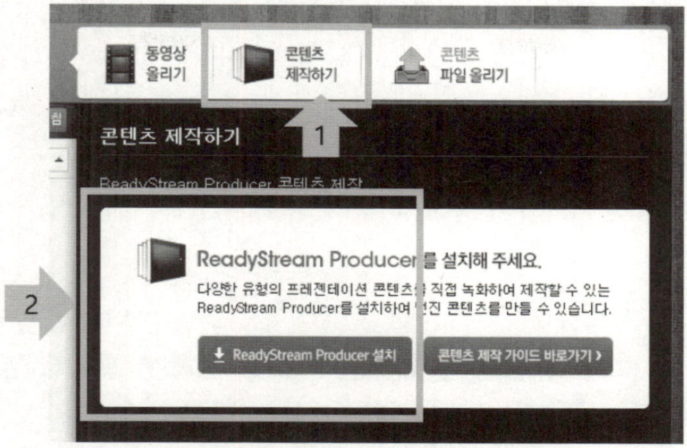

[그림 9] 콘텐츠 제작하기 선택

[그림 10] ReadyStream Producer 설치

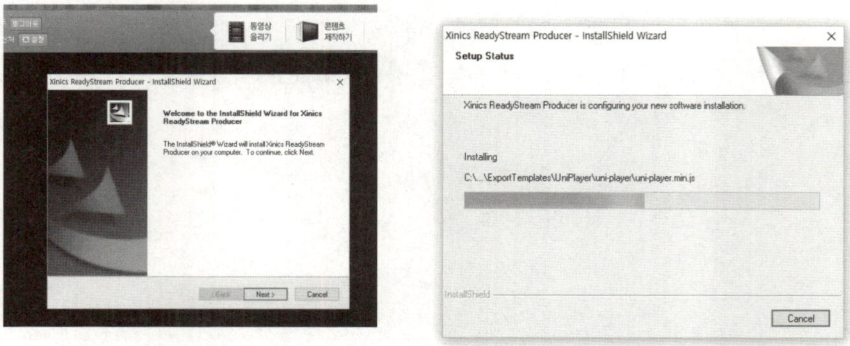

[그림 11] ReadyStream Producer 설치진행

프로그램이 설치되었으면 재접속한다. 이때 재접속하지 않으면 설치된 프로그램이 작동하지 않으므로 반드시 로그아웃하고 다시 접속하도록 한다. 다음 [그림 12]는 프로그램 설치 후 재접속했을 때의 변화된 화면이다. 1번을 클릭하면 2번의 화면이 나타나는데, 초기 프로그램 설치화면과 다르게 변화되어 있음을 알 수 있다.

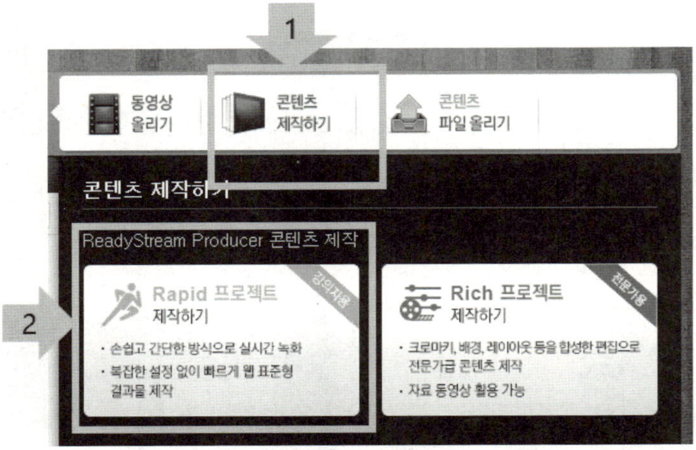

[그림 12] ReadyStream Producer 설치완료 후 화면

이제 [그림 12]의 2번을 누르면 다음 [그림 13]과 같은 화면이 뜬다. 화살표 박스의 마이크와 카메라 테스트 화면은 실행해보고 싶을 경우에 선택해서 구동해보아도 되지만 프레젠테이션을 선택할 때 선택 부분이 있으므로 굳이 선택하지 않아도 된다.

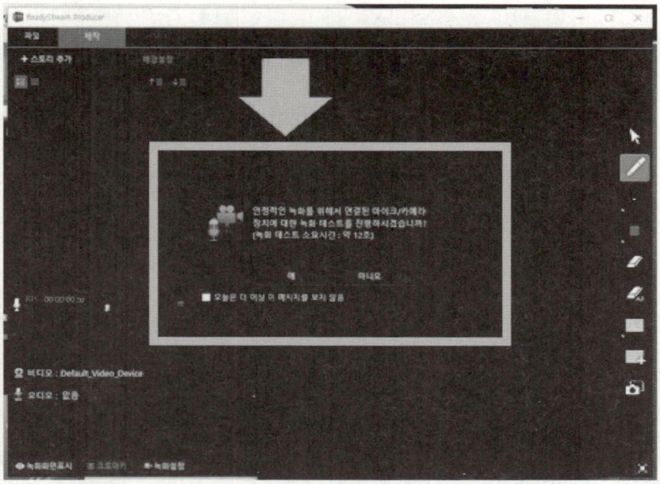

[그림 13] 콘텐츠 제작 화면

[그림 13]에서 '아니오'라는 버튼을 클릭하면 다음 [그림 14]와 같이 제작 화면이 바로 뜬다. 이때 화살표처럼 녹화 유형을 선택하는데 강의자료 PPT를 활용해서 녹음할 경우다.

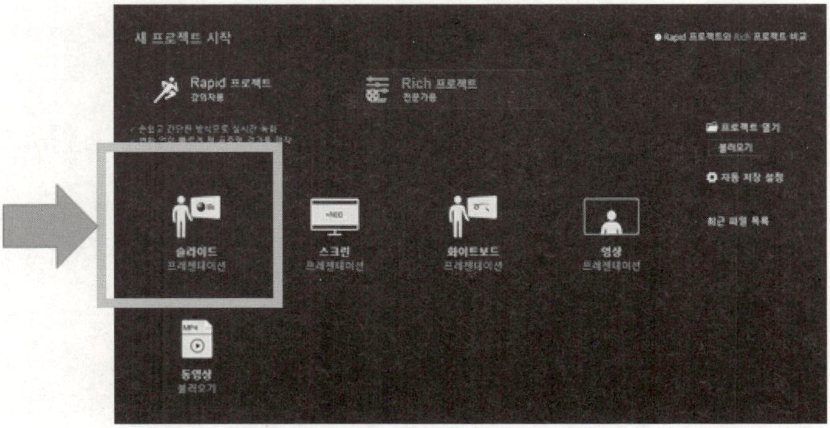

[그림 14] 콘텐츠 제작 유형 선택

다음은 [그림 15]처럼 1번을 클릭하면 색이 변하면서 2번 창이 뜨고 녹화 유형을 선택할 수 있게 되어 있다. 오디오를 선택하면 PPT에 교수자의 목소리만 담을 수 있고, 영상을 선택하면 PPT와 교수자의 모습을 다양하게 담을 수 있다. 다음 3번은 사용할 PPT를 불러오는 창이다. 이를 순서대로 진행하고 마지막으로 4번을 선택한다.

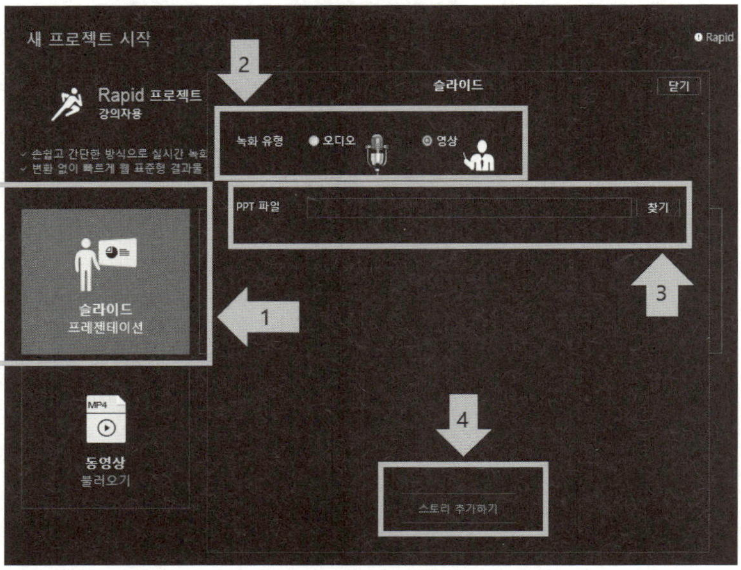

[그림 15] PPT 활용 콘텐츠 제작 선택화면

[그림 15]에서 4번 스토리 추가를 누르면 아래 [그림 16]과 같은 화면이 뜨면서 PPT가 이미지로 변환되고 다시 애니메이션으로 변환된다.

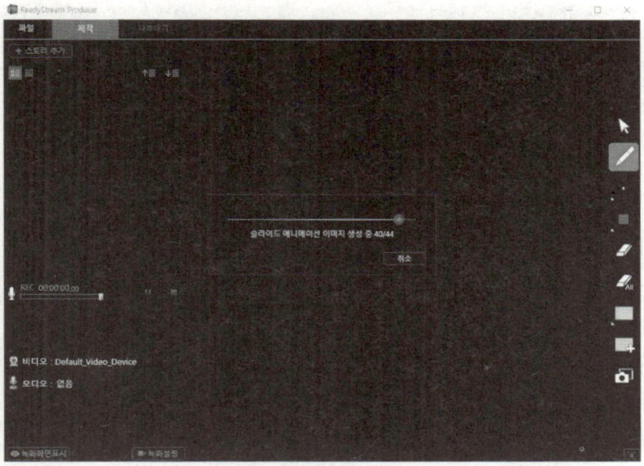

[그림 16] PPT 활용 콘텐츠 제작 이미지 변환 화면

[그림 17] PPT가 탑재된 화면

[그림 16] 단계가 종료되면 자동으로 [그림 17] 단계로 진행된다. 이제 녹화하기 위해 화살표로 표시된 버튼을 클릭한다. 그런 다음 [그림 18]과 같은 창이 뜨는데 이때 화살표의 테스트를 해볼 수 있다. 녹화가 진행되면 아래 검은 창에 강의자의 모습이 나타나므로 이 부분은 생략한다.

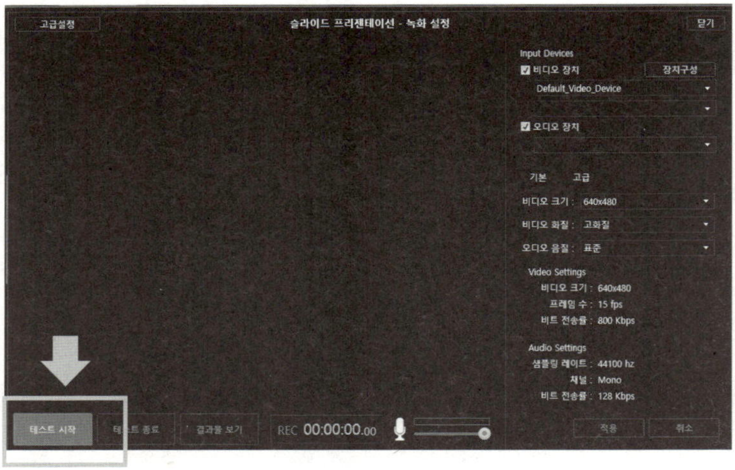

[그림 18] 녹화 화면

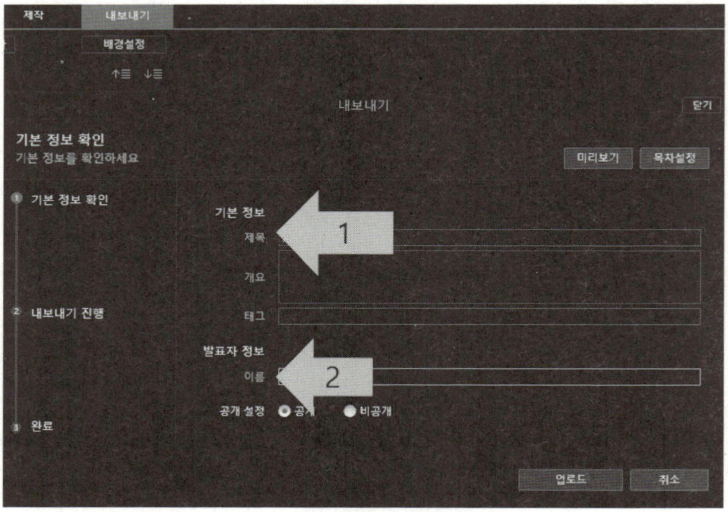

[그림 19] 완성 화면

녹화가 다 되고 나면 [그림 19]의 파란색 '내보내기'를 선택하여 업로드 하면 된다. 그런데 기본정보에서 화살표 1번의 강의 제목과 2번의 강의자 이름은 필수로 입력하여 학생들에게 저작권 및 교과내 몇 번째 자료인지 알 수 있게 한다. 이렇게 직접 콘텐츠 제작하는 것이 어려울 경우에는 각 대학의 스튜디오를 활용하여 도움을 받는 방법도 유용하다.

① 공개강의 콘텐츠 이용

직접 제작이 제일 좋은 방법이긴 하나, 때로는 유명 교수의 강의나 실험 등을 보여주는 것도 신선함을 줄 수 있으므로 공개 강의를 활용하는 것도 긍정적으로 검토해 볼 수 있다. 최근에는 학생들도 많이 이용하는 KOCW(Korea Open Course Ware)부터 MOOC(Massive Open Online Course), TED, Youtube, EBS 교육방송 콘텐츠 등 공개 교육용 콘텐츠가 다양하여 활용이 용이하다. 이를 간략하게 소개하면 다음과 같다.

Coursera

Coursera는 세계 각국의 언어를 포함하여 예술, 경영, 경제, 교육, 자연 과학, 공학, 인문학 등 실제로 대학에서 가르치는 대부분 분야의 강의를 수강할 수 있으며, 수강하는 사람들끼리 커뮤니티를 만들어 서로 의견을 주고받을 수 있는 기능을 제공한다.

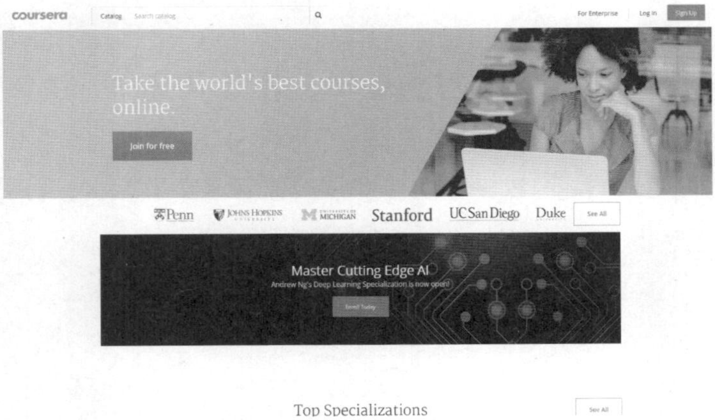

[그림 20] Coursera[51]

Khan Academy

Khan Academy는 교육용 비디오 자료를 도서관 형태로 관리하고 있으며, 플립드 러닝 형태로 수업을 진행하기 위한 기능을 제공한다. 수학, 과학과 관련된 4,000개 이상의 비디오 자료를 제공하고 있다.

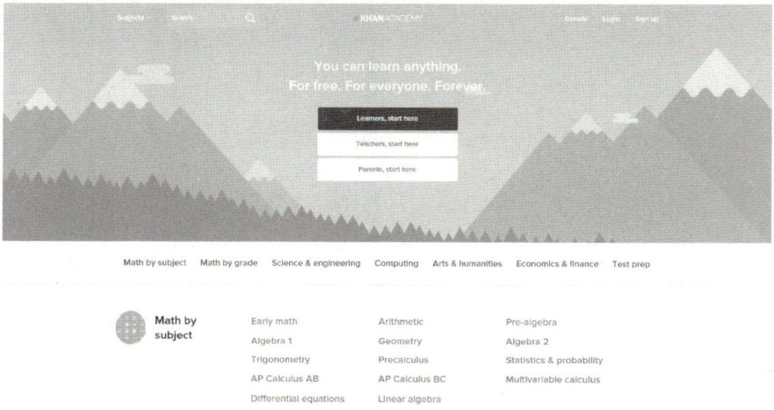

[그림 21] Khan Academy[52]

TED

TED는 Technology, Entertainment, Design의 앞 글자를 딴 것으로, 사이트의 운영 목적은 'Idea worth spreading'으로 좋은 아이디어를 널리 퍼뜨리기 위한 것이다. TED의 하위 개념 중 TED-Ed는 학문 분야를 12개로 구분하여 각 주제에 대한 체계적인 동영상 강의 자료를 제공한다.

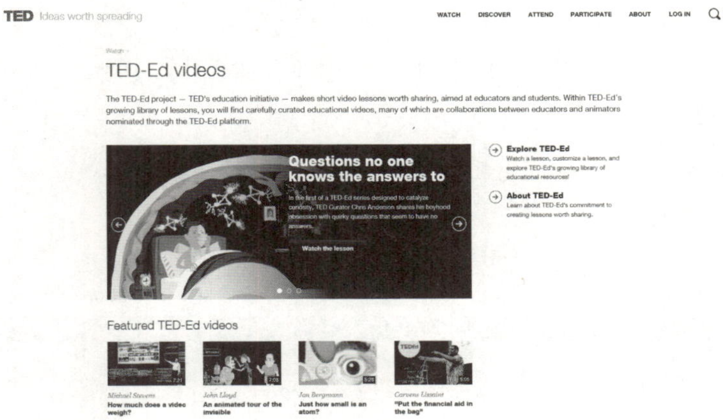

[그림 22] TED - Ed[53]

K - MOOC

무크(MOOC)는 수강인원에 제한 없이(massive), 모든 사람이 수강할 수 있으며(open), 웹 기반으로(online) 미리 정의된 학습목표를 위해 구성된 강좌(course)를 말한다. K-MOOC는 한국형 무크를 말하며 2015년 오픈되어 교수자와 학습자, 학습자와 학습자간 질의응답, 토론, 퀴즈, 과제 제출 등 양방향 학습이 가능한 새로운 교육환경을 제공하고 있다.

[그림 23] K - MOOC[54]

KOCW

한국교육학술정보원(KERIS)이 국내 대학 및 해외 교육자료 공개(OER: Open Education Recourses)운동 협의체와 연계하여 강의자료 정보를 공유하는 고등교육 교수학습자료 공동 활용 서비스인 KOCW(Korea Open Course Ware)를 제공하고 있다.

[그림 24] KOCW[55]

이렇게 타인이 만든 강의 자료를 활용할 경우, 강의 내용의 일부만 필요하다거나, 몇 개의 강의를 일부분씩 이어서 시청해야 할 경우가 있다. 이럴 땐 해당 강좌의 몇 분부터 몇 분까지의 내용을 시청하라고 일괄 안내하면 된다. 다운로드가 불가능할 뿐만 아니라 저작권에 위배되므로 반드시 안내를 통해 시청이 가능할 수 있게 해야 한다.

Ⅲ. Flipped Learning 수업 실행

1. 수업계획

앞에서 언급한 바와 같이 플립드 러닝은 '수업 전(Pre - Class), 수업(In - Class), 수업 후(After - Class)'로 구성되어 있다. 설계 원리와 주안점 등을 고려하여 실제 수업을 기획하려면 수업 계획이 우선 되어야 한다. 한 학기 총 16주(15주) 중 어느 부분에 플립드 러닝을 적용할 것인가를 심사숙고하여 결정해야하는데, 이때 학생들과 합의하여 결정한다면 보다 성공적인 수업을 이끌 수 있다. 그러나 사전에 교수가 어느 주에 플립드 러닝을 실행할 것이란 계획안을 배포한 후 그대로 실행하는 것이 좋은지 일정 조정이 필요한지를 합의해야지 무조건 학생들의 의견을 반영하는 것은 오히려 수업방향을 잃게 만들 수도 있으므로 유의해야 한다. 학생 의견을 반영할 필요가 있는 것은 학생들이 한 교과만을 수강하는 것이 아니기에 학생들의 일정이 너무 벅차면 수업효과가 떨어지기 때문이다. 수업계획안 작성 시 참고할 수 있는 모형으로 최정빈과 김은경(2014)[56]이 제안한 다음 [그림 25]의 'PARTNER'를 추천한다.

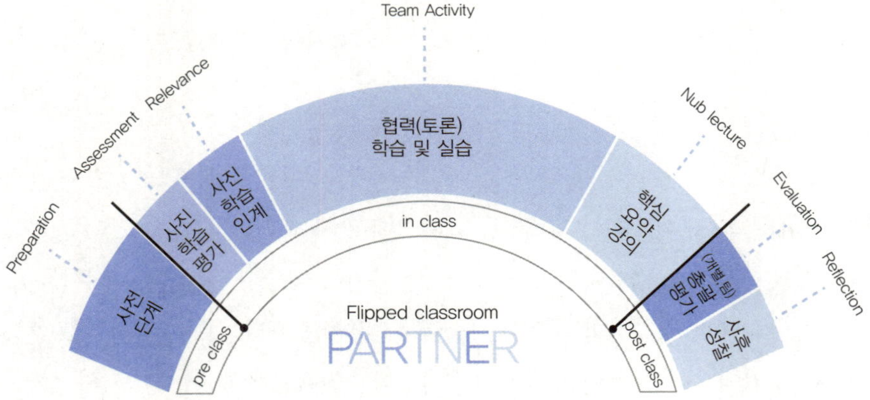

[그림 25] PARTNER 모형

PARTNER 모형은 플립드 러닝 절차를 7단계로 구성하고, 각 단계의 영문명 머리글자를 이어서 명명한 것이다. 이 모형은 어떤 수업 형태냐에 따라 이론 중심, 이론과 실습 중심, 실습 중심으로 얼마든지 강조점을 달리할 수 있다는 이점이 있다. 각 부분의 설명은 다음 [그림 26]과 같다.

Preparation	사전학습단계	사전학습단계 필요한 동영상 자료 제작 최우선과 수업 자료 준비 (요약 노트, PDF, 관련 기사나 스크랩등의 자료 포함) 사전학습자료 및 콘텐츠 제공 단계
Assessment	사전학습 평가단계	사전학습내용과 관련하여 복습으로 평가를 수행 필요시 on-line 퀴즈나 과제부여 사전학습미수행자에 한해 미니 복습시간 할애(in class 상황)
Relevance	사전학습 연계단계	사전학습에서 제시되었던 수업내용을 협력학습으로 이행하기 위한 안내 및 지침 제공
Team activity	협력, 토론학습	플립드 러닝의 핵심요소- 사전 학습에 기반한 동료간 협동학습을 통해 자신들이 알고 있는 지식을 공유하고 확산하여 집단 지성으로 확장 토론, 발표, 문제 풀이 등 창의적 수업
Nub Lecture	핵심요약강의	학습자간 활동이 종료 된 후 교수자가 핵심 강의제공 학생들이 자신이 습득한 지식에 대해 정리할 수 있는 기회
Evaluation	총괄평가	각 차시별 평가를 포함하여 개인, 팀을 평가 사전학습평가는 개인에게만 국한
Reflection	사후성찰	차시 별 강의가 끝나고 팀별 과제 수행 및 개별 학습 성찰보고

[그림 26] PARTNER 모형 세부 단계

이 모형에 의하면 '사전단계(Preparation)'는 수업 전단계로 학생들의 요구 분석을 통해 수업내용과 난이도를 조절하고, 각자 집에서 사전학습을 할 수 있도록 자료제공을 한다, '사전학습 평가단계(Assessment)'는 사전에 제공된 수업 자료로 학습이 이루어졌는가에 대한 평가가 진행된다. 사전학습 평가는 온라인으로 실시해도 가능하고, 실제 수업에서 실시해도 무방하다. '사전학습연계단계(Relevance)'는 사전학습에 제시되었던 내용이 본 수업에서 이행될 수 있게 수업 안내와 지침 등을 공개하는 것으로 이 단계까지가 Pre-Class에 해당한다고 볼 수 있다. 물론 In-Class 단계에서 사전 학습을 평가하고 수업 안내와 지침을 제공할 수도 있으므로 In-Class 단계로 볼 수도 있다. 이는 상황에 따라 교수가 적절하게 배치하면 되므로 크게 구애받을 필요는 없다.

In-Class 단계부터는 학교 강의실에서 이루어진다고 볼 수 있다. 이때 적용되는 단계가 '협력, 토론 수업(Team activity)'이다. 교수가 촉진자로서 학습자 사이에서 협업이 이루어지도록 안내하고, 문제해결을 할 수 있도록 강의실 수업을 구성하고 운영하는 단계이다. 사전 학습에서 다루었던 내용을 중심으로 모둠 활동이 일어날 수 있도록 교수가 수업을 구조적으로 재조직하고, 학생들은 동료들과 생각을 교류하고 탐색하며 협동학습을 이행하는 것이다. '핵심요약 강의(Nub Lecture)'는 학습 활동이 종료된 시점에서 심화된 내용을 교수가 강의형식으로 전달하는 것을 말한다. 이때 교육목표와 수업 핵심내용이 전달되어 학생들이 활동한 내용들이 정리될 수 있게 한다. 핵심요약 강의가 반드시 필요한 것은 아니지만 강의에 익숙한 학생들에게 이해를 돕기 위해 활용하면 좋을 것이다. 그리고 '총괄평가(Evaluation)'를 한다. 수업이 차시별로 진행될 경우에는 차시별 평가와 개별 활동 후에는 개별 활동평가, 동료와 팀으로 구성되어 활동했을 경우에는 동료평가 등을 포함하여 다양하게 평가를 실시할 수 있다. 이 단계까지가 In-Class에 해당한다.

마지막으로 'After-Class'에 해당하는 '사후 성찰(Reflection)'이 있다. 사후 성찰 방법은 인터뷰나 설문, 토론, 관찰 등 여러 방법에 의해 수집된 자료를 활용할 수도 있고, 인터넷에 대화방을 개설하여 실시할 수도 있으며, 최근에는 스마트 폰을 활용하는 사례도 등장하고 있다. 중요한 것은 절대 후속 과제가 아니라는 사실이다. 학생 개개인에게 맞는 수준별 후속 학습이 가능하도록 자료를 제공하거나, 내용을 확인하는 정도로 활용하면 될 것이다.

플립드 러닝 실행을 위한 수업계획은 기존 강좌를 재설계하는 경우와 새로운 강좌를 설계하는 경우로 구분될 수 있다.[57] 이는 다음 <표 4>와 같다. 문제는 이러한 논리에 맞게 강의계획서를 작성하려면 개인의 노력이 매우 필요하다는 것이다. 과목 특성이 강의계획서 포맷과 맞지 않을 수도 있다. 모든 대학의 강의계획서는 일정한 포맷을 가지고 교과목 안내, 핵심역량과 본 교과목의 연관성, 교과목 개요, 교육목표, 교수법, CQI 보고서의 강의개선사항, 수업 진행, 수업 교재, 학습평가, 필요사항 / 선수과목, 교과목 활용, 주차별 계획 등을 입력하게 되어있기 때문이다. 이는 학생들이 교과목을 선택할 때 일목요연하게 볼 수 있게 하기 위해 정형화된 틀을 제시하는 것으로 다양한 교과를 지도하고 있는 교수들에게 꼭 맞는 형태는 아니라고 할 수 있다. 특히 플립드 러닝의 경우에는 더욱 그러하다. 따라서 플립드 러닝을 실행하고자 한다면 각 대학에서 제공하는 강의계획서를 한글로 저장한 다음 다시 열어서 다음 사항을 추가하여 학생들에게 배포하는 것이 좋다.

<table>
<tr><th></th><th></th><th>기존강좌 재설계</th><th>새로운 강좌 설계</th></tr>
<tr><td rowspan="6">개강 전</td><td>강좌 분석</td><td>기개발 강의계획서 분석</td><td>새로운 강좌 개발 목적 및 범위 확인</td></tr>
<tr><td rowspan="4">학습구성 분석 및 설계</td><td colspan="2">플립드 러닝 적용 동기 및 목적 확인</td></tr>
<tr><td>학습목표 확인 및 수정</td><td>학습목표 도출</td></tr>
<tr><td>학습목표에 따른 학습내용과 학습활동 분석</td><td>학습목표에 따른 학습내용과 학습활동 설정</td></tr>
<tr><td colspan="2">수업 전과 수업 중, 수업 후 수행할 학습내용 및 학습활동 설계</td></tr>
<tr><td rowspan="3">개강 전
&
수업 전</td><td>학습자 분석 및 학습구성 설계 수정</td><td>해당 강좌 기수강생 분석 및 신규 수강생 분석</td><td>대상 학습자 분석</td></tr>
<tr><td rowspan="2">학습자료 개발</td><td colspan="2">학습자 분석 결과를 고려하여 필요시 전 단계에 설계한 학습구성 수정</td></tr>
<tr><td>• 수업 전 활용할 동영상, 교재 등과 수업 중 활용할 워크시트지, 기타 기자재 등 개발 및 수정
• 참고자료와 수업 후 성찰일지, 과제, 샘플 개발 및 수정</td><td>• 수업 전, 수업 중 활용할 동영상, 교재, 워크 시트 및 기타 학습 기자재 개발
• 참고자료와 수업 후 성찰일지, 과제, 샘플 개발</td></tr>
</table>

수업 전	학습자료 제공 준비	• 온라인에서 제공할 자료는 LMS에 탑재 • 오프라인에서 제공할 학습 자료는 학생들이 바로 사용할 수 있도록 준비

<표 4> 수업비교

① 교과목 안내

강의계획서 상단에 교과목 안내 창 아래에 다음 <표 5>와 같이 플립드러닝을 표시해준다. 어느 주에 플립드 러닝을 실행할지 미리 안내하면 학생들이 일정을 보고 미리 일정조정을 한다든가, 불가피하면 강의 첫날 일정조정을 전체적으로 합의할 수 있게 배려하는 것이다.

교과목명		교과목코드	
(… 생략 …)			
강의실		담당교수 연구실	
강의소개 동영상		홈페이지 / SNS	
Flipped Learning 적용주차	(6, 7, 9 등 해당 주를 입력)		

<표 5> 교과목 안내에 플립드 러닝 첨가

② 교수법

교수법 선택 란에는 플립드 러닝 칸이 없을 수도 있다. 따라서 <표 6>처럼 직접 플립드 러닝을 입력해야 한다. 수업 방법이 다양해서 학교에서 제공하는 방법 이외의 것도 많고, 교수에 따라서는 Active Learning으로 여러 교수법을 혼용하여 사용하기 때문에 빈칸을 활용해서 명시해주어야 한다.

□	강의, 토론, 발표	□	CBL(Case Based Learning)	□	TBL(Team Based Learning)	□	AL(Action Learning)
□	Team Teaching	□	PBL(Problem Based Learning)	□	BL(Blended Learning)	□	FL(Flipped Learning)

<표 6> 교수법 표시

③ 수업 진행

수업 진행은 다음 <표 7>과 같이 일반 수업내용 작성 후 별도로 플립드러닝 관련 내용을 첨부한다. 일반 수업 내용에 안내된 것과 플립드 러닝이 어떤 차이와 연관성이 있는지 한 눈에 볼 수 있어서 학생들의 흥미를 유발할 수 있을 것이다.

<table>
<tr><td colspan="4">(일반 수업내용)</td></tr>
<tr><td rowspan="5">Flipped Learning</td><td>pre - class</td><td>in - class</td><td>after - class</td></tr>
<tr><td>(어떤 내용의 어떤 자료를 제공할 것인지)</td><td>(운영 방법에 대한 설명)</td><td>(복습 계획, 또는 심화 보충 등)</td></tr>
<tr><td colspan="3">학습촉진전략</td></tr>
<tr><td>(학습확인 방법 안내)</td><td>(모둠 활동을 강화할 수 있는 방안 제시)</td><td>(추가제공 자료 안내)</td></tr>
</table>

<표 7> 수업 진행 추가 기입

④ 학습평가

학습평가 항목에도 다음 <표 8>과 같이 플립드 러닝을 추가하여 배점한다. 이때는 플립드 러닝의 다양한 항목을 직접 기입하여 안내하여도 무방하지만 토탈 점수를 기입하는 것이 좋다. 세부 배점은 학생들과 평가 방법이나 기준 등에 대해 안내하고 조절하여 최종적으로 반영하는 것이 합리적이기 때문이다. 따라서 최종안의 학습평가는 전체 배점에서 몇 점을 줄 것인지만 기입하도록 한다.

항목	출석	정기시험 (기말시험)	중간시험 (수시)	과제	Flipped Learning	합계
평가점수 (만점)					(평가 기준을 정하고 활동지, 퀴즈, 참여도, 모둠 활동, 과제 등 배점)	100
반영비율 (%)						100

<표 8> 학습평가 배점

⑤ 필요사항 / 선수과목

필요사항에도 아래 <표 9>과 같이 플립드 러닝과 관련하여 미리 학습이 되었으면 하는 것들을 기입하여 안내한다. 즉, 기기활용능력이나, 스스로 학습할 수 있는 태도 등이 플립드 러닝에서는 중요해서 이를 풀어서 안내해주면 된다.

(교과의 일반적인 사항)		
Flipped Learning	환경	(스마트 폰, 각자 집에 인터넷 가능 등 환경적인 부분)
	태도	(자기주도성 등과 같은 필요한 학습태도 기록)

<표 9> 필요사항 관련 플립드 러닝 기입

학생들에게 배포한다면 A4 용지 한 장에 위의 내용을 모두 넣어서 다음 <표 10>과 같이 배포하는 것이 좋다.

<table>
<tr><td>교과명</td><td></td><td>이수학점</td><td></td></tr>
<tr><td>이수구분</td><td></td><td>담당교수명</td><td></td></tr>
<tr><td>강의시간</td><td></td><td>E - mail</td><td></td></tr>
<tr><td>강의실</td><td></td><td>연락처</td><td></td></tr>
<tr><td>교과목 개요</td><td colspan="3"></td></tr>
<tr><td>Flipped Learning 적용주차</td><td colspan="3"></td></tr>
<tr><td>교육목표</td><td colspan="3"></td></tr>
<tr><td>교재</td><td colspan="3"></td></tr>
<tr><td>교수법</td><td colspan="3">
<table>
<tr><td>□</td><td>강의, 토론, 발표</td><td>□</td><td>CBL(Case Based Learning)</td><td>□</td><td>TBL(Team Based Learning)</td><td>□</td><td>AL(Action Learning)</td></tr>
<tr><td>□</td><td>Team Teaching</td><td>□</td><td>PBL(Problem Based Learning)</td><td>□</td><td>BL(Blended Learning)</td><td>□</td><td>FL(Flipped Learning)</td></tr>
</table>
</td></tr>
<tr><td>수업 진행</td><td colspan="3"></td></tr>
<tr><td>Flipped Learning</td><td colspan="3">
<table>
<tr><td>pre - class</td><td>in - class</td><td>after - class</td></tr>
<tr><td>(어떤 내용의 어떤 자료를 제공할 것인지)</td><td>(운영 방법에 대한 설명)</td><td>(복습 계획 또는 심화 보충 등)</td></tr>
<tr><td colspan="3">학습촉진전략</td></tr>
<tr><td>(학습확인 방법 안내)</td><td>(모둠 활동을 강화할 수 있는 방안 제시)</td><td>(추가제공 자료 안내)</td></tr>
</table>
</td></tr>
<tr><td>평가계획</td><td colspan="3">(출석, 시험, 과제 외 Flipped Learning 관련 배점 안내)</td></tr>
<tr><td>선수요소</td><td colspan="3"></td></tr>
</table>

<표 10> 강의계획서 축약표

후면에는 일일 계획을 주차별로 기입하여 제공한다. 3학점 수업으로 한 주에 이틀로 나뉘어 있는 경우는 아래 <표 11>을 참조하면 된다.

주	날짜	강의주제	학습자료	비고
1	3.2			
	3.4			
2				
3				
4				과제
5				
6		pre - class		Flipped Learning
		in - class		
		after - class		
7				
8		중간고사		
9				
10		pre - class		Flipped Learning
		in - class		
		after - class		
11				
12		pre - class		Flipped Learning
		in - class		
		after - class		
13				
14				
15		수업 총정리		
16		기말고사		

<표 11> 주간계획표

학교의 일관된 강의계획서와는 별도로 플립드 러닝 수업 계획표를 작성하여 배포하는 사례는 다음 [그림 27]과 같다.

Grading Policy

1. Attendance & Participation 20%
2. Homework & Project 50%
3. Midterm or Final 30%

※ 숙제는 강의포럼을 통해 공지됩니다.
※ 수업시간 중 Pop-Quiz 가 출제될 수 있습니다.
※ 수업시간 중 1/3 이상 결석을 하면 과제나 시험 성적과 상관없이 최종 성적은 "F"로 처리됩니다. 결석 사유가 발생할 경우 반드시 수업 전에 이메일 등으로 연락바랍니다.

※ 효과적인 강의 내용 전달 및 수강생의 참여와 상호작용 제고를 위하여 수업 전 미리 해당 주차 교과 내용과 관련한 사전 학습을 수행하고 수업 중 관련 실습, 토론 등을 수행하는 Flipped Learning 방식으로 몇 주간의 수업이 진행됩니다. 주차별 수업 일정에 표시된 수업 내용의 경우 반드시 교수학습지원시스템을 통해 사전 공지된 콘텐츠를 학습한 후 수업에 참여해 주시기 바랍니다. 수업 중 사전 학습 여부를 확인하기 위한 퀴즈 또는 토론이 실시되거나 정규 시험에 반영될 수 있습니다.

Class Schedule

	주제명	시간별 강의계획	
1 주	Course Introduction	1	강의 소개 및 평가방법, 주차별 수업 일정 및 공지사항 안내
		2	강의교재 소개
		3	Ice Breaking: 강사소개 및 자기소개
2 주	Web and Mobile Internet	1	웹환경과 동작원리
		2	웹프로그래밍의 개념
		3	모바일 인터넷 환경
3 주	Blog Marketing	1	Blog 의 개념과 특징
		2	웹 2.0 과 블로그 마케팅
		3	마케팅용 블로그 개설 실습
4 주	Image Contents * Flipped Learning 적용	0	* Before Class - 사진의 힘, 마케팅 활용 사례 - 이미지 콘텐츠 (사진) 제작 기초 - 사전학습용 콘텐츠 LMS 게시 예정
		1	사진과 웹사이트 구축
		2	기초 사진이론의 이해

[그림 27] 계명대학교 Y교수 사례

이렇게 수업준비가 되었으면 15주 수업계획과 별개로 플립드 러닝을 적용한 일일 수업계획안이 필요하다. 자신이 알아볼 수 있고 기억할 수 있는 수준에서 정리하는 것이 부담이 적으므로 다음 <표 12>를 활용하면 좋을 것이다. <표 12>에는 비고란을 두어 수업 후 관찰된 내용들을 추가로 기록하고 다음 적용 시 활용할 수 있도록 하였다.

과목명				
주차		주제		
학습목표				
학습자료	수업 전, 수업, 수업 후 제공될 자료들 명시			
	교수 활동	학생 활동	소요 시간	비고
Pre - Class	• 과제 내용과 주요 포인트가 무엇인지 기록 • 예상 질문과 답변 준비 • 수행여부 확인방법 기록	시청, 요약, 질문 만들기 등 해당 내용 명시	15 ~ 20	
In - Class (날짜)	• 퀴즈, 강의, 개별 활동, 모둠 활동, 짝 활동 등 활동성격과 내용 기록 • 활동 제시 방법, 평가 방법 등 명시 • 저성취 학생, 또는 장애학생들은 어떻게 지도할 것인지 추가 명시	해당 시간에 학생들이 주로 하게 되는 활동방법과 수준별로 진행될 내용을 명시	100	
After - Class	• 성찰방법, 강좌 평가 등에 대해 명시, 차시 활동안내	제공된 자료를 어떻게 활용하는지 방법 명시	50	

<표 12> 플립드 러닝 총안표

이제 LMS나 클라스넷 등에 동영상 탑재하는 것을 살펴보자. LMS는 각 대학이 교과별로 운영할 수 있게 마련한 온라인 공간으로 각 대학 홈페이지를 통해 접속할 수 있다. 본 고에서는 계명대학교를 사례로 설명하겠다. [그림 28]과 같이 본인이 운영하는 교과의 LMS 화면에 접속하면 강의홈이 뜨고 이때 화살표 1번처럼 강의목록을 클릭하면 주차별 강의계획을 작성할 수 있다. 게시판이 On-Line과 Off-Line 혼합형으로 구성되어 있어야만 URL 주소를 입력할 수 있으므로 사전에 e-러닝개발센터나 관리 부서로 연락하여 혼합형으로 바꿔달라고 신청해야만 한다. 이제 플립드 러닝 주차에 동영상 콘텐츠를 입력해야 하므로 화살표 2번의 수정 버튼을 클릭한다.

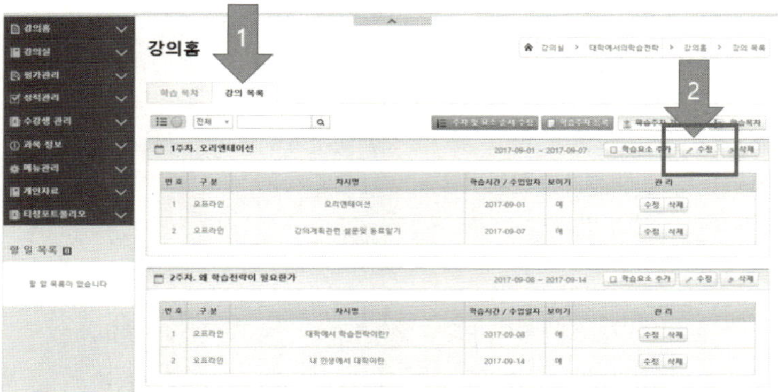

[그림 28] LMS 강의 홈의 강의목록 창

다음 [그림 29]와 같이 학습주차 수정창이 뜨면 해당 주의 내용을 입력한다.

[그림 29] 학습주차 수정창

일반 교육과정과 마찬가지로 플립드 러닝 교육과정도 기입하면 된다. 학습목표에는 해당 주의 학습목표를 기록하고 학습내용 요약에는 Pre－Class에서부터 After－Class까지의 내용을 요약한다. 참고자료는 Pre－Class 단계에서 활용할 인터넷 주소나 탑재된 동영상이 있다면 게시판 번호를 기입하면 된다. 만약 다른 용도로 사용하고 싶으면 해당 주차를 이해하는 데 도움이 되거나 심화학습에 도움이 될 만한 자료의 제목을 기입하면 된다.

수정을 누르면 아래와 같이 입력이 완성된 창이 뜬다. 이때 [그림 30]과 같이 다시 학습요소 추가 버튼을 누른다.

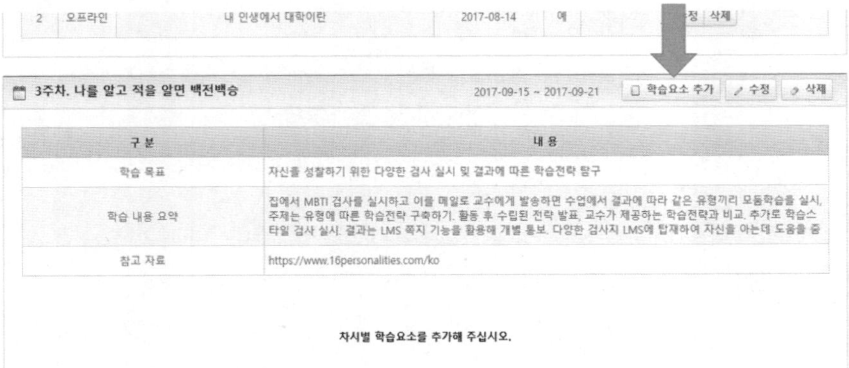

[그림 30] 학습요소 추가

그러면 [그림 31]과 같은 창이 뜨는데 이때 Pre－Class부터 입력한다. 거듭 강조하지만 게시판 혼합형으로 신청해야만 아래와 같이 온라인과 오프라인을 선택할 수 있다. Pre－Class는 집에서 수강하기 때문에 주어진 과제의 형태에 따라 온라인과 오프라인을 선택할 수 있다. 예시는 Pre－Class를 인터넷으로 실시하게 하였으므로 온라인을 선택한 화면이다.

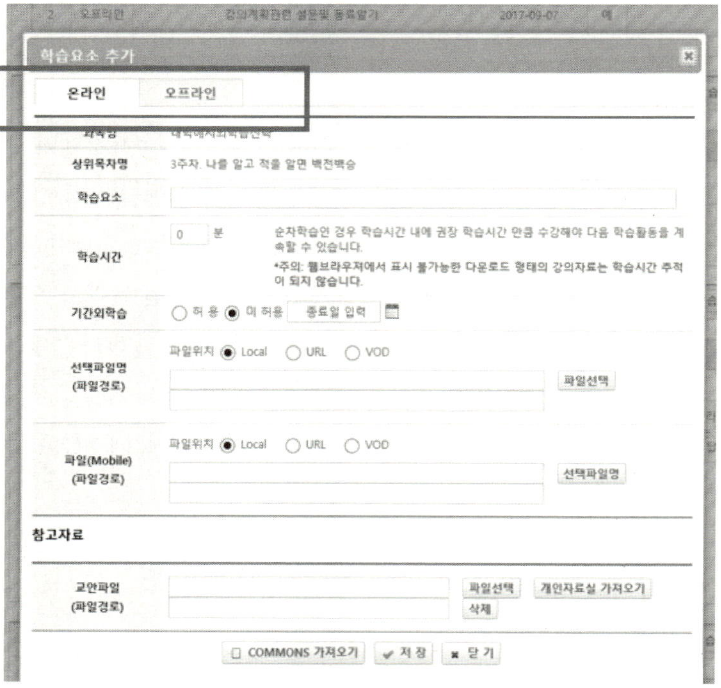

[그림 31] 온 · 오프라인 선택창

저장을 누르면 다음 [그림 32]와 같이 완성된 화면이 뜬다. 다시 학습요소 추가 버튼을 눌러 In－Class와 After－Class를 입력한다.

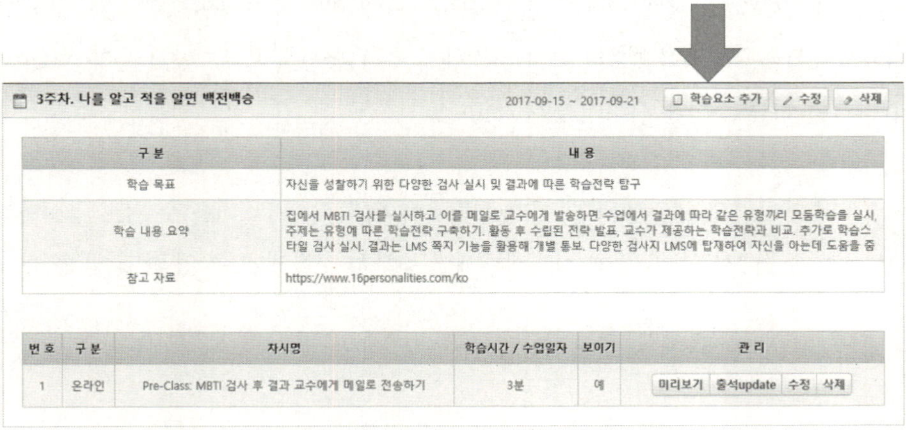

[그림 32] 추가 학습요소 입력하기

완성된 플립드 러닝 적용주차 화면은 다음 [그림 33]과 같다.

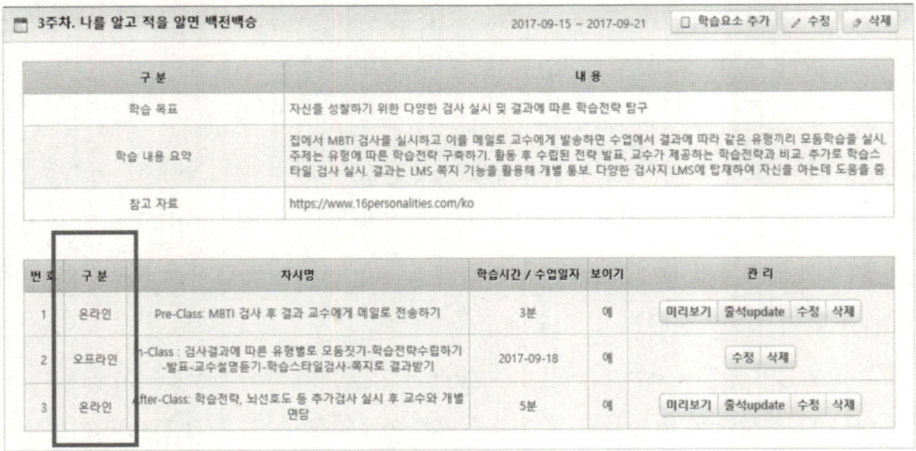

[그림 33] 플립드 러닝 입력 완성

위의 예시를 보면 Pre-Class 단계는 학생 각자의 집에서 과제가 이루어지므로 온라인을 명시하고 강의실에서 진행되는 In-Class는 오프라인으로 명시되었으며 After-Class는 심화학습으로 각자 가정에서 추가 활동을 할 수 있게 온라인으로 자료제공을 하는 것이 표시되어 있다.

플립드 러닝을 16주(15주) 전 기간에 적용하기에는 부담스러울 수 있으니 이와 같이 전체 학습에서 단 한 주씩 시도해본다면 충분히 소화해낼 수 있을 것이다.

2. Pre-Class

Pre-Class 단계는 가정에서 학생들의 학습이 이루어져야 하는 단계로 교수는 학습자가 선행 학습을 할 수 있도록 학습 내용을 선별하여 과제로 제시해야 한다. 거듭 강조하지만 과제가 반드시 동영상 강의일 필요는 없다. 예를 들어 긍정적인 자아개념을 학습하기 위해 과제로 '쿵푸 팬더'라는 애니메이션을 시청하고 오도록 하는 것도 가능하고, 자신이 가장 잘하는 것을 선정하여 휴대폰으로 촬영해오라고 하는 것도 가능하다. 또한 핵심적인 부분을 자료로 제작하고, 제작한 자료를 LMS나 클라스넷 등에 업로드 하여 학습자가 자료를 통해 학습할 수 있도록 지도할 수 있다. 5분에서 10분 분량의 강의를 탑재했을 경우 출석 확인과 몇 분동안 시청했는지 반응 점검도 바로 할 수 있고, 문서 과제 경우는 몇 시까지 탑재하라고 하여 마감조절과 성적 입력까지 매우 간단하게 처리할 수 있다. LMS나 클라스넷 활용은 과제 탑재와 관리가 용이하다는 점 이외에도 학생들이 결과를 바로 확인할 수 있다는 점에서 활용성이 높다. 또한 게시판을 활용하여 학생 각자가 질문하고 서로 답해 줄 수 있는 댓글 토론이 가능하고, SNS를 활용하여 교수와 학생 간 1:1 대화와 설명도 가능하다. 중요한 것은 사전학습으로 제공되는 모든 활동은 학생들에게 부담이 되지 않도록 간단하게 구성되어야 한다.

Pre-Class 단계에서 주의해야 할 것은 학습내용 점검이다. 제시된 과제를 수행하지 않으면 In−Class 단계의 수행이 불가능하므로 학습내용 점검은 매우 중요하다. 교수에 따라서는 Pre−Class 단계에서 학습했는가를 점검하기도 하고 In−Class 단계 도입부분에서 학습내용을 점검하기도 한다. 학습내용 점검은 수행한 내용을 요약하거나 수행과정 중 이해가 안 되는 부분, 더 알고 싶은 것 등을 기록하고 질문으로 만들어보게 하는 것이다. Pre−Class 단계에서 학습내용을 점검하려면 이러한 조건들을 담아 활동지로 만들어 배포한 후 수거하는 방법도 있고, LMS 게시판에 관련 문항을 탑재하고 학생들이 직접 입력하게 할 수도 있다. In−Class 단계에서 학습내용을 점검하려면 활동지 수거 후 활동지에 적힌 질문을 간추려 답을 하는 것도 방법이지만 직접 질문을 하도록 하여 이해하지 못한 부분들을 공유하고 함께 이해할 수 있도록 한다.

Pre−Class 단계에서 다루어지는 세부 활동들에 대해 박상준(2015)[58]은 학습자료의 학습과 학습지 활동을 권하고 있으며, 김상홍(2015)[59]도 동영상 강의 시청과 강의노트를 활용하여 내용을 정리하도록 권하고 있다.

Pre−Class 단계의 학습 자료 탑재하는 방법은 다음과 같다.

• LMS

각 대학 홈페이지 창을 열고 LMS 관련 링크를 클릭한 후 본인 강좌를 클릭하면 [그림 34]와 같이 본인이 담당하는 교과목 페이지에 접속할 수 있다. 강의실 홈에는 학습계획을 탑재하고 출석, 과제, 평가 등을 실시할 수 있는 코너들이 준비되어 있다. 과제 코너는 학생들이 언제까지 무엇을 탑재하라는 주문에 맞게 마감 기준을 설정할 수 있고, 필요에 따라 게시판 수를 늘릴 수도 있다. 학생들을 모둠으로 구성할 때 기준 값을 입력하면 자동으로 모둠 구성을 할 수도 있다.

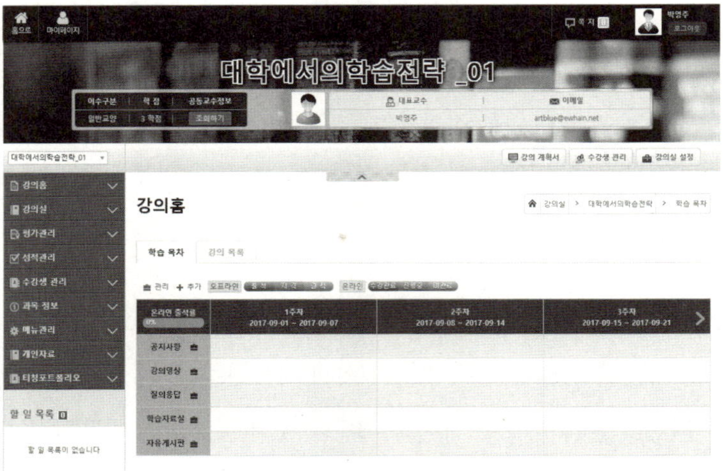

[그림 34] 계명대학교 LMS

● 밴드(Band)

스마트폰에는 [그림 35]와 같은 '밴드'라는 학생들에게 잘 알려진 일종의 동아리와 같은 기능의 모임 공간을 제공하는 앱을 설치할 수 있다. 밴드는 PC로도 확인이 가능하여 인터넷이 연결된 곳에서는 두 기기 모두 사용할 수 있다. 밴드에 교과목 방을 만들어 동영상과 문서를 탑재하고 학생들에게 가입하여 자료를 다운받거나 시청할 수 있게 하면 된다. 단점은 학생들이 자료를 다운 받았는지를 개별적으로 확인해야 한다는 점이다.

[그림 35] 앱

• 카카오톡

[그림 36]과 같은 카카오톡은 스마트폰에서 문자 메시지를 실시간 주고받을 수 있도록 고안된 앱인데 점점 기능이 발전하면서 문서, 사진, 동영상 첨부가 가능해졌다. 카카오톡 역시 스마트폰과 컴퓨터 모두 지원된다. 교수가 교과목 방을 열어 학생들을 초대하면 학생들과 연결된다. 정해진 시간에 모두 접속하여 공동 주제로 실시간 대화를 주고받을 수 있다. 자료 공유나 과제 제시 등이 편리한 반면 동영상은 20Mb를 초과하면 안 되기 때문에 제한이 있다. 동영상 자료는 대부분 5분에서 10분 정도로 제작하라고 권유하는데 카카오톡으로 공유할 수 있는 분량은 20Mb로 5분 정도의 길이다. 카카오톡도 탑재된 자료를 확인한 학생들의 전체 수는 알 수 있지만 누가 그것을 보았는지는 알 수 없기 때문에 개별적인 확인이 추가로 필요하다.

[그림 36] 카카오톡

• 카페(Cafe)

인터넷 포털 사이트(Naver, Daum, Google)에 가입하면 [그림 37]과 같은 카페를 개설할 수 있다. 포털 사이트 카페의 가장 큰 장점은 자료 탑재의 제한 용량에서 조금은 자유로울 수 있다는 점이다. 하지만 해당 과목을 수강하지 않는 불특정 다수에게 검색을 통해 공개될 수 있어서 저작권 등에 주의를 요한다.

[그림 37] 포털 사이트 카페 앱

- 기타

먼저 Youtube를 꼽을 수 있다. 대부분의 동영상은 Youtube에 탑재한다고 해도 과언이 아닐 정도로 Youtube의 활용도는 높다. Youtube에 계정을 만들면 동영상 탑재가 가능하다. Dropbox는 클라우드 서비스로 유명하다. 포털 사이트와 마찬가지로 가입한 후 사용할 수 있다. 공유가 가능하기 때문에 계정을 받아 오픈 한 후 학생들의 이메일로 공유를 열어놓으면 된다. Google Drive도 추천한다. 동영상 자료 탑재는 물론 문서와 설문 및통계까지 활용할 수 있어서 매우 인기 있는 서비스이기도 하다. 마찬가지로 가입 후 활용하면 된다. [그림 38]은 활용 가능한 서비스 앱 사진이다.

[그림 38] 기타 공유 가능한 서비스 앱

플립드 러닝 실행 시 Pre-Class 단계에서 계명대학교 LMS에 학습자료를 탑재하고 제시한 사례는 다음 [그림 39]와 같다. 플립드 러닝이 적용되는 주차에 따라 자료를 탑재하면 된다.

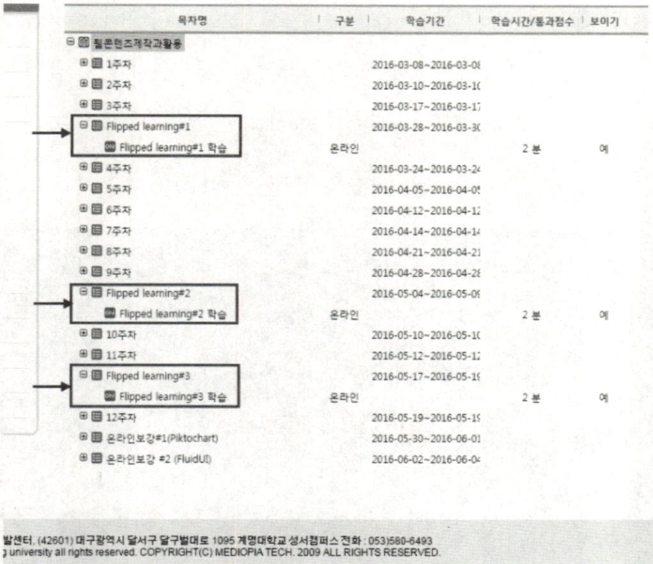

목차명	구분	학습기간	학습시간/통과점수	보이기
됨콘텐츠제작과활용				
1주차		2016-03-08~2016-03-0		
2주차		2016-03-10~2016-03-1		
3주차		2016-03-17~2016-03-1		
Flipped learning#1		2016-03-28~2016-03-3		
Flipped learning#1 학습	온라인		2 분	예
4주차		2016-03-24~2016-03-2		
5주차		2016-04-05~2016-04-0		
6주차		2016-04-12~2016-04-1		
7주차		2016-04-14~2016-04-1		
8주차		2016-04-21~2016-04-2		
9주차		2016-04-28~2016-04-2		
Flipped learning#2		2016-05-04~2016-05-0		
Flipped learning#2 학습	온라인		2 분	예
10주차		2016-05-10~2016-05-1		
11주차		2016-05-12~2016-05-1		
Flipped learning#3		2016-05-17~2016-05-1		
Flipped learning#3 학습	온라인		2 분	예
12주차		2016-05-19~2016-05-1		
온라인보강#1(Piktochart)		2016-05-30~2016-06-0		
온라인보강 #2 (FluidUI)		2016-06-02~2016-06-0		

발센터, (42601) 대구광역시 달서구 달구벌대로 1095 계명대학교 성서캠퍼스 전화 : 053)580-6493
university all rights reserved. COPYRIGHT(C) MEDIOPIA TECH. 2009 ALL RIGHTS RESERVED.

[그림 39] 계명대학교 Y교수의 LMS 콘텐츠 등록 화면

학생들에게 플립드 러닝운영에 대해 안내하고 Pre-Class 단계를 설명하였어도 학생들이 잊을 수 있으므로 아래 [그림 40]과 같이 공지사항에 이를 안내하는 것이 좋다.

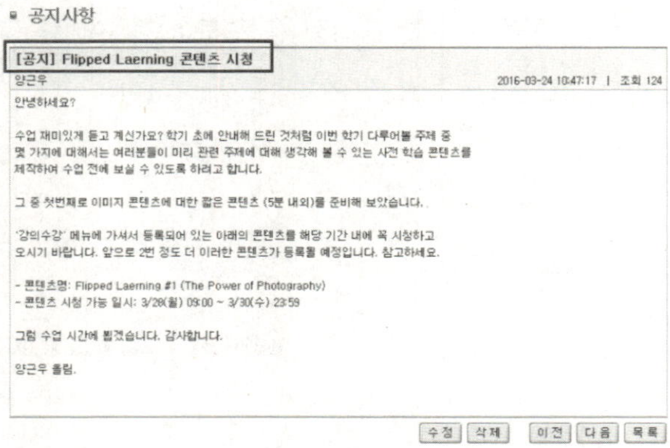

■ 공지사항

[공지] Flipped Laerning 콘텐츠 시청

양근우 2016-03-24 10:47:17 | 조회 124

안녕하세요?

수업 재미있게 듣고 계신가요? 학기 초에 안내해 드린 것처럼 이번 학기 다루어볼 주제 중 몇 가지에 대해서는 여러분들이 미리 관련 주제에 대해 생각해 볼 수 있는 사전 학습 콘텐츠를 제작하여 수업 전에 보실 수 있도록 하려고 합니다.

그 중 첫번째로 이미지 콘텐츠에 대한 짧은 콘텐츠 (5분 내외)를 준비해 보았습니다.

'강의수강' 메뉴에 가셔서 등록되어 있는 아래의 콘텐츠를 해당 기간 내에 꼭 시청하고 오시기 바랍니다. 앞으로 2번 정도 더 이러한 콘텐츠가 등록될 예정입니다. 참고하세요.

- 콘텐츠명: Flipped Laerning #1 (The Power of Photography)
- 콘텐츠 시청 가능 일시: 3/28(월) 09:00 ~ 3/30(수) 23:59

그럼 수업 시간에 뵙겠습니다. 감사합니다.

양근우 올림.

수정 삭제 이전 다음 목록

[그림 40] 계명대학교 Y교수의 콘텐츠 시청안내 공지 화면

Pre-Class 단계에서 제공할 수 있는 콘텐츠 종류가 다양하더라도, 과제 관리 창에 탑재하면 학생들은 쉽게 열어볼 수 있다. 그중 동영상 사례는 다음 [그림 41]과 같다.

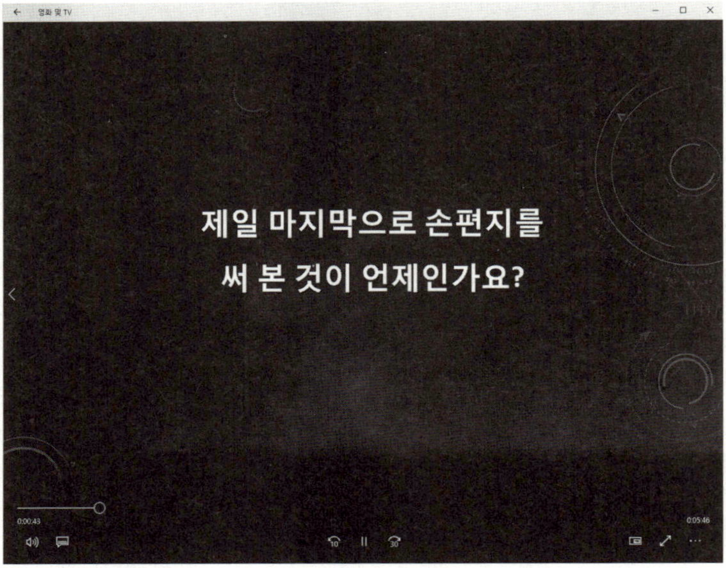

[그림 41] 계명대학교 Y교수의 동영상 콘텐츠 화면

Pre-Class 단계에서 동영상이 아닌 현장탐방 자료 조사가 제시되었다면 아래 사진과 같이 현장탐방을 통해 자료를 수집해 올 수도 있다. 이때는 개별로 실시되기도 하지만 [그림 42]에서 보듯이 모둠으로 요청해도 무방하다.

[그림 42] 계명대학교 Y교수의 현장자료수집 과제

Pre－Class 과제가 문서 자료일 때는 다음 [그림 43]의 예시와 같다.

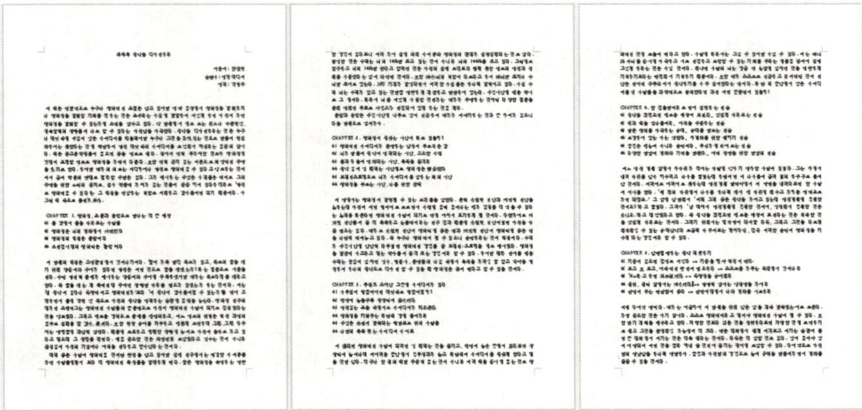

[그림 43] 계명대학교 P교수의 Pre - Class 문서 자료

이렇게 Pre－Class 단계에서 제공된 자료는 다양할 수 있는데 중요한 것은 반드시 학습해야만 In－Class의 수업이 원활하다는 것이다. 따라서 학습 확인은 필수다. 이를 위한 활동지(worksheet) 예는 다음 <표 13>과 같다. 박상준(2016)[60]이 제시한 활동지를 대학 수준에 맞게 변형하였다. 각 교과에 맞게 변형하여 사용하면 된다.

<table>
<tr><td colspan="3">(과목명)</td></tr>
<tr><td colspan="3">날짜: 2018. . . 학번: 전공: 이름:</td></tr>
<tr><td>요소</td><td colspan="2">내용 정리</td></tr>
<tr><td>자료학습</td><td>학습</td><td>학습자료 활용 횟수: ( )회
학습자료 주제:</td></tr>
<tr><td rowspan="2">내용 정리</td><td>이해한 내용</td><td>주요 개념을 설명하거나 주요 내용 요소를 자신의 말로 정리한다.</td></tr>
<tr><td>이해 안 된 내용</td><td>학습 자료를 여러 번 보고 읽어도 이해되지 않는 내용을 기록한다.</td></tr>
<tr><td rowspan="2">내용 요약 및 구조화</td><td>핵심내용 요약</td><td>핵심내용을 3~4줄 이내로 요약한다.</td></tr>
<tr><td>내용의 구조화</td><td>주요 개념 또는 내용 요소 간의 관계를 구조화하여 그림 형태로 표현한다.
(마인드맵 또는 표, 뇌지도 등 다양하게 활용)</td></tr>
<tr><td>질문</td><td colspan="2">자료 학습 후 수업시간에 교수에게 질문할 것을 적는다.</td></tr>
<tr><td>학습 주제</td><td colspan="2">본 자료와 관련하여 수업에서 토론하고 탐구하고 싶은 주제를 적는다.</td></tr>
</table>

<표 13> Pre - Class 계획관련 활동지 예

다음은 Pre－Class 단계 학습 확인 활동지 예는 다음 [그림 44]와 같다. 아래와 같이 활동지로 제시할 수도 있고, 퀴즈로 제시할 수도 있다. LMS 자유게시판에 탑재하게 해도 무방하고, In－Class 단계에서 Pre－Class 단계의 학습을 확인하기 위해 출력해서 활용해도 무방하다.

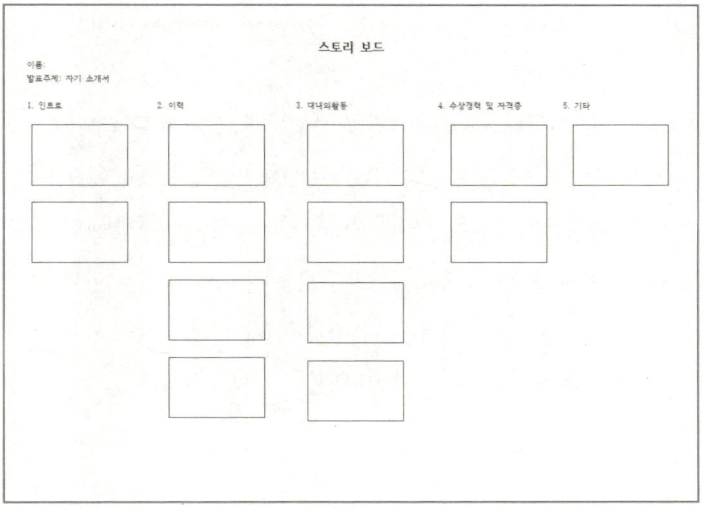

[그림 44] 계명대학교 P교수의 Pre - Class 학습 확인 활동지 예

만약 Pre–Class 단계 학습을 해오지 않은 학생이 발견될 경우 아래 [그림 45]와 같이 In–Class 단계에서 학습을 유도할 수 있다.

[그림 45] Pre - Class 보충학습

3. In - Class

In－Class 단계에서는 Pre－Class 단계에서의 학습활동과 In－Class 단계의 학습 활동을 연계시키는 것이 중요하다. Pre－Class 단계의 학습은 In－Class 단계의 학습을 위한 예습 활동이므로 예습 결과를 통해 In－Class 단계의 학습이 촉진될 수 있도록 해야 한다. 반대로 In－Class 단계의 학습은 Pre－Class 단계의 학습에 기반을 두고 설계되어야 한다. 이와 관련하여 김보경(2014)[61]은 다음 <표 14>와 같이 Pre－Class 단계의 학습과 In－Class 단계의 연계전략을 제시하였다.

Pre - Class	연계전략	In - Class
예습	퀴즈에 대한 암시나 단서를 제공해 예습에 대한 동기를 높임	• 퀴즈
질문 및 생각할 거리	강의 동영상이나 강의 교재에 '질문'이나 '생각할 거리'를 미리 제시하여 질의 · 응답이나 토론을 적극적으로 준비시킴	• 토론 • 미니강의 • 질의 · 응답
주별 워크시트, 포트폴리오 양식	워크시트나 포트폴리오 양식을 미리 제공하여 실험 및 실습, 문제해결, 프로젝트를 활성화함. 매주 문제해결안이 완성되어 가는 성취감을 느끼도록 한 학기 동안 '연속적으로' 진행되는 문제해결 활동이나 프로젝트 필요	• 실험 · 실습 • 문제해결 • 프로젝트수행
테크놀로지를 통한 지식의 공유	토론이나 프로젝트를 수행하는 팀에 교수자를 포함시켜 SNS를 통한 지식의 공유와 면대면 상호작용 활동을 촉진함	• 면대면 상호작용 활동

<표 14> Pre - Class와 In - Class 학습 연계전략

Pre－Class 단계의 각자 집에서 수행해야하는 학습은 개인이 하므로 과제수행 시간과 장소, 방법 등을 자유롭게 선택하고 실천할 수 있기 때문에 주로 개념이나 이론, 사례 수집 등과 같은 사고하고 탐구할 수 있는 주제를 다루기에 좋다. 반면, In－Class 단계의 강의실 수업은 집단으로 이루어져 있으므로, 팀 과제를 수행하거나 서로의 생각을 교환하고 확장하고 이해하는 토론, 프로젝트 진행 등과 같은 상호작용 활동을 수행하기에 적합하다. 따라서 Pre－Class 단계의 학습과 In－Class 단계의 학습 연계는, 서로 다른 두 가지 학습 방법을 연계한다는 점에서 의미가 있고, 각자 다른 장소에서 수행한 학습 내용을 학교에서 함께 정교화하고 실용화하기 위해서 필요한 장치라 할 수 있다.

In－Class 단계에서 도입 부분은 Pre－Class 단계에서 실행된 학습내용을 점검하거나 Pre－Class 단계에서 발생한 의문점, 제안 등이 질문을 통해 교류되도록 할애된다. 학생들이 교수에게 질문하거나 교수가 학생들에게 퀴즈를 내거나 하는 방법을 사용할 수 있다. 워크 시트지를 배포 했다면 이를 수거하여 공통된 질문을 도출하고 이를 중심으로 토론이 전개되어도 무방할 것이다. 물론 이 과정을 Pre－Class 단계에서 미리 실시한 후 도입에서 결과만 공유하고 전개에 더 많은 시간을 할애할 수도 있다.

In－Class 단계에서 전개 부분은 Pre－Class 단계에서 다룬 학습내용과 연계된 활동으로 개인차를 고려하여 수행할 과제를 제시한다. 활동에 따라 개인적으로 수행할 것과 동료와 팀으로 수행할 것이 구분되는데, 주제에 따라 적절히 혼용하여 사용하면 좋다. 강의실 수업이 상호작용 활동에 적합하다 하여 지속적으로 모둠 활동만을 권장하게 되면 학생들은 금방 지칠 것이다. 전개 부분에서 활용할 수 있는 학습 활동들은 다음과 같다.

- 하브루타(havruta)

하브루타는 유대인 학습문화인 탈무드 공부법을 말한다. 동료들과 짝을 지어 질문하고 대화하고 토론하고 논쟁하는 것으로 이 공부법의 핵심은 학습자가 스스로 만들어내는 질문에 있다.[62] 하브르타 학습에는 7가지 토론 원리가 있다.[63] 첫째, 진술이다. 둘이 한 모둠이 되고 그 중 한 사람이 학습한 내용을 간략하게 언급한다. 둘째, 질문이다. 진술한 사람과 짝이 되는 사람이 진술한 사람의 이야기나 정보를 듣고 의미 있는 질문을 만들어 물어본다. 셋째, 대답이다. 진술한 사람은 질문에 대해 대답해야 한다. 넷째, 반박이다. 진술자의 답변 내용에 대해 질문자는 반박하거나 반대 의견을 제시해야 한다. 다섯째, 증거다. 진술자는 반박이나 반대 의견을 수렴한 후 이를 증명할 논리적 근거를 펼쳐 자신의 대답을 강화한다. 여섯째, 갈등이다. 질문자도 진술자의 논리를 수렴한 후 진술자 논리의 허점이나 약점, 보완점에 대응하는 자신의 논리를 펼친다. 일곱 번째, 해결이다. 두 사람은 서로의 갈등 논리를 통해 의견 차이를 수렴하고 해결책을 함께 모색하며 바람직한 방향으로 마무리한다. 이러한 토론방법은 상대의 의견을 경청하고 자신의 생각을 명확히 하는 재확인 과정을 거친다는 점과, 서로 반문하고 집중 공략하며 자신의 지식을 최대한 활용하고 논리적으로 전개한다는 점, 지지와 도전을 통해 자신의 의견을 명료화하고 생각을 강화하며 지속적으로 모순을 해결하려 노력하게 한다는 점에서 교육적 원리가 작용한다고 본다.[64]

따라서 플립드 러닝 In-Class 단계에서 이를 활용한다면 Pre-Class 단계에서 학습한 내용을 서로 질문하고 답하면서 보다 나은 답을 도출하도록 지도할 수 있을 것이다. 이때 교수는 토론자들 사이를 다니면서 토론이 원활할 수 있도록 지원자 역할을 하고, 토론이 주제에서 벗어나지 않도록 지원한다. 또한 수업 말미에 모둠별로 발표를 유도하거나, 난제일 경우에는 전체 토론으로 유도하여 함께 해결할 수 있도록 한다. 전체 활동 내용을 교수가 마무리하는 것은 Pre-Class 단계에서 다룬 핵심 내용과 토론 내용이 학습주제와 어떻게 연관되는지를 설명하는 정리부분을 의미한다.

• 탐구활동

탐구는 어떤 분야에서 활용되느냐에 따라 구체적인 맥락이 달라지기 때문에 한 마디로 정의하기란 매우 힘들다. Roberts(2013)[65]는 탐구는 '가르치고 배우는 과정과 연계된 접근법'으로 어떤 기능을 의미하지 않는다고 하였다. 탐구학습이란 용어를 처음 사용한 Schwab(1966)[66]는 학생들이 주체적으로 본질적인 것을 습득해 나가는 교수-학습 과정이라 하였다. 즉, 탐구는 과학적으로 무언가를 실험하고 해결하는 것뿐만 아니라 견학하고 조사하고 자료를 분석하는 의미 있는 인지활동들은 모두 탐구에 속한다고 볼 수 있는 것이다. Roberts(2013)[67]는 탐구활동의 특징을 네 가지로 제시했다. 첫째, 탐구는 질문으로부터 시작한다. 둘째, 탐구는 증거가 뒷받침 되어야 한다. 셋째, 탐구는 학생에게 증거 기반의 논리적 추론 기회를 제공해야 한다. 넷째 탐구는 학생과 교수에게 학습에 대해 성찰할 수 있는 기회를 제공해야 한다.

In-Class 단계에서 탐구활동은 어떤 교과에서 어떻게 활용하느냐에 따라 학습 절차가 달라질 수 있다. 그러나 공통적으로 교수가 제기한 문제 혹은 질문을 해결하기 위해 다양한 가설들을 설정하고 이와 관계된 증거들을 수집하거나 만들면서 하나의 결론을 도출하는 과정으로 전개된다. 따라서 워크 시트지를 활용하여 과정을 기록하거나 실험 절차를 수립하게 하는 등의 활동이 가능하다.

- Role - Play

Role-Play는 역할극 또는 역할 놀이로 번역되기도 하는데, 일상에서 경험하였거나 경험하지 못한 역할을 해보는 것으로 극적 요소를 포함한 활동을 말한다. Role-Play의 'Role'은 학생들이 어떤 특별한 상황에서 어떤 역할을 맡는 것을 의미하며 'Play'는 창의적이고 즐거운 분위기에서 역할을 수행하는 것이다.[68] Role-Play는 경험중심 교수-학습모형으로 학생들에게 하나의 상황에서 다양한 체험을 해보도록 함으로써 개인으로 하여금 사회적 세계 안에서 개인적 의미를 발견하게 하고, 개인적 딜레마를 사회집단의 도움을 받아 해결하는 데 도움을 주는 특징이 있다.[69] 학생들은 어떤 상황에 대하여 토론해보고, 상황 속의 인물이 어떤 행동을 할 것인가를 제의하거나 실천해보며, 이 같은 행동과정의 결과에 대하여 평가하고, 주어진 문제 상황에 대한 해결책을 제시하도록 한다. 학생들은 이러한 과정을 통해 자신의 가치와 의견을 보다 분명히 깨닫게 될 뿐 아니라 실생활에서 자기가 선택한 것의 결과를 이해하게 되고, 그 결과는 자신의 행동 결과만이 아니라 자신이 통제할

수 없는 타인의 의견이나 행동에도 영향을 주게 됨을 알게 된다.[70]

Role-Play 방법은 학자마다 다양하게 제시하고 있으나 In-Class 단계에서 활용할 수 있는 모델은 Littlewood(1981)[71]의 다섯 가지 유형이라 할 수 있다. 그가 제시하는 유형은 초등학교에서 특정 교과에 한정되어 설명되고 있어서 이를 응용하여 제시하면 다음과 같다. 첫째는 암기한 대화의 재연으로 교수가 중요하게 여긴 부분을 대본으로 작성하여 학생들에게 주고 학생들은 대본에 따라 역할을 분담하고 이를 암기하여 연출하는 가장 초보적인 단계를 말한다. 둘째는 문맥 상황에 맞는 역할 재연이다. 암기한 대화의 재연보다는 좀 더 발전한 형태로 교수가 문제 상황을 정해주고 학생들은 이 상황을 해석하고 결과를 예측하며 각자 역할에서 다루어야 할 내용을 대본으로 만들고 극을 연출한다. 세 번째는 단서만 제공된 역할극이다. 교수가 특정 상황을 주면 학생들은 주어진 상황에 대해 서로 토론하여 문제를 발견하고 이를 해결하기 위한 대본 작성과 역할분담을 하고 극을 연출 한다. 네 번째는 역할놀이다. 교수는 Role-Play를 한다는 것만 알리고, 학생들은 학습 주제에서 일어날 수 있는 다양한 상황부터 직접 선택하고 대본을 작성하여 역할극을 연출한다. 다섯 번째는 즉흥극이다. 교수가 특정 상황을 설명한 다음 즉석에서 몇몇 학생을 불러 각각 역할을 주고 극을 풀어가게 하는 방식이다. 가장 난이도가 높지만 가장 창의적인 상황이 연출될 수 있다는 장점이 있다.

• 프로젝트 접근법

프로젝트 학습은 교과 수업 시간에 교육내용의 학습이 효율적으로 이루어지도록 고안된 학습 전략이다. 학생들은 학습내용과 실제의 문제를 연결하여 조사함으로써 학습내용을 실생활의 맥락에서 이해하고 지식으로 습득하게 된다. Dewey를 중심으로 한 실천중심의 미국 교육에 뿌리를 둔 프로젝트 학습은 Katz와 Chard(2000)[72]에 의해 프로젝트 접근법으로 발전하였다. 탐구학습과의 차이는 학생들 스스로가 탐구 주제를 선정하고 조사와 연구, 발표 및 평가에 이르기까지 학습 전 과정을 운영한다는 점이다. 특히 다중지능이론이 등장하면서 언어, 수학, 공간, 음악, 신체, 대인, 자성 및 자연 이해 등의 다양한 영역을 고루 활용할 수 있기 때문에 융합과정으로 운영하기에 적합하다. 프로젝트 접근법은 간혹 PBL(Problem Based Learning)과 혼동되기도 한다. 엄밀히 말해 PBL은 프로젝트 접근법의 하나라고 할 수 있다. PBL에서 문제는 실제 생활에서 직면할 수 있는 복잡하면서도 구조화되어 있지 않은 문제를 해결하는 것인 반면 프로젝트에서는 그런 문제 상황만을 다루지 않고 새로운 것을 개발하거나, 논리를 증명하는 것 등에도 사용될 수 있다.

In-Class 단계에서 프로젝트 접근법의 활용은 다음과 같다. 먼저 주제 선정이다. 주제는 Pre-Class 단계에서 다룬 내용을 중심으로 토론을 통해 결정하고 탐구 질문을 만들고 탐구 계획을 세우는 것까지 포함된다. 다음은 모둠별 과제 조사다. 모둠원들은 탐구 계획에 따라 각자 관련 자료를 찾고 수집하기 위해 관찰, 현장 조사 및 실험 등을 수행하게 된다. 자료가 수집되고 실험결과 등이 도출되었으면 보고서에 대한 기본 골격을 잡는다. 이때 부족한 부분이 발견되거나 추가할 사항이 발견되면 다시 보완할 시간을 갖는다. 세 번째 단계는 모둠별 발표다. 완성된 과제를 발표하는 방법은 모둠에서 결정하는데 일반적으로 PPT를 사용하지만, 역할극으로 만들거나 토크쇼 형식을 취하기도 한다. 다른 모둠이 발표할 동안 학생들은 평가지를 가지고 동료평가를 할 수 있다. 마지막 단계는 각 모둠에서 수집한 자료와 실험 결과 또는 현장 자료 등을 결과물과 함께 포트폴리오로 만들어 제출한다. 또한 학생들의 평가지도 수집하여 평가에 포함한다. 이와 마찬가지로 PBL도 활용하면 좋을 것이다. PBL은 앞 장을 참조하기 바란다.

- 협력학습

앞에서 언급한 하브루타, 토론학습, Role-Play, 프로젝트 접근법 등은 혼자서 수행할 수 있는 학습 방법이 아니다. 즉, 협동학습의 한 형태라고 할 수 있다. 물론 출발점이나 지향하는 바가 다르지만 상호작용을 극대화하여 학습효과를 올리자는 측면에서는 협동학습으로 묶을 수가 있다. 협동학습은 소집단의 협동적 구조를 통해 사회화 과정을 훈련하도록 고안된 것으로 사회 심리학적 접근의 교수학습방법이다.[73] 앞에서 소개한 활동들과 협동학습의 가장 큰 차이는 교수의 개입여부일 것이다. 앞의 활동들은 교수 개입여부에 따라 활동의 난이도 조절이나 진행 방법이 다양할 수 있는데 협동학습은 교수가 반드시 일정부분 관여하도록 되어 있다. 즉, 모둠을 구성하거나 주제 선정 등은 여전히 교수의 개입이 주가 된다.

그런데 이런 협동학습(cooperative learning)과 유사한 활동으로 협력학습(collaborative learning)이란 새로운 학습 방법이 강조되고 있다. 최근 혁신학교 운동에 의해 대두된 협력학습은 구성주의를 토대로 '또래 가르치기'를 강조한다. 협동학습과 같은 맥락이나 협동학습은 구조화된 또래 가르치기라면 협력학습은 탈구조화된 또래 가르치기다. 즉, 협동학습은 무임승차, 모둠원 간의 학습 편차, 학습의 비효율성 등을 방지하기 위해 교수가 동시다발적으로 모둠 활동에 참여하여 활동에서 소외되는 학생이 없게 하고, 특정 신호를 주어 집중하게 하거나 규칙 등을 만들어 적용한 후 보상을 주기도 한다. 하지만 협력학습은 학생 스스로에게 참여 동기를 가지게 하여 교수의 개입이나 규칙 없이도 모둠 활동이 원활하게 이루어지도록 하는 것이다.[74] 더욱 쉽게 표현하자면, 협동학습은 모둠원들 각자에게 역할을 부여한 후 각자 맡은 역할을 완수한 후, 결과물을 모아 하나로 완성하는 활동이 주로 이루어진다면, 협력학습은 모둠원들 각자가 가장 잘 수행할 수 있는 역할의 리더가 되어 모둠원 전체가 이를 함께 수행하는 것이다.

In-Class 단계에서 협력학습은 모둠 활동으로 또래 지도를 실시할 수 있다. Pre-Class 단계의 학습이 잘 안되었거나 부족한 학생들이 있을 경우 활용할 수 있으며, 보충 학습이 필요하거나 배경지식 등이 부족할 경우에도 활용할 수 있다. 모둠은 학업수준이 우수한 학생과 그렇지 못한 학생을 미리 파악하고 구성하게 된다. 그러나 특정 주제를 토론하기 위해 모둠을 만들었을 때 그 부분에 대해 특히 많이 아는 학생이 있다면 그 학생이 주도하여 동료들을 지도하게 된다. 즉, 학업이 우수하다하여 매번 또래 지도자가 되지는 않는다. 이는 모둠 과제 활동도 마찬가지다. 교수가 부여한 과제를 해결하기 위해 모인 모둠원들은 해결 방안을 논의하고 어떻게 수행할 것인지를 협의하여 정한다. 이때 이해가 부족하거나 서로의 과제를 봐줄 때 또래 지도가 실시된다. 자신이 탐구한 내용은 자신이 가장 잘 알기 때문에 동료들에게 설명할 경우 보다 정교화된 지식이 될 수 있고, 서로 협력하여 하나의 과제로 완성해야 하므로 이러한 기회는 모둠원에게 고루 안배된다. 만약 공동의 과제를 수행하게 된다면 특정한 학생이 과제를 지도하거나 리드하는 것이 아니라 서로 동등한 입장에서 충분히 협의하고 공동의 활동을 통해 완수해야만 한다.

협력학습은 교수가 과제를 제시한다는 점에서 앞에서 제시한 활동보다는 학생의 결정권이 적다고 볼 수 있다. 그러나 또래가 또래의 입장에서 학습에 도움을 줄 수 있다는 점이 중요하다. 교수와 학생이라는 수직적인 관계에서는 수동적으로 지식을 받아들이게 될 수 있지만 또래와 또래의 수평적인 관계에서는 편하게 질문하고 논의하며 능동적으로 지식을 구성할 수 있다. 한 가지 간과해서는 안 될 점이 대학생이라고 해서 모두 내적인 학습동기를 유발한다고 보장할 수 없기 때문에 무임승차나 낮은 학습 진행이 문제로 나타날 수 있으므로 주의를 요한다.

In–Class 단계에서 활용할 수 있는 활동지는 매우 다양하다. 교수가 계획하고 준비한 바에 따라 다양한 활동지가 제공될 수 있는데, 각 교과나 의도에 맞게 제작하여 사용하면 된다. 탐구활동에서 활용할 수 있는 활동지 예시는 다음 <표 15>와 같다.

<table>
<tr><td colspan="4">주제:</td></tr>
<tr><td colspan="4">일시:</td></tr>
<tr><td>모둠원 이름</td><td colspan="3"></td></tr>
<tr><td>활동목표</td><td colspan="3"></td></tr>
<tr><td>수행계획</td><td colspan="3"></td></tr>
<tr><td>수행준비물</td><td colspan="3"></td></tr>
<tr><td rowspan="4">역할분담</td><td>모둠원 이름</td><td colspan="2">역할</td></tr>
<tr><td></td><td colspan="2"></td></tr>
<tr><td></td><td colspan="2"></td></tr>
<tr><td></td><td colspan="2"></td></tr>
<tr><td>역할완수계획표</td><td colspan="3">
<table>
<tr><th>월</th><th>화</th><th>수</th><th>목</th><th>금</th><th>토/일</th></tr>
<tr><td>24 2월</td><td>25</td><td></td><td></td><td></td><td>1/2 3월</td></tr>
<tr><td>3</td><td>4</td><td>5</td><td>6</td><td>7</td><td>8/9</td></tr>
<tr><td>10</td><td>11</td><td>12</td><td>13</td><td>14</td><td>15/16</td></tr>
<tr><td>17</td><td>18</td><td>19</td><td>20</td><td>21</td><td>22/23</td></tr>
<tr><td>24</td><td>25</td><td>26</td><td>27</td><td>28</td><td>29/30</td></tr>
<tr><td>31</td><td>1 4월</td><td></td><td></td><td></td><td>5/6</td></tr>
</table>
</td></tr>
<tr><td>역할 중간점검</td><td colspan="3">자료수집 목록:
자료정리 계획:
중간점검 시 발견된 문제점 및 해결안:</td></tr>
<tr><td>발표계획</td><td colspan="3"></td></tr>
<tr><td rowspan="2">자료정리</td><td>보고서 작성</td><td>PPT제작</td><td>발표</td></tr>
<tr><td></td><td></td><td></td></tr>
<tr><td>자체평가</td><td colspan="3"></td></tr>
</table>

<표 15> 탐구활동지

토론에서 활용할 수 있는 활동지는 다음 <표 16>과 같다.

주제:	
일시:	
주제선택배경:	
모둠원 이름:	
내주장	동료주장
근거	
반박 근거	
새로운 주장이나 동의	
도출된 결론 :	
발표를 위한 정리:	
소감:	

<표 16> 토론 활동지

실험에서 활용할 수 있는 활동지는 다음 <표 17>과 같다.

<table>
<tr><td colspan="4">주제:</td></tr>
<tr><td colspan="4">일시:</td></tr>
<tr><td>모둠원 이름</td><td colspan="3"></td></tr>
<tr><td>활동목표</td><td colspan="3"></td></tr>
<tr><td>실험 계획</td><td colspan="3"></td></tr>
<tr><td>실험 준비물</td><td colspan="3"></td></tr>
<tr><td rowspan="4">역할분담</td><td>모둠원 이름</td><td colspan="2">역할</td></tr>
<tr><td></td><td colspan="2"></td></tr>
<tr><td></td><td colspan="2"></td></tr>
<tr><td></td><td colspan="2"></td></tr>
<tr><td>실험과정</td><td colspan="3"></td></tr>
<tr><td>결과 예측</td><td colspan="3"></td></tr>
<tr><td>실험결과</td><td colspan="3"></td></tr>
<tr><td rowspan="2">보고서정리</td><td>촬영</td><td>과정기록</td><td>실험진행</td></tr>
<tr><td></td><td></td><td></td></tr>
<tr><td>발표자료 제작</td><td colspan="3">(발표방법에 따라 다양하게)</td></tr>
<tr><td>소감</td><td colspan="3"></td></tr>
</table>

<표 17> 실험활동지

제작활동에서 활용할 수 있는 활동지는 다음 <표 18>과 같다.

<table>
<tr><td colspan="4">주제:</td></tr>
<tr><td colspan="4">일시:</td></tr>
<tr><td>모둠원 이름</td><td colspan="3"></td></tr>
<tr><td>활동목표</td><td colspan="3"></td></tr>
<tr><td>제작원리</td><td colspan="3"></td></tr>
<tr><td>제작절차</td><td colspan="3"></td></tr>
<tr><td>준비물</td><td colspan="3"></td></tr>
<tr><td rowspan="4">역할분담</td><td>모둠원 이름</td><td colspan="2">역할</td></tr>
<tr><td></td><td colspan="2"></td></tr>
<tr><td></td><td colspan="2"></td></tr>
<tr><td></td><td colspan="2"></td></tr>
<tr><td colspan="4">예측 모형</td></tr>
<tr><td colspan="2">〈정면〉</td><td colspan="2">〈좌측면〉</td></tr>
<tr><td colspan="2">〈우측면〉</td><td colspan="2">〈후면〉</td></tr>
<tr><td>완성결과</td><td colspan="3"></td></tr>
<tr><td>발표</td><td colspan="3">(결과물 설명)</td></tr>
<tr><td>활동 소감</td><td colspan="3"></td></tr>
</table>

<표 18> 제작 활동지

이제 직접 In-Class를 구성해보자. 계명대학교 Y교수가 2015학년도에 제시한 플립드 러닝 교안을 응용하고자 한다. 학습주제는 '캘리그라피(calligraphy) 실습'이다. Y교수가 담당한 교과는 3학점으로 2일에 나누어 진행되기 때문에 아래 <표 19, 20>과 같이 2차시로 구분하여 계획한다.

단계	In - Class			
회기	11주 1차시 (화)	주제	캘리그라피 실습	
학습목표	캘리그라피의 개념을 이해하고 직접 작업할 수 있다.			
준비물	모둠활동지, 캘리그라피 활동 자료(붓펜, 도화지, A4 용지)			
	교수 활동	학생 활동	소요 시간	비고
도입	• 각자 기억에 남는 영화의 명대사를 적어오라고 했는데 어디 봅시다. • 혹시 캘리그래피 설명 중 궁금한 점은? • 플립드 러닝 배점 안내	• 과제 제출 • 캘리그래피 개념과 종류에 대해 궁금한 점 질문하기	10	Pre - Class 확인
전개	• 과제완성 여부와 개인차를 고려하여 모둠구성하고 활동방법 안내하기	• 배정된 모둠원끼리 자리하기	5	활동지, 평가지 배포
	• 모둠 활동은 '협력학습'을 활용하여 각 모둠의 모둠장이 활동지 선정 • 모둠별로 활동지 완성하기	• 활동지가 제시한 내용을 모둠장이 토론으로 이끌어 완성한다.	20	
	• 완성된 활동지를 벽에 붙이고 발표하게 한다. • 평가표를 나누어준다.	• 동료의 발표와 벽에 붙은 모둠 활동지를 보며 평가지를 작성한다.	20	
	• 준비물을 나누어주고 자신만의 캘리그라피를 쓰라고 한다.	• 과제로 받았던 영화의 명대사를 모둠 활동을 통해 경험한 대로 다시 작성한다.	10	
마무리	• 본 수업 정리하고 다음 수업과정 안내	• 자신만의 캘리그라피를 스캔해오기	5	

<표 19> 플립드 러닝 3회차 1차시 수업계획안 사례

<table>
<tr><td>단계</td><td colspan="4">In - Class + After - Class</td></tr>
<tr><td>회기</td><td>11주 2차시 (목)</td><td>주제</td><td colspan="2">캘리그라피 실습</td></tr>
<tr><td>학습목표</td><td colspan="4">캘리그라피를 일러스트레이터와 포토샵으로 작업할 수 있다.</td></tr>
<tr><td>준비물</td><td colspan="4">각자 작업한 캘리그라피 스캔 자료, 컴퓨터</td></tr>
<tr><td></td><td>교수 활동</td><td>학생 활동</td><td>소요 시간</td><td>비고</td></tr>
<tr><td>도입</td><td>• 각자 자신만의 캘리그라피를 스캔했나요?</td><td>• 스캔자료 컴퓨터에 탑재하기</td><td>5</td><td>스캔 확인</td></tr>
<tr><td rowspan="2">전개</td><td>• 일러스트레이터와 포토샵 사용법을 안내한다.</td><td>• 강의듣기</td><td>10</td><td rowspan="2">1인 1PC</td></tr>
<tr><td>• '구성주의 스캐폴딩 방법'을 적용하여 일러스트레이터 사용 가능한 학생과 모르는 학생을 매칭 '짝'을 구성한다.
• 컴퓨터를 켜고, 단계별로 실행하며 학생들을 지도한다.
• 일러스트레이터에서 스캔한 이미지 불러오기
- object → live trace실행
- threshold 값 변경
- expand 후 live paint로 벡터 이미지화
- File → Save for Web 또는 Object → Rasterize로 저장</td><td>• 컴퓨터를 켜고 일러스트레이터를 구동한 다음 자신이 스캔한 이미지 불러오기
• 교수가 안내한 대로 작업하기
• 작업하다 어려우면 동료와 협력하여 해결하기
• (잘하는 동료가 잘 못하는 동료에게 직접 시연하고 안내해도 무방)
• 완성된 것은 저장하기</td><td>20</td></tr>
<tr><td rowspan="2">After - Class</td><td>• 사진과 글자 합성하기
• 포토샵 구동 → 사진 불러오기 → 캘리그라피 불러오기 → 사진에 드래기해서 얹기 → Ctrl + T로 사이즈와 위치결정 → 마술봉으로 글씨배경선택 → Tolerance로 조절 → Delete로 글씨배경삭제 → Ctrl + D로 해제 → 저장</td><td>• 포토샵 구동하여 스캐폴딩 방법으로 자신만의 캘리그라피 완성</td><td>20</td><td></td></tr>
<tr><td>• 전체적인 내용 강의</td><td>• 듣기</td><td>15</td><td>PPT</td></tr>
<tr><td>마무리</td><td>• 본 수업 정리하고 다음 주차 수업 안내</td><td>• 결과물 LMS로 제출</td><td>5</td><td></td></tr>
</table>

<표 20> 플립드 러닝 3회차 2차시 수업계획안 사례

캘리그라피는 손글씨를 말하는 것으로 Y교수는 Pre－Class 단계에서 캘리그라피 활용사례를 설명과 함께 16분짜리 콘텐츠로 제작하여 제시했다. 콘텐츠에는 영화의 명대사를 적어 오라는 과제를 담았다. 즉, 학습 확인을 활동지나 퀴즈 등으로 확인하지 않고 과제로 확인으로 하고자 의도한 것이다. 따라서 앞의 계획처럼 첫날은 이와 관련된 확인활동이 수업도입에서 진행되고 '협력학습'으로 네 명이 한 모둠이 되어 활동지를 수행했다. 활동지 완성 후 발표할 동안 동료평가가 시행되었다. 이어서 개인 작업이 실시되고, 이와 관련된 컴퓨터 활동이 둘째 날 진행되었다. 각각의 활동 내용은 아래 [그림 46]과 같다.

In - Class 1차시 도입단계에서 Pre - Class 과제 확인	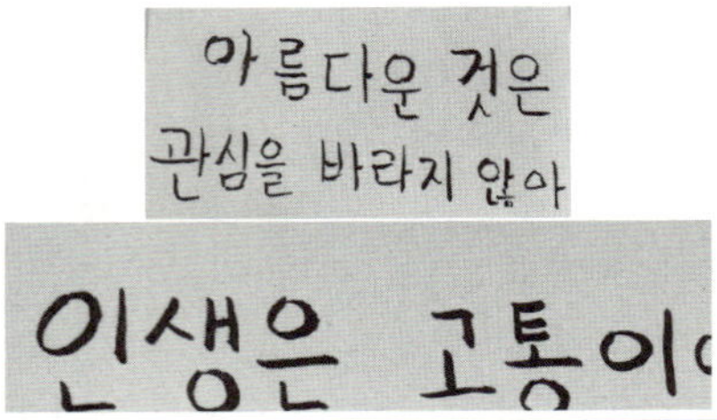
In - Class 1차시 모둠 활동	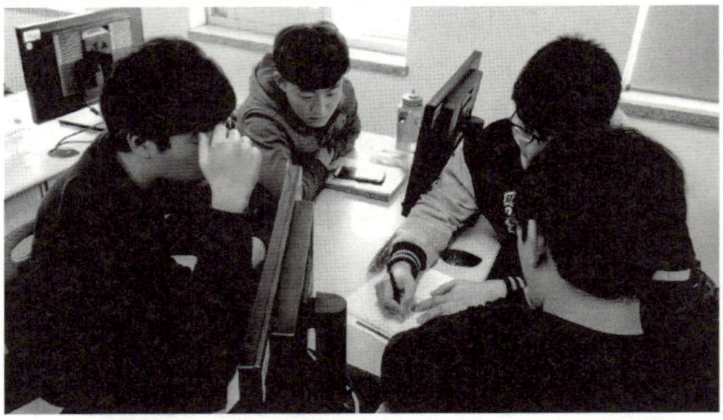
In - Class 2차시 일러스트레이터 작업	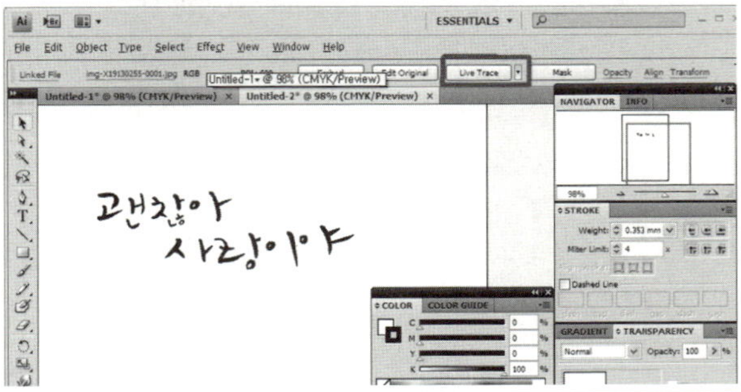

[그림 46]　In - Class 활동 사례

In–Class 단계 1차시 화요일 수업에서 모둠 활동 시 활용되었던 활동지는 다음 <표 21, 22>와 같다. 계명대학교 Y교수처럼 활동지는 교수가 활동 주제에 맞게 임의대로 구성하여 배포할 수 있다. 학생 상황에 따라 모둠 수가 달라질 수 있으므로 활동지는 여유 있게 준비한다. Y교수는 동일한 활동지 여섯 장과 사진이 들어있는 여섯 종류의 활동지를 준비하고 모둠 대표들은 가위바위보로 순서를 정하여 동료들의 의견에 따라 임의로 한 장씩 선택하여 가져가게 하였다.

과 목 명	
주 제	
일 시	
모둠원 이름	

1. 캘리그라피의 뜻은 무엇인가?
2. 캘리그라피와 POP의 차이는 무엇인가?
3. 글자에 감정을 담을 수 있는 방법은 무엇인가?
4. 함께 주어진 활동지의 사진을 보고 떠오르는 주제를 적어보자.
   (모둠마다 다른 사진이 들어 있는 활동지를 받게 되므로 이 부분은 모둠원간의 합의가 잘 이루어지도록 지도한다)
5. 주제를 선정하게 된 배경은 무엇인가?
6. 세부적인 캘리그라피 계획을 적어보자

   글꼴 디자인: (굵기, 선의 변화 등)

   글자크기:

   위치:

   (본 활동에서는 검정색의 동일한 붓펜이 제공되어 제외하였지만 다양한 도구가 주어졌을 때는 색상을 포함해도 됨)

<시안 1>	<시안 2>

<표 21> In - Class 활동지 1

모둠 이름					
작품 주제					
잘된 점					
아쉬운 점					
자체 평가	협력정도	레이아웃 적절성	주제일치도	완성도	총점
					/ 100

<표 22> In - Class 활동지 2

발표 때는 위의 자료만 벽에 붙여놓고 모둠 대표가 설명한다. 검정색 붓펜이 주어지므로 검은 색이 잘 보이는 배경 사진을 선택했고, 여섯 팀의 난이도가 유사하게 아래 [그림 47]과 같이 준비하였다.

[그림 47] 학생들에게 배포될 활동지 사진 자료

학생들이 완성한 활동지 사례는 다음 [그림 48]과 같다.

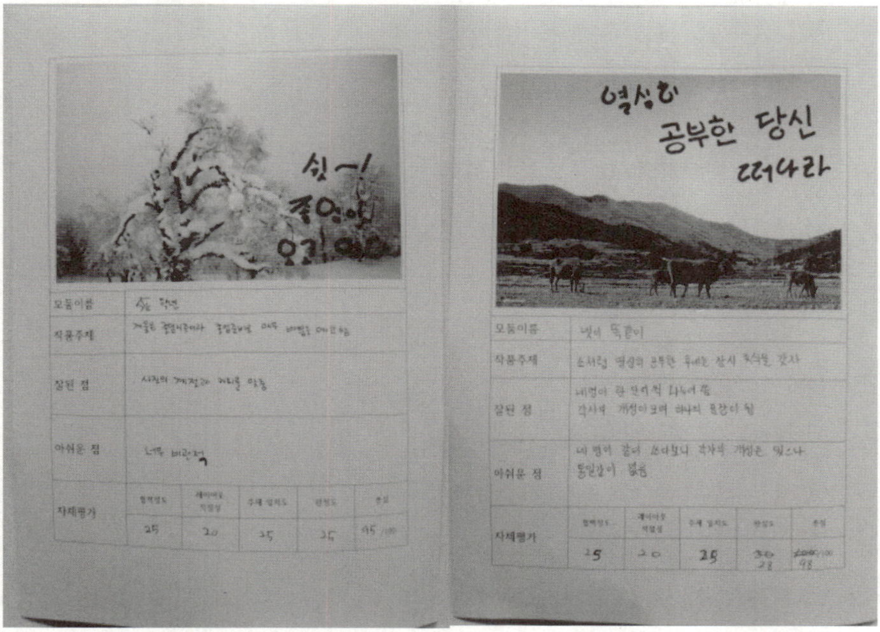

[그림 48] In-Class 활동지 발표 사례

Y교수가 In-Class 단계에서 실시한 동료 평가지는 다음 <표 23>과 같다. 첫째 날 모둠 활동을 했기 때문에 모둠 활동에 대한 평가만 한 것이다. 만약 동료평가를 모둠 활동을 통해 실시하지 않고 개별 활동에서 실시한다면 문항은 달라질 것이다. 또한 첫째 날 실시하지 않고 이틀째 실시한다면 수업 평가를 포함한 문항을 구성할 수 있다.

모둠 활동 평가

모둠명:

발표자:

모둠원:

* 다음 문항을 읽고 '매우 그렇다' 5점에서, '매우 아니다' 1점까지 해당란에 표시하십시오. 직접 기입해야 하는 문항은 자유롭게 작성하십시오.

	문항	1	2	3	4	5
1	캘리그라피의 특징을 살려 표현했는가?					
2	사진과 카피(문장내용)가 일치하는가?					
3	자신들의 작품에 대해 타당한 주장을 갖고 발표하는가?					
4	주제가 창의적인가?					
5	모둠원간의 협력이 돋보이는가?					
6	활동 후 자리 정돈이 잘 되었는가?					
7	우리 모둠원은 모두 열심히 활동했다.					
9	모둠원 중 열심히 한 동료는 누구인가?					
10	모둠원 중 성실하지 않은 동료는 누구인가?					

<표 23> 모둠 활동 개별 평가지

다음 <표 24>는 동료평가의 또 다른 예로서 모둠으로 조사프로젝트를 수행하고 함께 참여한 동료를 평가한 P교수의 사례다.

모둠 이름:

동료 이름:

범주 / 점수	3	2	1	0
1. 리더십 모둠별 과제 진행 시 리더로서 토론을 효율적으로 진행하고 갈등을 해결하며 결과물을 성실하게 제출하였는가?	매우 그렇다	그렇다	그렇지 않다	매우 그렇지 않다
2. 참여도 적극적이고 능동적인 자세로 팀프로젝트에 참여하였는가?	매우 그렇다	그렇다	그렇지 않다	매우 그렇지 않다
3. 기여도 문제분석과 해결을 위한 조별 토론과정에서 주제에 초점을 맞추면서 비판적인 사고를 통해 과제 완성에 기여하였는가?	매우 그렇다	그렇다	그렇지 않다	매우 그렇지 않다
4. 상호협력 과제 수행 및 발표 준비과정에서 소속 모둠원들과 적극적으로 협력하여 배정된 책임을 다 하였는가?	매우 그렇다	그렇다	그렇지 않다	매우 그렇지 않다
5. 의사소통 모둠 활동을 통한 과제 수행 시 효율적인 의사소통 기술을 이용하여 문제 해결을 하였는가?	매우 그렇다	그렇다	그렇지 않다	매우 그렇지 않다
총점	점 / 15점			
달성목표 및 추후관리	① 70% 이상의 학생이 10 / 15점 이상을 달성하도록 한다. ② 점수가 5 / 15점 이하인 경우 담당교수와의 면담을 통해 동료평가의 결과를 확인하고 문제점을 파악하며 이를 해결할 수 있는 방안을 모색하도록 한다.			
	담당교수 (인)			

<표 24> 학생 동료평가표 사례

이외에도 각 모둠의 발표를 보고 모둠원들이 평가서를 작성할 수도 있고, 모둠 자체평가나 참가자 개인이 자신을 평가하는 방법, 성찰일지 등 문제중심학습이나 액션러닝과 동일하게 여러 평가 방법을 활용할 수 있다.

4. After - Class

After－Class는 Post－Class라고도 한다. In－Class 단계에서 다루었던 내용을 바탕으로 간단한 질문을 통해 자신의 이해정도를 평가하고 심화나 보충으로 학습을 이행할 수 있다.[75] 물론 스스로 판단하여 심화나 보충을 선택할 수도 있고, 수업 진행상황을 보고 교수가 판단하여 심화로 확대될 수도 있다. 이를 위해 교수는 추가 활동지나 학습 자료를 수준별로 제공하여야 한다. 다음 [그림 49]는 계명대학교 P교수의 After－Class 활동 자료다.

12명

3명

참가자 이름			
ASIT	힌트	적용해서 찾은 수	
용도변경	나뭇가지를 나뭇가지에 국한해서 생각하지 않기		
복제	얼굴과 똑같은 모양을 찾기		
분할	얼굴의 특성 중 눈과 닮았거나 귀가 닮았거나 하는 특징하나 하나를 적용하여 찾기		
대칭파괴	얼굴의 구조가 반드시 갖추어져 있다고 보지 않는 것		
제거	얼굴을 이루고 있는 것을 제외한 나머지 부분을 제외하는 것		

심화활동 – ASIT 이해하기

〈OATE〉

이름:

과목명			시험범위	
학습목표				
영역	목표 (Objective)	실천 (Activity)	시간계획 (Timetable)	평가 (Evaluation)

〈SMART〉

학습 범위	
S	
M	
A	
R	
T	

보충활동 – 수업시간에 배운 내용 복습

[그림 49] After - Class 활동 자료

심화활동으로 수업을 했다면 다음 [그림 50]과 같은 자료와 결과를 볼 수 있다. In－Class 단계에서 사례로 소개했던 계명대학교 Y교수는 모둠 활동으로 캘리그라피의 개념과 표현 방법들을 실습하게 한 다음 일러스트레이터로 개별 활동을 실시했다. 그리고 자연스럽게 After－Class 단계의 심화학습으로 포토샵을 이용하여 한 수준 높은 사진과의 합성 표현을 유도했다.

심화 학습	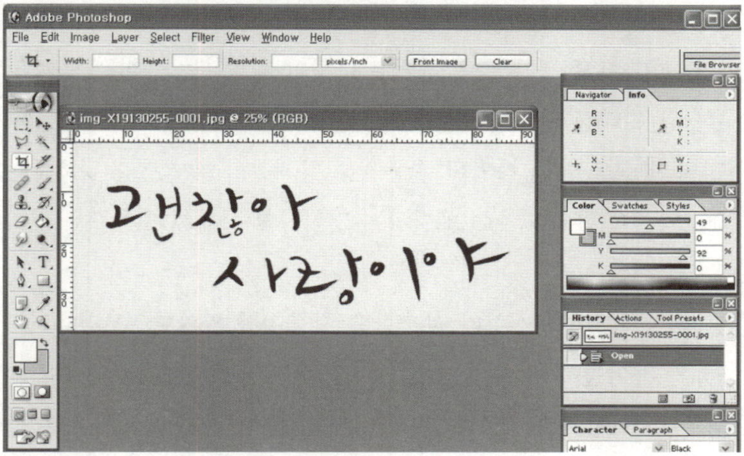
결과물 사례	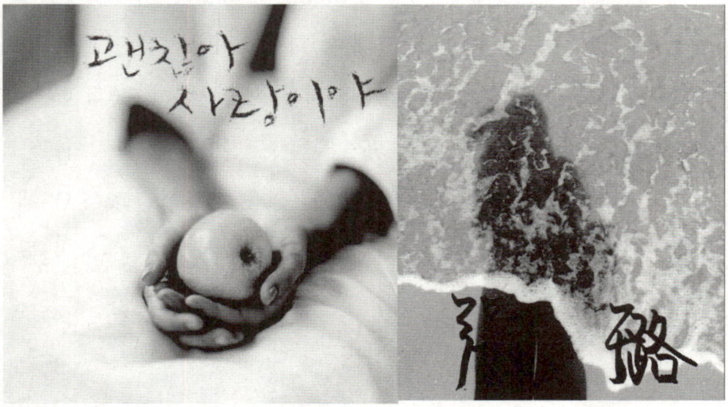

[그림 50] After－Class 심화학습 사례

Y교수처럼 실습으로 수업을 운영한 경우를 제외하면, 대체로 심화학습으로 수준별 선택지를 제공할 것이다. 그런데, 동료들이 함께 있는 자리에서 각자 심화와 보충으로 나뉠 경우, 활동을 같이 수행했는데 동료는 심화로 가고 자신은 보충으로 간다면 보충으로 간 학생은 자존감이 많이 떨어질 수 있다. 강의실에서 출력이 가능하다면 사전에 LMS나 클라스넷에 자료를 탑재하는 방법을 추천한다. 이는 스마트폰으로도 다운 받아 실시할 수 있어서 편리하다. 교수가 수업을 관찰하며 진행했기 때문에 학생들의 수준을 파악할 수 있으므로 각자에게 탑재된 게시판 번호만 안내한다면 학생 스스로 해당 번호를 클릭하여 탑재된 활동지의 심화나 보충 내용을 수행할 수 있다. 또한 그것이 수준별로 나누어져 있다는 사실을 모르므로 자신의 것을 완수한 다음 다른 번호의 활동지도 열어보고 수행해볼 수도 있기 때문에 효과적이다. 만약 학생들이 왜 다양한 활동지를 탑재하고 개별로 지정해주는가를 질문한다면 각자의 호기심에 맞추어 제안하는 것이라고 이해시키면 좋을 것이다.

만약 강의실에서 심화나 보충학습 활동지를 완료할 수 없다면 귀가 후 활동도 가능하게 하여 완수할 수 있도록 한다. 물론 가정에서 After-Class 단계가 이루어질 경우엔 그것이 과제가 아닌 스스로의 탐구심과 학습의욕으로 선택된 것이어야 한다. 기본적으로 플립드 러닝은 가정에서의 활동을 학교로 가져오고 학교에서의 활동을 가정에서 하도록 하는 것인데, 심화학습과 보충학습으로 과제가 주어진다면 기존의 수업 방식과 크게 차이가 없게 된다. 또한 After-Class 단계가 과제가 되면 학생들에게 과한 과제가 주어지는 수업이란 불만을 야기하기 쉽다.

다음 [그림 51]은 강의실에서 After-Class 가 이루어진 후 LMS에 그와 관련된 보조 자료를 탑재한 사례다.

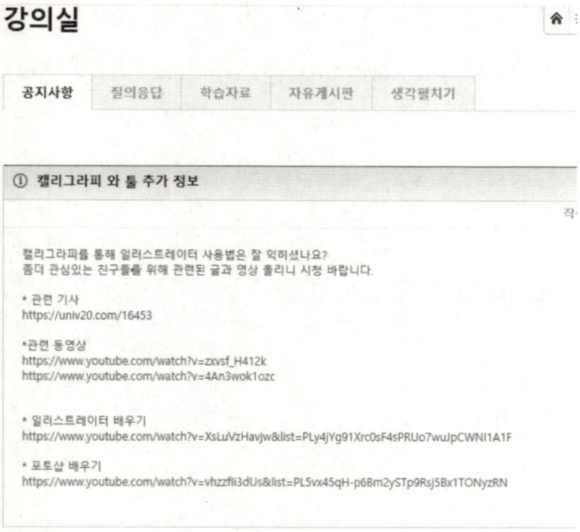

[그림 51] After - Class 보조자료 탑재화면

각자 집에서 온라인을 활용해 After－Class 단계를 진행할 경우 이미 인터넷에 접속한 상태이기 때문에 다음 진도의 Pre－Class 단계로 자연스럽게 이어질 수 있다는 장점을 지적할 수 있다. 교수가 수업을 어떻게 구성하는가는 학생들의 반응과 교과 성격에 따라 결정되어야 하므로 온라인과 오프라인 중 어떤 방법으로 After－Class 단계를 실행할 것이냐는 교수 판단에 맡겨야 할 것이다.

After－Class 단계에서는 학생들의 추가 질문에 피드백을 하게 되는데 학습 과정에 대한 질문도 포함될 수 있고, 진행방식과 여러 활동에 대한 요구도 논의될 수 있다. 엄밀히 말해 이런 과정을 통해 질적인 수업 평가를 수행하는 것이다. 수업 평가를 문항지로 만들어 별도로 실시하는 것도 방법이지만 이런 기회에 자연스러운 대화를 통해 장점과 단점을 파악하고 개선사항을 정리하게 되면 보다 다양한 내용을 도출할 수 있어서 좋을 것이다.

피드백 방법은 각 대학 LMS 시스템을 활용하여 댓글과 같은 방법을 사용해도 되고, 쪽지, SMS, 메일, 카카오톡 등 다양한 방법 중 선택할 수 있다. 교수가 자신의 글에 반응한다는 것만으로도 학생들은 충분히 동기부여가 될 수 있으므로 이를 적극 권장한다. 다음 [그림 52]는 계명대학교 P교수의 쪽지 활용 피드백 사례다.

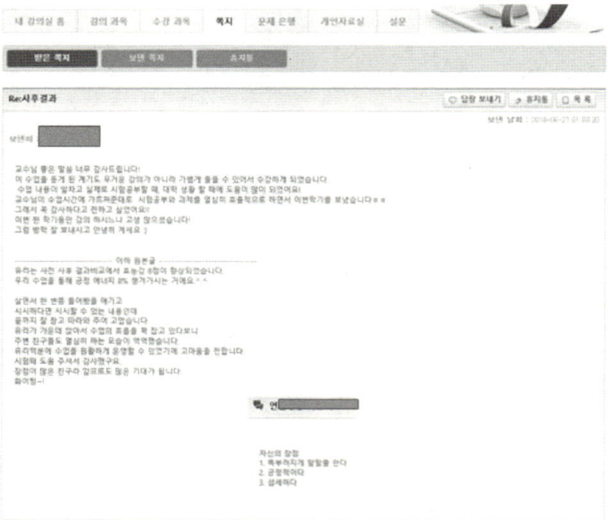

[그림 52] 쪽지활용 피드백

5. 평가

플립드 러닝에서 평가는 학생들의 활동 중간에 실시할 수 있는 형성평가와 전체 수업 후 실시하는 총괄 평가 모두를 활용할 수 있다. 형성평가에는 간단하게 실시하였던 Pre–Class 단계 학습 확인 퀴즈도 포함될 수 있고, 모둠별 활동 결과 평가, 동료평가, 자기평가, 성찰일지 등이 포함될 수 있으며, After–Class 단계로 이행하기 위한 간단한 질문들도 포함될 수 있다. 교수가 학생들의 수행 과정을 관찰할 수 있으므로 학생의 수행정도와 과정 몰입도, 스스로 학습하고 심화된 학습으로 이행되는지 등도 평가할 수 있다.[76]

총괄평가에서는 학업성취뿐만 아니라 수업 방법이나 수업내용, 활동 수준 등 수업과 관련된 것을 함께 평가할 수 있다. 무기명으로 자유발언을 기록하게 한다면 다양한 의견을 수렴할 수 있을 것이다. 이때 중요한 것은 평가 기준을 미리 안내 해야 한다는 것이다. 평가가 공정하다고 인정될수록 활동 참여가 적극적으로 이루어지고 교수에 대한 신뢰도 높아지기 때문이다. 학생 중에는 학습내용과 무관하게 느껴질 수 있는 수업 태도 관련 질문들에 거부감을 나타내기도 하므로 수업을 스스로 성찰하고 자신을 반추하는 것이 다음 학습을 위해 중요하다는 것을 알려야 오해가 적다.

강의계획서에서 제시되는 점수 기준은 플립드 러닝이 차지하는 점수 비율로 플립드 러닝의 전체 점수를 보여주기 때문에 아래 <표 25>와 같이 주된 평가 기준을 목록화하여 제공하므로 공정하게 채점되고 있음을 인지할 수 있게 해야 한다. 채점 기준의 공개는 학생들로 하여금 참여의욕을 자극할 수 있고 교수에 대한 신뢰를 주기 때문에 필요한 절차다.

<table>
<tr><th></th><th></th><th>Pre - Class</th><th>자기평가</th><th>동료평가</th><th>결과물평가
(교수평가)</th><th>참여도
(교수관찰)</th></tr>
<tr><td rowspan="6">플립드
러닝
(30점)</td><td rowspan="2">6주</td><td>과제 확인</td><td>모둠 활동</td><td rowspan="2">2</td><td rowspan="2">4</td><td rowspan="2">2</td></tr>
<tr><td>1</td><td>1</td></tr>
<tr><td rowspan="2">10주</td><td>퀴즈 확인</td><td>모둠 활동</td><td rowspan="2">3</td><td rowspan="2">3</td><td rowspan="2">2</td></tr>
<tr><td>1</td><td>1</td></tr>
<tr><td rowspan="2">11주</td><td>결과물 확인</td><td>개별 활동</td><td rowspan="2">2</td><td rowspan="2">3</td><td rowspan="2">3</td></tr>
<tr><td>1</td><td>1</td></tr>
</table>

<표 25> 세부평가 계획

이외에 교수 스스로 수업을 평가해볼 수도 있다. 이는 일반 수업에서도 성찰일지 등으로 매회의 수업을 회고하는 것과 같은 이치다. 플립드 러닝에서 자기 평가는 수업 전체를 평가하는 것이 아닌 플립드 러닝을 실시한 것에 대한 평가로 다음 <표 26>과 같이 문항을 구성할 수 있다.

	내용	Yes	No
1	플립드 러닝을 적용하기에 적합한 교실인지 확인했는가?		
2	플립드 러닝을 적용하기에 학생들 학업 수준과 학습태도는 적절했는가?		
3	플립드 러닝을 적용하기에 적합한 학습주제였는가?		
4	Pre - Class용 학습 자료는 사전에 제작되어 제공되었는가?		
5	Pre - Class용 학습 자료는 학생들의 학습 흥미를 자극하기에 충분했는가?		
6	Pre - Class 학습 내용을 확인하기 위한 방안이 있었는가?		
7	Pre - Class 단계를 반드시 이수하도록 학습촉진전략을 세웠는가?		
8	In - Class 단계는 pre - class와 연계하여 구성하였는가?		
9	In - Class 단계에서 학생들의 모둠을 학습능력이 편중되지 않게 고루 구성했는가?		
10	In - Class 활동을 촉진하기 위한 전략을 세웠는가?		
11	In - Class 활동을 위해 준비한 수업 자료들은 해당 주제를 이해시키는데 가장 적절한 것이었는가?		
12	After - Class 활동 자료들을 수준별로 준비하여 제공하였는가?		
13	In - Class와 After - Class 활동 시 적절한 피드백을 제공했는가?		
14	플립드 러닝과 관련된 평가 기준을 사전에 제시했는가?		
15	플립드 러닝 실행 평가는 공정하게 배점되었는가?		
16	예전 경험과 비교하여 동일한 주제를 플립드 러닝으로 지도할 경우 학생들의 학업성취가 더 향상되었는가?		
17	플립드 러닝을 실행하면서 학생들과 보다 원활한 소통을 시도했는가?		
18	플립드 러닝을 실행하면서 부족했다고 느낀점과 수정방안은?		
19	플립드 러닝을 실행하면서 가장 어려웠던 점과 해결 방안은?		
20	플립드 러닝을 실행하면서 자신에게 변화된 점이 있다면?		

<표 26> 플립드 러닝 평가표

교수의 자기평가를 문항으로 구성하지 않을 경우 학생들처럼 성찰일지를 통해 수업내용을 정리할 수 있다. 플립드 러닝을 처음 시도할 경우엔 한 학기 수업을 모두 플립드 러닝으로 기획하기보다는 한 주제만 시도해보는 것이 좋다고 언급한 바 있다. 따라서 해당 주제를 학생들에게 이해시키기에 플립드 러닝이란 학습 방법이 좋았는지, 플립드 러닝을 적용하니까 기존의 학생들보다 성취도가 높았는지, 플립드 러닝을 실시하므로 학생들과 훨씬 가까워 졌는지, 좀 더 확대해서 적용할 때 주의점은 무엇인지, 가장 의미 있던 부분 등을 정리해두면 다음 수업에 효과적으로 활용할 수 있을 것이다.

평가 결과 또한 학생들과 공유할 필요가 있다. 학업성취도나 수업 태도는 개인에 국한되었기 때문에 공개해서는 안 되지만, 수업 방법이나 활동내용에 대한 것들은 공개하는 것이 좋다. 결과 공유는 여러 사람의 다양한 시선을 공유하기 때문에 자신의 생각을 점검할 기회가 되기도 하고 만약 갈등이 있었다면 원인 분석의 기회가 되며, 오해는 해명과 이해의 기회가 되어 원만한 결과를 유도할 수 있기 때문이다.

CHAPTER 02

미주

1. Becker, S. A., Cummins, M., Davis, A., Freeman, A., Hall, C. G., & Ananthanarayanan, V. (2017). NMC horizon report: 2017 higher education edition (pp. 1-60). The New Media Consortium.
2. Talbert, R. (2016). Flipped learning in the research literature 2000-2015 (graph). figshare. http://flglobal.org.
3. Bergmann, J. & Sams, A. (2014). Flipped learning: Gateway to student engagement. International Society for Technology in Education.
4. Talbert, R. (2017). Flipped Learning: A Guide for Higher Education Faculty. Stylus Publishing, LLC.
5. OECD (2008).Definition and Selection of Competencies: Theoretical and Conceptual Foundations (DeSeCo).
6. UNESCO (2015). Global citizenship education: preparing learners for the challenges of the 21st century in Portuguese.
7. OECD (2015). Four-Dimensional Education: Boston, MA: Center for Curriculum Redesign.
8. Meier, D. (2000). The accelerated learning handbook: A creative guide to designing and delivering faster, more effective training programs. McGraw Hill Professional.
9. https://flippedlearning.org.
10. www.flippedclassroom.com.
11. 10과 동일.
12. Bergmann, J., & Sams, A. (2012). Flip your classroom: Reach every student in every class every day. International Society for Technology in Education.
13. Bloom, B. S. (1968). Learning for mastery. Evaluation Comment, (UCLA-CSIEP), 1(2), 1-12.
14. Carroll, J. B. (1989). The Carroll model: A 25-year retrospective and prospective view. Educational Researcher, 18(1), 26-31.
15. 3과 동일.
16. 3와 동일.

17. 9와 동일.

18. 4와 동일.

19. Wang, Y. H. (2016). Could a mobile-assisted learning system support flipped classrooms for classical Chinese learning?. Journal of Computer Assisted Learning, 32(5), 391-415.

20. Brame, C. J. (2013). Flipping the classroom. Retrieved, August, 29, 2013. Vanderbilt University Center for Teaching.

21. Walvoord B. E., Anderson V. J. (1998). Effective grading: A tool for learning and assessment. San Francisco: Jossey-Bass.

22. Lage, M. J., Platt G. J., & Treglia, M. (2000). Inverting the classroom: A gateway to reating an inclusive learning environment. The Journal of Economic Education 31: 30-43.

23. Strayer, J. (2007). The effects of the classroom flip on the learning environment: A comparison of learning activity in a traditional classroom and a flip classroom that used an intelligent tutoring system (Doctoral dissertation, The Ohio State University).

24. Baker, J. W. (2000). The" classroom flip. Using web course management tools to become the guide by the side. 11th International Conference on College Teaching and Learning.

25. 9와 동일.

26. 4와 동일.

27. 4와 동일.

28. 9와 동일.

29. 김현주(2017). 플립러닝 프랑스어 수업의 효과 및 교육적 활용가능 사례. 프랑스 문화연구, 34, 131-154.

30. 박수향, 이문영(2017). 기초의학 과목에서 동영상 사전학습을 적용한 플립드 러닝의 만족도 연구. 한국엔터테인먼트산업학회논문지, 11(2), 261-269.

31. 손은주(2017). 플립러닝 수업이 예비보육교사의 학습동기와 직업기초능력에 미치는 효과. 육아지원연구, 12(1), 93-116.

32. 시지현(2017). 플립드 러닝이 의대생의 학습접근방식에 미치는 영향. 교육방법연구, 29(2), 347-370.

33. 이동순(2017). 플립러닝 적용한 수업의 효과성. 한국교양교육학회, 학술대회 자료집, 2017(6), 41-45.

34. 정주영(2017). 플립러닝 수업이 대학생의 자기주도 및 자기조절학습능력에 미치는 효과. 학습자중심교과교육연구, 17(4), 215-235.

35. HLWIKI (2017) http://hlwiki.slais.ubc.ca/index.php/.

36. 11과 동일.

37. Strayer, J. F. (2012). How learning in an inverted classroom influences cooperation, innovation and task orientation. Learning environments research, 15(2), 171-193.

38. 서미옥(2016). 플립드 러닝의 효과성에 대한 메타분석. 교육공학연구, 32(4), 707-741.

39. Bergmann, J., & Sams, A. (2014b). Flipping for mastery. Educational Leadership, 71(4), 24-29.

40. Gilboy, M. B., Heinerichs, S., & Pazzaglia, G. (2015). Enhancing student engagement using the flipped classroom. Journal of nutrition education and behavior, 47(1), 109-114.

41. Bloom, B. S. (1956). Taxonomy of educational objectives. Vol. 1: Cognitive domain. New York: McKay, 20-24.

42. Albert, M., & Beatty, B. J. (2014). Flipping the classroom applications to curriculum redesign for an introduction to management course: Impact on grades. Journal of Education for Business, 89(8), 419-424.

43. Kurup, V., & Hersey, D. (2013). The changing landscape of anesthesia education: is Flipped Classroom the answer?. Current Opinion in Anesthesiology, 26(6), 726-731.

44. 박상준(2015). 거꾸로 교실 모형의 개발과 적용사례의 연구-예비교사 교육에의 적용 결과를 중심으로. 사회과교육연구, 22(2), 1-21.

45. 한현종, 임철일, 한송이, 박진우(2015). 대학 역전학습 온, 오프라인 연계 설계전략에 관한 연구. 한국교육공학회 학술대회발표자료집, 2015-1.

46. Hermann, K. J. (2013). The impact of cooperative learning on student engagement: Results from an intervention. Active Learning in Higher Education, 14(3), 75-87.

47. 9와 동일.

48. Farmer, R. (2015). What is the flipped classroom? Blogs/ Northampton/ University.

49. 이지연, 김영환, 김영배(2014). 학습자중심 플립드러닝 수업의 적용사례. 교육공학연구, 30(2), 163-191.

50. 11과 동일.

51. http://www.coursera.org.

52. http://www.khanacademy.org.

53. http://ed.ted.com.

54. http://www.kmooc.kr.

55. http://www.kocw.net.

56. 최정빈, 김은경(2015). 공과대학의 Flipped Learning 교수학습 모형 개발 및 교과운영사례, Journal of Engineering Education Research, 18(2), 77-98.

57. 서울대학교 교수학습개발센터(2016). 교수법가이드. 비매품.

58. 44와 동일.

59. 김상홍(2015). 스마트교육기반 플립러닝 수업모형 개발. 인천대학교 박사학위논문.

60. 박상준(2016). 거꾸로 교실을 넘어 거꾸로 학습으로. 서울: 교육과학사.

61. 김보경(2014). 교직수업을 위한 역진행 수업모형 개발. 교육종합연구, 12(2), 25-56.

62. 전성수, 양동일(2014). 질문하는 공부법 하브루타. 서울: 라이온북스.

63. Parr. (2004); 전성수(2014). 유대인 하브루타 경제교육. 서울: 매경출판. 재인용.

64. Kent, O. (2010). A theory of havruta learning. Journal of Jewish Education, 76(3), 215-245.

65. Roberts, M. (2013). Geography through enquiry: Approaches to teaching and learning in the secondary school. Sheffield: Geographical Association.

66. Schwab, J. 1966. The Teaching of Science. Cambridge, MA: Harvard University Press.

67. 65와 동일.

68. Ladousse, G. P. (1987). Role play (Vol. 3). Oxford University Press.

69. 김종석, 박종익(1989). 대학생활 경험을 통한 지각변화과정 조사연구: 입학당시의 지각과 4학년 재학시의 지각을 중심으로, 학생생활연구, 16, 153-184.

70. Banks, J. A. (1993). Chapter 1: Multicultural education: Historical development, dimensions, and practice. Review of research in education, 19(1), 3-49. 박성익, 권낙원(1994)역, 서울 : 성원사.

71. Littlewood, W. (1981). Communicative language teaching: An introduction. Cambridge University Press.

72. Katz, L., & Chard, S. C. (2000). Engaging children's minds: The project approach. Greenwood Publishing Group.

73. Bruffee, K. A. (1988). On not listening in order to hear: Collaborative learning and the rewards of classroom research. Journal of basic Writing, 7(1), 3-12.

74. Barkley, E. F., Cross, K. P., & Major, C. H. (2004). The case for collaborative learning. EF Barkley, KP Cross, & CH Major, Collaborative Learning Techniques, 3-7.

75. 44와 동일.

76. 44와 동일.

REFERENCE

액티브 러닝 참고문헌

이 QR 코드를 스캔하면 「액티브 러닝」의 참고문헌을 열람할 수 있습니다.

INDEX

ㄱ

ㄴ

ㄷ

ㄹ

ㅁ

ㅂ

ㅅ

ㅇ

ㅈ

ㅎ

A

B

C

R

S

T

Y

Z

AUTHORS

박영주

홍익대학교 일반대학원에서 교육학 박사학위를 취득하였으며, 현재 계명대학교 교수학습개발센터 연구교수로 재직하고 있다. 주요업무는 교수지원부 담당으로 교수프로그램을 개발하고 운영하며 교원대상 강의를 하고 있고, 교수프로그램 효과성 검증연구 및 신임교원 역량강화 프로그램 교육효과 분석, 액티브 러닝 가이드북 시리즈 등을 집필하였다. 주요 연구분야는 수업 설계 및 평가와 학습심리로, 현재는 교수팁 개발과 빅데이터 분석에 주력하고 있으며, 액티브 러닝을 특화프로그램으로 체계화하는 중이다. 또한 저성취 예방 프로그램으로 '대학에서의 학습전략' 교과를 강의하고 있다. 홍익대학교에서 최우수교원상(2016)을 수상하였으며, 저서로는 꼭 읽어야할 미술교육 40선(공저), 미술교육의 기초(공저) 등이 있다.

양근우

한국과학기술원(KAIST) 경영대학에서 경영공학 박사학위를 취득하였으며, 현재는 계명대학교 사회과학대학 경제통상학부 전자무역학전공 부교수로 재직하고 있다. 현재 국제 e-비즈니스학회 상임이사 및 편집위원, 한국통상정보학회 상임이사, 한국EA학회 이사, 대학교육개발센터협의회 부회장, 교육부 대학재정지원사업 평가위원, 행정안전부 공공부문 EA 성숙도 측정 전문가 검토 및 자문위원, 한국산업인력공단 출제위원 등으로 활동 중이다. 교수학습처 부처장을 역임하였고 현재는 교수학습개발센터 / e-러닝개발센터의 센터장을 맡고 있다. 계명대학교에서 우수강의상(2011), 계명출판문화상(2012), 특별공로상(2015), 업적우수상(2018) 등을 수상하였으며 주요 연구 분야는 교육정보화, 정보시스템 분석 및 설계, 무역 프로세스 관리, 웹비즈니스, 지능형 데이터 분석 등이다. 주요 저서로는 전자무역과 웹비즈니스, 전자무역학 캡스톤디자인, 전자무역과 ERP, 무역실무와 전자무역 아키텍쳐 등이 있다.

액티브 러닝 이론과 실제

초판발행 2019년 1월 1일

지은이 박영주·양근우
펴낸이 안상준

편 집 김상윤
기획/마케팅 장규식
표지디자인 김연서
제 작 우인도·고철민

펴낸곳 (주) 피와이메이트
서울특별시 금천구 가산디지털2로 53 한라시그마밸리 210호(가산동)
등록 2014. 2. 12. 제2018-000080호
전 화 02)733-6771
f a x 02)736-4818
e-mail pys@pybook.co.kr
homepage www.pybook.co.kr
ISBN 979-11-89643-37-9 03370

정 가 20,000원